交通职业教育教学指导委员会推荐教材
高职高专院校公路工程造价专业教学用书

高等职业教育规划教材

Gonglu Gongcheng Ding'e yu Guanli

公路工程定额与管理

主　编　　徐　斌
副主编　　高峻岭
主　审　　孙久民

人民交通出版社

内 容 提 要

本书是高等职业教育规划教材，由交通职业教育教学指导委员会路桥工程专业指导委员会组织编写。全书内容包括：绪论，定额编制原理，公路工程施工定额，公路工程预算定额，公路工程概算定额，公路工程机械台班费用定额，公路基本建设工程费用定额，公路工程估算指标，建设工期定额。

本书是高职高专院校公路工程造价专业教学用书，也可供有关工程技术人员学习参考。

图书在版编目(CIP)数据

公路工程定额与管理/徐斌主编. —北京：人民交通出版社，2009.8

ISBN 978-7-114-07755-5

I. 公… II. 徐… III. 道路工程－预算定额－定额管理－高等学校：技术学校－教材 IV. U415.13

中国版本图书馆 CIP 数据核字(2009)第 077578 号

书　　名：公路工程定额与管理
著 作 者：徐　斌
责任编辑：周往莲
出版发行：人民交通出版社股份有限公司
地　　址：(100011)北京市朝阳区安定门外外馆斜街 3 号
网　　址：http://www.ccpress.com.cn
销售电话：(010) 59757973
总 经 销：人民交通出版社股份有限公司发行部
经　　销：各地新华书店
印　　刷：北京市密东印刷有限公司
开　　本：787×1092　1/16
印　　张：13
字　　数：300 千
版　　次：2009 年 8 月　第 1 版
印　　次：2015 年 6 月　第 4 次印刷
书　　号：ISBN 978-7-114-07755-5
印　　数：7001－9000 册
定　　价：32.00 元

前言

QIAN YAN

为深入贯彻落实《高等教育面向21世纪教学内容和课程体系改革计划》，按照教育部“以教育思想、观念改革为先导，以教学改革为核心，以教学基本建设为重点，注重提高质量，努力办出特色”的基本思路，交通职业教育教学指导委员会路桥工程专业指导委员会在总结道路桥梁工程技术专业教学文件编制及其教材编写工作经验的基础上，又组织开发了相关专业的教学指导方案及部分专业教材，其中包括三年制高职高专院校公路工程造价专业教学指导方案及7门课程的规划教材。

公路工程造价专业教材依据教育部对高职高专人才培养目标、培养规格、培养模式及与之相适应的知识、技能、能力和素质结构的要求进行编写，并融入了全国交通类高职高专院校公路工程造价专业的教学改革成果，紧密跟踪我国工程造价管理方面的政策和技术发展，采用了最新的技术标准、规范，具有较强的针对性。教材编写中较好地贯彻了素质教育的思想，力求体现以人为本、注重知识实用性的现代职业教育理念，从交通行业岗位群对人才的知识结构和技能要求出发，结合对培养学生创新能力、职业道德方面的要求，提出教学目标和教学内容，在教材的理论体系、组织结构、内容描述上与传统教材有了明显的区别。

《公路工程定额与管理》是高职高专院校公路工程造价专业规划教材之一，内容包括：绪论，定额编制原理，公路工程施工定额，公路工程预算定额，公路工程概算定额，公路工程机械台班费用定额，公路基本建设工程费用定额，公路工程估算指标，建设工期定额。

参加本书编写工作的有：甘肃交通职业技术学院徐斌（编写第一、二、三、五章）、高峻岭（编写第四、六、八章），河南交通职业技术学院刘艳（编写第七、九章）。全书由徐斌担任主编，高峻岭担任副主编，河南交通职业技术学院孙久民担任主审。

本套教材是路桥工程专业指导委员会委员及长期从事公路工程造价专业教学与工程实践的教师们工作经验的总结。但是，随着各项改革的逐步深入，书中难免有不妥之处，敬请广大读者批评指正。

本套教材在编写过程中得到了交通职业教育教学指导委员会的关心与指导，全国各交通职业技术学院的领导也给予了大力支持，在此，向他们表示诚挚的谢意。

交通职业教育教学指导委员会

路桥工程专业指导委员会

2009年03月

目录

—MULU

第一章 绪论

知识目标

1. 解释定额的概念,描述定额的发展历史,定额的水平与功能;
2. 描述定额的社会作用与特性;
3. 解释定额应用体系的概念;
4. 分析定额的管理方式。

能力目标

1. 形成定额的概念;
2. 进行定额体系的建立;
3. 进行定额管理方法、定额管理原则的确立。

●第一节 定额概述●

一、定额的含义

定额是指规定的额度。广义地讲,定额是规定某种特定事物的数量限额。在建筑工程施工过程中,完成任何一件产品,都需要消耗一定数量的人工、材料和机械,而这些资源的消耗是随着生产中各种因素的不同而变化的。定额就是在正常生产条件以及合理地组织施工、合理地使用材料和机械的情况下,完成单位合格产品所必需的人工、材料、机械、设备及资金消耗的限额标准。同时,在定额中还规定了相应的工作内容和要达到的质量标准以及安全要求。

定额属于计价依据的范畴,是计算人工、材料、机械台班消耗的主要依据。计价依据是指用来计算工程造价的基础资料的总称,除包括定额、指标、费率、基础单价外,还包括工程数量数据以及政府主管部门颁布的各种相关经济法规、政策、计价办法等。

在现代社会经济生活中,定额的种类繁多。就建筑生产领域来说,有劳动定额、工时定额、材料消耗定额、机械台班使用定额、机械台班费用定额、材料储备定额、生产流动资金定额等。它们属于生产性定额,是现代企业科学管理的重要基础。

二、定额的产生和发展

定额产生于19世纪末,它与当时生产力的发展是分不开的。当时的工业生产技术发展很快,但由于采用传统管理方法,工人劳动生产率很低,劳动强度却很高。在这种背景下,被管理学术界尊称为“现代管理之父”的美国工程师泰勒(F. W. Taylor,1856—1915)开始了对企业管理的研究,以便找出提高工人劳动生产率的方法。他从研究工人操作方法的科学开始,着眼于提高劳动生产率,科学有效地刺激工人的劳动积极性。首先,他把工作时间分成若干组成部分,并利用秒表记录工人每一动作及消耗的时间,经过分析每个动作与时间之间的关系,然后制定出工时消耗的合理标准,用这个标准作为衡量工作效率的尺度,这就形成了最初的工时定额。同时他突破了当时传统经验管理方法,通过科学试验,制定出所谓标准的操作方法,通过对工人进行训练,要求工人改变过去习惯的操作方法,取消不必要的操作程序,并且在此基础上制定出较高的工时定额,用工时定额评价工人工作的好坏;为了使工人能够达到定额,大大提高工作效率,他还改造了当时的生产工具,并制定了工具、机器、材料和作业环境的标准化原理;为了鼓励工人努力完成定额,还制定了一种有差别的计件工资制度。

从泰勒制定的标准操作方法、工时定额、工具和材料等要素的标准化,有差别的计件工资制度等主要内容来看,工时定额在其中占十分重要的位置。首先,较高的定额水平直接体现了泰勒制定定额的主要目的,即提高工人的劳动效率,降低产品成本,增加企业盈利,而所有其他方法的内容则是为了达到这一目的而制定的措施。其次,工时定额作为评价工人工作的尺度,并和有差别的计件工资制度相结合,使其本身也成为提高劳动效率的有力措施。

继泰勒之后,20 世纪 20 年代出现了组织行为科学。它从社会学和心理学的角度,对工人在生产中的行为以及产生这些行为的原因进行分析研究,强调重视社会环境及人际关系对人行为的影响,着重研究人的本性和需要、行为与动机的关系、激励机制的作用等,特别注重生产中人际关系对生产活动影响的研究,从而达到提高生产效率的目的。行为科学弥补了泰勒等人科学管理理论的不足,使二者有机地结合,让定额朝着更先进更合理更科学的方向发展,因而对当时生产力的发展起了推动作用。

我国定额工作从建国以来一直受到高度重视,早在“一五”期间,国家计划委员会就在1954 年颁布了《建筑工程设计预算定额(试行草案)》。由于我国公路工程建设起步较晚,建国初期基本上都是各单位凭经验自编一些定额在施工过程中进行试用。公路工程定额的出现应该追溯到 1954 年 8 月,交通部[①]在当时公路总局的设计局内设立了预算定额科,由此拉开了公路工程定额编制工作及管理工作的序幕。1954 年在国家技术标准、技术规范统一的前提下,开始增加力量编制《公路基本建设预算定额》,1955 年正式在全国公布施行。随着初步设计和施工图设计模式的确立,公路定额管理部门陆续编制了《公路工程施工定额》,其中劳动定额作为衡量施工企业工人劳动生产率的标志,同时贯彻按劳分配的原则,以作为编制工程预算(人工部分)的依据;接着编制了《公路工程概算指标》,并重新修订《公路工程预算定额》。但从 1957 年至 1976 年,概预算定额工作虽几经反复,可是一直处于停滞状态。直到 1978 年,随着公路工程建设高潮的到来,定额工作得以快速发展并从此走向正规化管理的轨道。1984 年11 月 15 日,在国家计委文件的指导下,经交通部批准组建了“交通部公路工程定额站”,此后公路工程定额编制及管理工作在全国各省区定额站全面展开。公路造价人员经过对其他土建行业定额工作的研究分析,建立了公路工程定额及造价工作完整的体系。该体系既适应公

①交通部现已更名为交通运输部,后同。

路工程技术标准、规范的发展需要，又与国家的经济方针、政策相协调，并且具有公路工程造价管理的特色。

近年来，随着我国公路建设市场经营体制的大力发展，为适应活跃的市场经济活动，交通部于 1992 年和 1996 年先后颁布了《公路工程施工定额》、《公路工程预算定额》、《公路工程概算定额》、《公路工程估算指标》、《公路工程机械台班费用定额》、《公路基本建设工程概算、预算编制办法》、《公路基本建设工程投资估算编制办法》等定额文件。在随后 10 多年的应用过程中，经济水平和施工技术又有了新的发展，这些定额显然已不能满足建设市场需求，于是全国众多省、自治区、直辖市根据部颁公路工程定额，结合本地具体情况，编制出适合地方的公路工程补充定额，开创了定额向市场迈进的步伐。为了满足 21 世纪公路建筑市场经济的需求，交通部于 2007 年又颁布了新的《公路工程基本建设项目概算预算编制办法》（JTG B06—2007），同期颁布了新的《公路工程概算定额》（JTG/T B06-01—2007）、《公路工程预算定额》（JTG/T B06-02—2007）、《公路工程机械台班费用定额》（JTG/T B06-03—2007）等，并从 2008 年 1 月 1 日起实施。作为新的《公路工程预算定额》（JTG/T B06-02—2007）之依据的《公路工程施工定额》（2009 年版）的编制、整理、出版工作已于 2009 年 7 月完成，并于 2009 年 7 月 1 日起实施。

另一方面，一些新的定额管理技术也随之出现，如同望 WECOST 公路工程造价管理系统软件、海德纵横 SmartCost 公路工程造价系统等，它们利用计算机技术优势，不仅为定额的管理与应用提供现代化的管理方法，同时也为施工企业建立自己的定额，提供了非常有效的实用管理工具。

三、定额水平的概念

定额水平是指完成定额所规定单位合格产品的资源消耗量标准的高低。它与当时的生产因素及生产力水平有着密切的关系，是一定时期社会生产力的反映。定额水平较高则反映生产力水平较高，完成单位合格产品所需要消耗的资源较少；反之，则说明生产力水平较低，完成单位合格产品所需消耗的资源较多。

定额水平不是一成不变的，而是随着生产力水平的变化而变化。一般影响定额水平的因素主要有：

（1）被视察人员的技术水平、心理因素、劳动态度等；

（2）被视察对象的机械化程度；

（3）新材料、新工艺、新技术的应用；

（4）企业的组织管理水平；

（5）劳动生产环境；

（6）产品的质量及操作安全等要求。

因此，定额水平的确定必须从实际出发，根据生产条件、质量标准和现有的技术水平，选择先进合理的操作对象进行观测、计算、分析而定，并随着生产力水平的提高而进行补充修订，以适应生产发展的需要。

合理的定额水平，可以使定额起到调动职工积极性，提高劳动生产率，降低工程成本，保证质量及工期的作用。因此，在制定定额时既要考虑定额的先进合理性，同时，还要考虑在正常条件下，大多数人经过努力均可达到且少数人可能超额的情况。

四、定额在现代管理中的地位与功能

定额是管理科学的基础，也是现代管理科学中的重要内容和基本环节。我国要实现工业化和生产的社会化、现代化，就必须积极吸收和借鉴世界上各个发达国家的先进管理方法，必须充分认识定额在社会主义经济管理中的地位。

(1)定额是节约社会劳动、提高劳动生产率的重要手段。降低劳动消耗，提高劳动生产率，是人类社会发展的普遍要求和基本条件。劳动时间的节约是最大的节约。定额为生产者和经营管理人员树立了评价劳动成果和经营效益的标准尺度，同时也使广大职工明确了自己在工作中应该达到的具体目标，从而增强责任感和自我完善的意识，自觉地节约社会劳动和消耗，努力提高劳动生产率和经济效益。在我国，整个社会的经济效益还很低，生产、建设和流通领域浪费资源和社会劳动的现象还很严重，因此，定额在建立节约型社会方面的作用更具现实意义。

(2)定额是组织和协调社会化大生产的工具。随着生产力的发展，分工越来越细，生产社会化程度不断提高，任何一种产品都可以说是由许多企业、许多劳动者共同完成的社会产品。因此，必须借助定额实现生产要素的合理配置，以定额作为组织、指挥和协调社会生产的科学依据和有效手段，从而保证社会生产持续、顺利地发展。

(3)定额是宏观调控的依据。我国社会主义经济是以公有制为主体的，它既要充分发展市场经济，又要有计划地指导和调节，这就需要利用一系列定额为预测、计划、调节和控制经济发展提供出有技术依据的参数和可靠的计量标准。

(4)定额在实现分配、兼顾效率与社会公平方面有巨大的作用。定额作为评价劳动成果和经营效益的尺度，也就成为资源分配的个人消耗品分配的依据。在定额执行中，个人可以根据完成定额情况取得相应的报酬。

● 第二节　定额的作用与特性 ●

定额的性质取决于社会生产关系的性质，也就是社会制度的性质。在社会主义制度下，定额体现了多劳多得、按劳分配的社会主义分配原则，它与劳动者的根本利益是一致的，因此，定额是调动企业生产率的有力工具。在社会主义制度下，定额具有以下作用与特性。

一、定额的主要作用

定额是一切企(事)业单位实行科学管理的必备条件，没有定额就没有企(事)业的科学管理。定额的作用主要表现如下。

1. 定额具有节约社会劳动和提高生产效率的作用

一方面，企业以定额作为促使工人节约社会劳动(工作时间、原材料等)和提高劳动生产效率、加快工作进度的手段，以增加市场竞争能力，获取更多的利润。另一方面，作为工程造价计算依据的各类定额，又促使企业加强管理，把社会劳动的消耗控制在合理的限度内。再者，作为项目决策依据的定额指标，又在更高的层次上促使项目投资者合理而有效地利用和分配

社会劳动。

2. 定额是国家对工程建设进行宏观调控和管理的手段

在社会主义市场经济体制逐步完善的今天，并不排斥政府对经济的宏观调控，即使在资本主义国家，政府也要利用各种手段影响和调控经济的发展。因此，利用定额对工程建设进行宏观调控和管理，是国家对工程建设进行宏观调控和管理的手段，主要表现在：①对工程造价进行宏观管理和调控。②对资源配置进行预测和平衡。③对经济结构，包括企业结构和所有制结构，进行合理的调控，也包括对技术结构和产品结构的调控。

3. 定额有利于市场公平竞争

公平竞争、优胜劣汰，这是市场运行的基本准则。定额既是对市场信息的加工，又是对市场信息的传递，定额为各经济主体之间的公平竞争提供了有利条件，也促使市场经济更加繁荣。

4. 定额有利于规范市场行为

一方面，定额是投资决策的依据。投资者可以利用定额权衡自己的财务状况和支付能力，预测资金投入和预期回报，还可以充分利用有关定额的大量信息，有效地提高其项目决策的科学性，优化投资行为。另一方面，定额是价格决策的依据。对于企业来说，由于定额在一定程度上制约着工程中人工、材料、机械台班（时间）的消耗，因此，势必会影响到产品的价格水平。企业在投标报价时，只有充分考虑定额的要求，才能在投标报价时作出正确的价格决策，才能占有市场竞争优势，才能获得更多的工程合同。由此可见，定额在上述两个方面上不但规范了市场主体的经济行为，还对完善我国固定资产投资市场和工程建设市场起到重要作用。也就是说，定额在工程建设市场竞争中扮演着经济尺度的角色。

5. 定额有利于完善市场的信息系统

定额管理是对大量市场信息的加工，也是对大量信息进行市场传递，同时也是市场信息的反馈。信息是市场体系中的不可缺少的要素，它的可靠性、完备性和灵敏性，是市场成熟和市场效率的标志。在我国，以定额形式建立和完善市场信息系统，是以公有制经济为主体的社会主义市场经济的特色，在发达的资本主义国家是难以想像的。

6. 定额有利于推广先进的施工技术和工艺

定额中包含着某些已成熟的先进的施工技术和经验，工人要达到和超过定额，就必须掌握和应用这些先进技术；如果工人要大幅度超过定额，他就必须创造性地劳动。第一，在自己的工作中注意改进工具和改进技术操作方法，注意原材料的节约，避免能源的浪费。第二，企业或主管部门为了推行施工工具和施工方法，所以贯彻定额也就意味着推广先进技术。第三，企业或主管部门为了推行定额，往往要组织技术培训，以帮助工人能达到或超过定额。这样，新技术、新工艺、新材料、新经验就很容易推广而大大提高全社会的劳动生产效率。

二、定额的特性

1. 定额的科学性和群众性

定额的科学性主要体现在工程建设定额必须和生产力发展水平相适应，能反映出工程建设中生产消耗的客观规律。定额数据的确定必须有可靠的科学依据。定额的标定工作是在认真研究和总结广大工人生产实践经验基础上，实事求是地广泛搜集资料，经过科学地分析研究而确定的，它能正确地反映单位产品生产所需要的资源量。

定额的群众性反映在定额的制定和执行过程中，都是在工人群众直接参与下进行的。定额的产生来源于群众，定额的执行要依靠群众。定额水平既要反映国家和集体的整体利益，也要反映群众的要求和愿望，这样群众才能乐于接受，定额才能顺利地得以贯彻执行。

2. 定额的权威性和强制性

工程建设定额是由国家基本建设委员会或授权机关编制的，具有权威性。这种权威性在一些情况下具有经济法规性质和执行的强制性。权威性反映统一的意志和统一的要求，也反映信誉和信赖程度。强制性反映了定额的严肃性。

工程建设定额的权威性和强制性，意味着定额的使用者和执行者在规定的范围内都必须按定额的规定执行。在当前市场不规范的情况下，赋予工程建设定额以强制性是十分重要的，它不仅是定额作用得以发挥的有力保证，而且也有利于理顺工程建设有关各方面的经济关系和利益关系。需要说明的是，这种强制性也有相对的一面。在竞争机制引入工程建设的情况下，定额的水平必然会受市场供求状况的影响，从而在执行中可能产生定额水平的浮动。准确地说，这种强制性不过是一种对生产消费水平的合理限制，而不是对降低生产消费的限制，不是对生产力发展的限制。应该提出的是，在社会主义市场经济条件下，对定额的权威性和强制性不应绝对化。

3. 定额的系统性和统一性

工程建设定额既是相对独立的系统，又是由多种定额结合而成的有机的整体。它的结构复杂，有鲜明的层次，有明确的目标。

工程建设定额的系统性是由工程建设的特点决定的。按照系统论的观点，工程建设就是庞大的实体系统。工程建设定额是为这个实体系统服务的，因而工程建设本身的多种类、多层次就决定了以它为服务对象的工程建设定额的多种类、多层次。从整个国民经济来看，进行固定资产生产和再生产的工程建设，是由包括农林水利、轻纺、机械、煤炭、电力、石油、冶金、化工、建材、交通运输、邮电工程，以及商业物资、科学教育、文化卫生体育、社会福利和住宅工程等多项工程集合的整体。这些分项工程的建设都有严格的项目划分，如建设项目、单项工程、单位工程、分部工程、分项工程；在计划和实施过程中有严密的逻辑阶段，如规划、可行性研究、设计、施工、竣工交付使用，以及投入使用后的维修。与此相适应必然形成工程建设定额的多种类、多层次。

工程建设定额的统一性，主要是由国家对经济发展的有计划的宏观调控职能决定的。为了使国民经济按照既定的目标发展，就需要借助于某种标准、定额、参数等，对工程建设进行规划、组织、调节、控制。而这些标准、定额、参数必须在一定范围内是一种统一的尺度，才能实现上述职能，才能利用它对项目的决策、设计方案、投标报价、成本控制进行比选和评价。

工程建设定额的统一性按照其影响力和执行范围来看，有全国统一定额、行业统一定额和地区统一定额等，层次清楚，分工明确；按照定额的制定、颁布和贯彻使用来看，有统一的程序、统一的原则、统一的要求和统一的用途。

在生产资料私有制的条件下，定额的统一性是很难想像的，充其量也只是工程量计算规则的统一和信息提供。我国工程建设定额的统一性与工程建设本身的巨大投入和巨大产出有关。它对国民经济的影响，不仅表现在投资的总规模和全部建设项目的投资效益等方面，而且往往表现在具体建设项目的投资数额及其投资效益等方面，因而需要借助统一的工程建设定额进行社会监督。这一点与工业生产、农业生产中的工时定额、原材料定额是不同的。

4. 定额的稳定性和时效性

工程建设定额中的任何一种都是一定时期社会生产力发展的反映，因而在一段时期内都表现出稳定的状况。保持定额的稳定性是维护定额的权威性所必需的，更是有效地贯彻定额所必需的。如果某种定额处于经常修改变动之中，那么必然造成执行中的困难和混乱，使人们感到没有必要去认真对待它，很容易导致定额权威性的丧失。

但是工程建设定额的稳定性是相对的。任何一种工程建设定额都只能反映一定时期的生产力水平。当生产力向前发展了，定额就会与已经发展了的生产力不相适应。这样，它原有的作用就会逐步减弱以致消失，甚至产生负效应。所以，工程建设定额在具有稳定性特点的同时，也具有显著的时效性。当定额不能再起到促进生产发展的作用时，就需要对工程建设定额重新编制或修订。

例如《公路工程预算定额》于 1992 年颁布发行，1996 年只对基价进行了调整，一直到 2007 年才颁布了新的版本。

5. 定额的针对性

定额的针对性很强，实行做什么工程，用什么定额，一种工序，一项定额，不得乱套定额；必须严格按照定额的项目、工作内容、质量标准、安全要求执行定额；不得随意增减工时消耗、材料消耗或其他资源消耗；不得减少工作内容，降低质量标准等。

例如，《公路工程预算定额》(JTG/T B06-02—2007)第一章第二节表 1-2-1 人工挖截水沟、排水沟，人工挖清 1 000m^3 天然密实方普通土的劳动定额为 234.0 工日，它所包括的内容如下。

1)工程内容

(1)土质：①挂线；②挖松；③将土挖出筑成挡水埝并修坡。

(2)排水工程节说明："2. 边沟、排水沟、截水沟、急流槽定额均未包括垫层的费用，需要时按有关定额另行计算。"

(3)公路工程预算定额总说明："六、定额中的工程内容，均包括定额项目的全部施工过程。定额内除扼要说明施工的主要操作工序外，均包括准备与结束、场内操作范围内的水平与垂直运输、材料工地小搬运、辅助和零星用工、工具及机械小修、场地清理等工程内容。"

2)质量要求

总说明中规定：定额中所采用的施工方法和工程质量标准，是根据国家现行的公路工程施工技术及验收规范、质量评定标准及安全操作规程取定的，除定额中规定允许换算者外，均不得因具体工程的施工组织、操作方法和材料消耗与定额的规定不同而变更定额。

这就是说，每做 1 000m^3 天然密实方普通土的截水沟、排水沟的劳动定额为 234.0 工日，是针对以上这些条件而定的。从此可以看出定额具有很强的针对性。

第三节 工程建设定额的分类

工程建设定额是一个综合概念，可按不同的要素分类。

一、按生产要素分类

按生产要素分类有劳动定额、材料消耗定额和机械台班使用定额。这是最基本的分类法，它直接反映出生产某种单位合格产品所必须具备的因素，见图1-1。

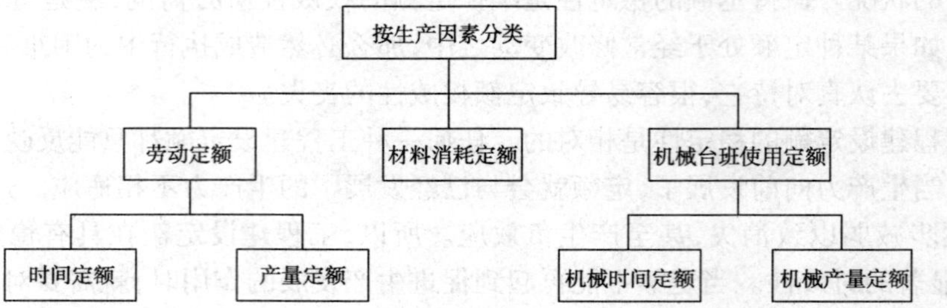

图1-1　按生产因素分类

1. 劳动定额

即人工定额，它反映了建筑工人劳动生产率水平的高低，表明在合理、正常施工条件下，单位时间内完成合格产品的数量的多少或完成单位合格产品所需工时的多少。劳动定额有不同表述形式，通常把单位时间内完成合格产品的数量的多少，称为产量定额；把完成单位合格产品所需工时的多少，称为时间定额。

2. 材料消耗定额

指在合理地组织施工、合理地使用材料的情况下，生产某单位合格产品所必须消耗的一定规格的建筑材料、成品、半成品、水、电等资源的数量标准。它反映的是生产因素中第二个因素，即劳动对象在生产活动中的变化情况。

3. 机械台班使用定额

也称机械使用定额，它反映了在合理的劳动组织、生产组织条件下，由专职工人或工人小组管理或操纵机械时，该机械在单位时间内的生产效率。按其表现的形式不同，根据上述人工定额的概念也可分为时间定额和产量定额。

二、按编制程序和用途分类

按编制程序和用途可以把工程建设定额分为施工定额、预算定额、概算定额、投资估算指标、万元指标和工期定额六种（图1-2）。

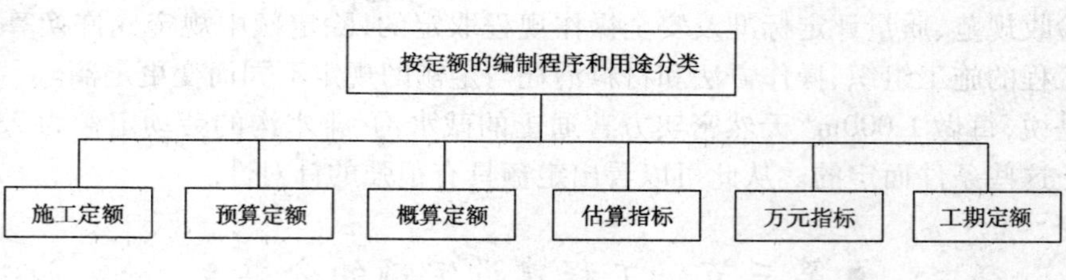

图1-2　按定额的编制程序和用途分类

1. 施工定额

这是施工企业(建筑安装企业)为了组织生产和加强管理,在企业内部使用的一种定额,属于企业生产定额的性质。它由劳动定额、机械定额和材料定额三个相对独立的部分组成。为了适应组织生产和管理的需要,施工定额的项目划分很细,是工程建设定额中分项最细、定额子目最多的一种定额,也是工程建设定额中的基础性定额。在预算定额的编制过程中,施工定额的劳动、机械、材料消耗的数量标准,是计算预算定额中劳动、机械、材料消耗数量标准的重要依据。

2. 预算定额

这是在编制施工图预算时,计算工程造价和计算工程中劳动量、机械台班、材料需要量使用的一种定额。预算定额是一种计价性的定额,在工程委托承包的情况下,它是确定工程造价的主要依据。在招标和投标的过程中,它是计算标底和确定报价的主要依据。所以,预算定额在工程建设定额体系中占有很重要的地位。从编制程序看,施工定额是预算定额的编制基础,而预算定额则是概算定额或估算指标的编制基础。

3. 概算定额

这是编制设计概算时,计算和确定工程概算造价,计算劳动量、机械台班、材料需要量所使用的定额。它的项目划分粗细程度,与初步设计的深度相适应。它一般是在预算定额的基础上经综合扩大而编制的。概算定额是控制项目投资的重要依据,在工程建设的投资管理中有重要作用。

4. 估算指标

它是在项目建议书和可行性研究报告阶段编制投资估算、计算投资需要量时使用的一种定额。它非常概略,往往以独立的单项工程或完整的工程项目为计算对象。它的概略程度与可行性研究相适应。它的主要作用是为项目决策和投资控制提供依据。估算指标虽然往往根据历史的预、决算资料和价格变动等资料编制,但其编制基础仍然离不开预算定额和概算定额。

5. 万元指标

它是以万元建筑安装工作量为单位,制定的人工、材料和机械台班消耗数量的标准。它是以实物量指标表示的。万元指标是一种计划定额。主要是为国家综合部门、主管部门和地方提供编制长期计划和年度计划的依据。在编制计划时,按照计划期的建筑安装工作量,用万元指标来计算人工工日、主要材料和主要机械(台班)的需要量,以便做好资源的平衡和分配。建设单位和施工企业也可以据此为拟建工程和在建工程组织资源供应。在计划定额中,还有单位生产能力(使用面积或建筑面积)造价指标,如年产量吨钢造价指标等,它们都是以金额表示,作为计划工作的依据。

6. 工期定额

它是为各类工程规定的施工期限的定额天数,包括建设工期定额和施工工期定额两个层次。

建设工期是指建设项目或独立的单项工程在建设过程中所耗用的时间总量,一般以月数或天数表示。它从开工建设时起,到全部建成投产或交付使用时止所经历的时间。但不包括由于计划调整而停缓建设所延误的时间。施工工期一般是指单项工程或单位工程从开工到完工所经历的时间。施工工期是建设工期中的一部分,如单位工程施工工期,是指从正式开工起至完成承包工程全部设计内容并达到国家验收标准的全部有效天数。

上述各种定额与工程造价有着紧密关系,在工程建设过程的各阶段有不同的造价方式,所使用的定额也各不相同,它们之间的关系如图1-3所示。

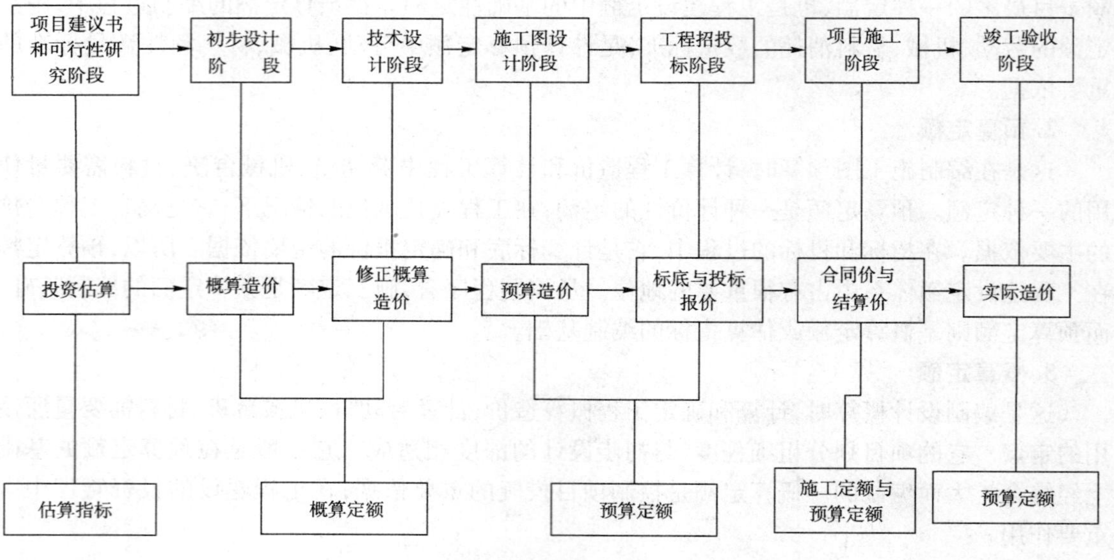

图1-3　工程造价的各阶段所使用的定额示意图

三、按照投资的费用性质分类

按照投资的费用性质,把工程建设定额分为建筑工程定额,设备安装工程定额,其他工程费定额,间接费定额,设备、工具、器具购销费用定额,以及工程建设其他费用定额等。

1. 建筑工程定额

是建筑工程施工定额、建筑工程预算定额、建筑工程概算定额和建筑工程估算指标的统称。

2. 设备安装工程定额

是安装工程施工定额、安装工程预算定额、安装工程概算定额和安装工程概算指标的统称。在通用定额中,建筑工程定额和安装工程定额合二为一,称为建筑安装工程定额。

3. 其他工程费定额

是指预算定额分项内容以外,而与建筑安装施工生产直接有关的各项费用开支标准。列入其他工程费的项目主要有冬季施工增加费、雨季施工增加费、夜间施工增加费、特殊地区施工增加费、行车干扰工程施工增加费、安全及文明施工措施费、临时设施费、施工辅助费、工地转移费等。其他工程费定额是预算定额以外的直接费定额。由于其费用发生的特点不同,只能独立于预算定额之外,是编制施工图预算、设计概算、投资估算以及招标工程标底的依据。

4. 间接费定额

是指为企业生产全部产品以及为维持企业的经营管理活动所必需发生的各项费用开支的

标准。间接费包括规费和企业管理费两类性质的费用。

5. 设备、工具、器具购销费用定额

是为满足公路的营运、管理、养护需要的设备以及新建或扩建项目投资运转首次配置的工、器具数量标准。工具和器具,是指按照有关规定不够固定资产标准而起劳动手段作用的工具、器具和生产用家具。

6. 工程建设其他费用定额

是指独立于建筑安装工程、设备和工器具购置之外的其他费用开支的标准。工程建设的其他费用主要包括土地征购费、拆迁安置费、建设单位管理费等。这些费用的发生和整个项目的建设密切相关。其他费用定额是按各项独立费用分别制定的,以便合理控制这些费用的开支。

四、按照专业性质分类

按照专业性质,可以把工程建设定额分为全国通用定额、行业通用定额和专业通用定额三种。

全国通用定额是指在部门间的地区间都可以使用的定额,如建筑安装工程定额;行业通用定额是指具有专业特点的、在行业部门内可以通用的定额,如公路工程定额;专业通用定额是指特殊专业的定额,它只能在指定的范围内使用,水运工程定额等。

五、按颁发部门及适用地区分类

工程建设定额可分为全国统一定额、行业统一定额、地区统一定额、企业定额和补充定额五种。

1. 全国统一定额

由国家建设行政主管部门,综合全国工程建设中技术和施工组织管理的情况编制,并在全国范围内执行的定额,如全国统一安装工程定额。

2. 行业统一定额

考虑到各行业部门专业工程技术特点,以及施工生产和管理水平编制的,一般只在本行业和相同专业性质的范围内使用的专业定额,如公路工程定额、水运工程定额等。

3. 地区统一定额

地区统一定额主要是考虑地区性特点和全国统一定额水平作适当调整补充编制的。由于各地区不同的气候条件、经济技术条件、物质资源条件和交通运输条件等,构成对定额项目、内容和水平的影响,是地区统一定额存在的客观依据。

4. 企业定额

由施工企业考虑本企业具体情况,参照国家、部门或地区定额的水平制定的定额。企业定额只在企业内部使用,是企业素质的一个标志。企业定额水平一般应高于国家现行定额,才能满足生产技术发展、企业管理和市场竞争的需要。

5. 补充定额

是指随着设计、施工技术的发展,现行定额不能满足需要的情况下,为了补充缺项所编制的定额。补充定额只能在指定的范围内使用,可以作为以后修订定额的基础。

六、定额体系的概念

通过以上分析，并根据定额的用途来看，各个公路工程定额之间形成了一个完整的定额体系，每个类别的定额均在一定范围内发挥着不同的作用，形成了这个体系中的一个环节，相互之间既有区别，又紧密联系，是互为补充的，它们均为公路建设的投资和管理发挥不可或缺的作用。公路工程定额体系见图1-4。

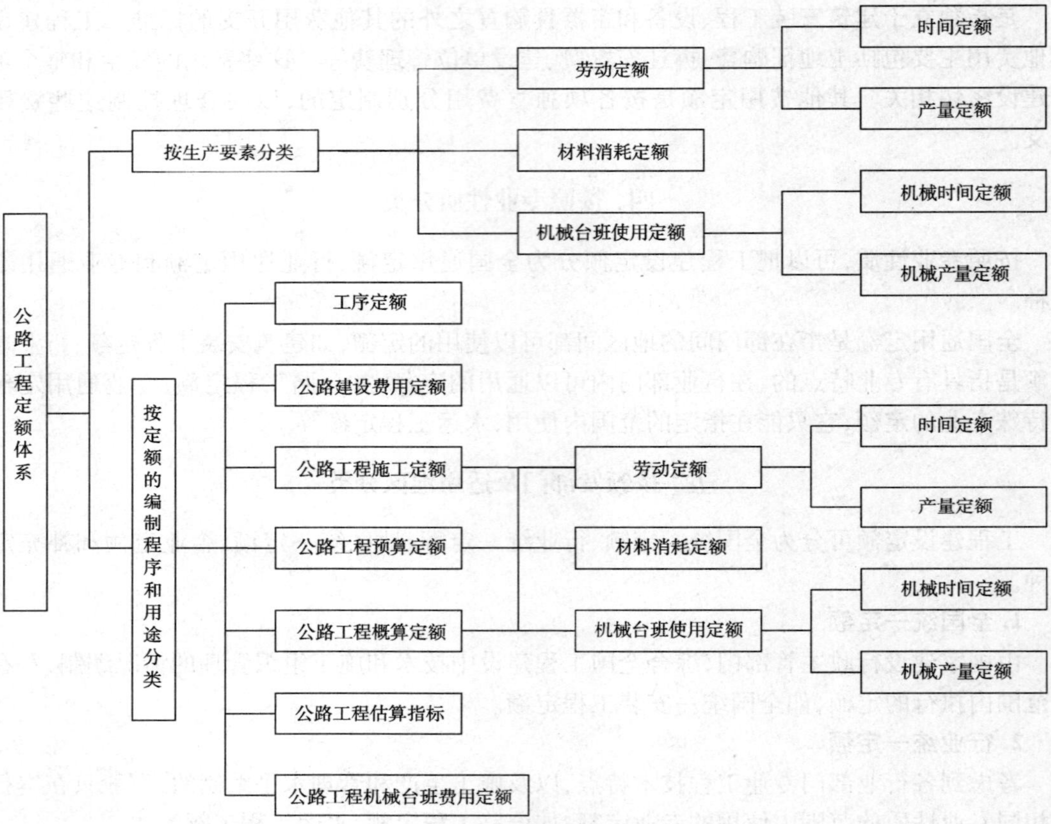

图1-4 公路工程定额体系示意图

●第四节 定额管理●

定额管理是工程建设管理工作的一部分，是指定额管理单位或定额使用单位通过信息获取、决策、计划、组织、领导、控制和创新等职能，利用定额来合理安排和使用人力、物力、财力和时间的所有管理活动的集合，是经济管理中的基础性工作的管理。因此，定额管理具有管理工作的一切特点，有以下职能。

一、定额管理的职能

1. 信息获取

在信息时代，为了有效行使信息获取职能，需要在组织内建立信息系统并利用信息技术。

信息技术在组织中的应用不过是最近 40 年来的事，但它对组织管理与运行的影响却是深远的。信息获取的能力往往决定着组织管理效率的高低和组织运行状况的好坏。定额在执行中会产生各种的信息，定额管理单位必须从中获取有用的信息，为以后的定额管理过程做准备。

2. 决策

决策是指“管理者识别并解决问题以及利用机会的过程”。管理者在决策过程中需要适时地获取适量的信息，以提高决策的质量。如在定额信息获取上，获取什么样的信息、以怎样的方式获取、从哪里获取、何时获取等，都需要管理者作出决策。

3. 计划

计划是指“制订目标并确定为达成这些目标所必需的行动”，计划过程是决策的组织过程，是指为了实现决策所确定的目标，预先进行的行动安排，因此制订计划是定额管理者必不可少的工作。

4. 组织

组织是指“确定所要完成的任务、由谁来完成任务以及如何管理和协调这些任务的过程”，管理者必须把工作小组和组织中的成员组织起来，以便使定额信息、资源和任务能够在组织内顺畅流动。

5. 领导

所谓领导，是指“激励和引导组织成员以使他们为实现组织目标做贡献”。管理者必须具备领导其工作小组成员朝着组织目标努力的能力。为了使领导工作卓有成效，管理者必须了解个人和组织行为的动态特征、激励员工以及进行有效的沟通。在当今的建设环境中，有效的领导者还必须是富有想像力的——能够预见未来、使他人也具有这种想像力以及授权员工去使想像变成为现实。只有通过卓有成效的领导，组织的目标才有可能实现。

6. 控制

管理者必须对组织的运行状况以及战略计划和经营计划的实施情况进行监督。控制要求管理者识别当初所计划的结果与实际取得的结果之间的偏差。当一个组织的实际运行状况偏离计划时，管理者必须采取纠偏行动。纠偏行动可以是采取强有力的措施，以确保原先计划的顺利实现；也可以是对原先计划进行调整，以适应当前的形势。控制是管理过程中不可或缺的一种职能，因为它的存在可以确保组织朝向其目标迈进。

7. 创新

所谓创新，就是改变现状。定额管理者的创新活动包括技术创新和制度创新。

上述各种管理职能不是孤立的，它们的相互关系可以通过图 1-5 看出。

对图 1-5 可以解释如下：第一，信息获取职能是其他管理职能赖以有效发挥的基础。第二，决策既与其他管理职能有所交叉（管理者在行使其他管理职能的过程中或多或少面临决策问题），又是计划、组织、领导和控制的依据。第三，计划、组织、领导和控制旨在保证决策的顺利实施。第四，创新贯穿于各种管理职

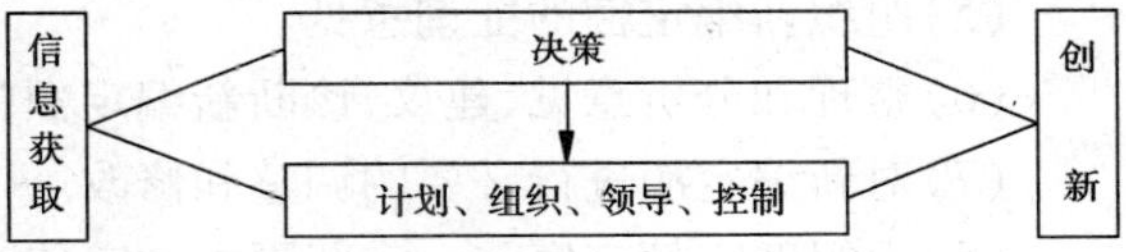

图 1-5 各种管理职能的相互关系

能和各个组织层次。

二、定额管理的二重属性

定额管理的二重性主要取决于管理的二重属性。管理的二重性即自然属性和社会属性。

管理的自然属性是生产和劳动社会化的客观要求。凡是人类共同劳动，就需要管理。它不受社会经济形态和社会制度不同的影响。

管理的社会属性，主要取决于生产关系。任何劳动都处在一定的生产关系之中，因此管理总带有占统治地位的生产关系烙印。在资本主义条件下，管理的社会属性表现为监督劳动的性质。在以公有制为基础的社会主义条件下，管理的社会属性发生了根本变化，定额和定额管理的社会属性也随之发生了根本的变化，它们不再是那种监督劳动，而是为全社会，为全体劳动人民的利益，为日益增长的物质文化生活的要求服务。

三、工程建设定额管理的内容

定额管理的内容主要是科学制定和及时修订各种定额；组织检查定额的执行情况；分析定额完成情况和存在问题，及时反馈信息。

工程定额种类繁多，管理内容受专业特点影响很大。但各类工程定额管理的内容虽有各自特点，但从共性看，工程定额管理内容不外乎包括三个方面，即定额的编制修订、定额的贯彻执行和信息反馈。编制修订是贯彻和执行定额的前提条件，贯彻执行则是编制修订定额的直接导因和管理环节的继续。从管理信息反馈的全过程看，三者的关系如图 1-6 所示。

图 1-6　三者关系示意图

从市场的信息流程来看，定额管理的内容主要是信息的采集、加工、传递、反馈的过程，见图 1-7。定额管理具体包括以下主要工作内容和程序。

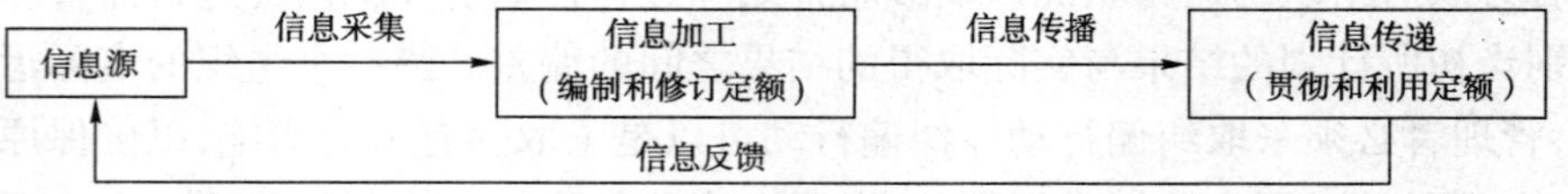

图 1-7　定额管理工作程序图

（1）制订定额的编制计划和编制方案。

（2）积累、收集和分析、整理基础资料。

（3）编制修订定额。

（4）审批和发行。

（5）组织新编定额的征询意见。

（6）整理和分析意见、建议，诊断新编定额中存在的问题。

（7）对新编定额进行必要的调整和修改。

（8）组织新定额交底和一定范围内的宣传、解释和答疑。

（9）从各方面为新定额的贯彻执行创造条件，积极推行新定额。

(10)监督和检查定额的执行,主持定额纠纷的仲裁。

(11)收集、储存定额执行情况,反馈信息。

上述管理内容之间,既相互联系又相互制约。同时,它们的顺序也大体反映了管理工作的程序,见图1-7。

四、工程建设定额管理的任务与原则

1.工程建设定额管理的任务

工程建设定额管理的任务和工程建设管理的任务是一致的,它服务于实现工程建设任务的大目标。主要包括以下几方面。

1)深化工程建设定额改革

(1)依据财政部有关《企业财务通则》和《企业会计准则》的要求,按照制造成本法对建筑安装工程费用项目划分进行调整,对建筑安装工程成本费用项目进行规范。

(2)按照量价分离和工程实体性消耗与施工措施性消耗相分离的原则,对计价定额进行改革。属于人工、材料、机械等消耗量标准,由国家制订全国统一基础定额及工程量计算规则,实现国家对定额消耗量的宏观控制;对于人工、材料价格、机械台班费用等区别不同情况,实行调整与放开相结合的办法,改变国家对定额管理的方式。

(3)针对当前价格、利率、汇率、税率等不断变动的实际情况,组织工程造价管理部门定期发布反映市场价格水平的价格信息和调整指数,实行动态管理。

(4)依据不同工程类别实行差别费率和差别利润率,改变过去按企业隶属关系和资质等级的做法,促进企业间的平等竞争。

(5)鼓励企业逐步做到按工程个体成本报价,提高企业的竞争能力,在计价定额的表现形式上,实行工程实体性消耗与施工措施性消耗相分离的做法。

2)节约社会劳动

节约工程建设中的社会劳动,是合理利用资源和资金的一个极其重要方面,也是提高工程建设投资效益的标志和主要途径。工程建设中社会劳动的投入,数量大、期限长。节约工程建设中的社会劳动,不仅给一个项目或一个企业带来经济效益,而且会从宏观上给国民经济的发展带来积极影响。同时,也就意味着投资效益的提高。我国工程建设投资效益低、浪费严重。工程建设定额管理的任务,就是要通过定额的制定、执行,达到控制耗费,节约社会劳动的目的。

3)协调工程建设中各方面的经济利益关系

在社会主义市场经济条件下,工程建设中有关各方存在着自身的经济利益,在具体处理时会发生各种矛盾。工程建设定额管理的任务,在于维护国家、企业、集体、个人的正当利益,正确处理经济关系。为此,就要本着实事求是和公正的态度,避免偏向于任何一个方面,并使之适应逐步完善的市场机制的要求。

4)加强投资管理和企业管理

投资管理和企业管理的最终目标,是提高经济效益。工程建设定额管理,一方面要适应整个管理工作的需要,受其他管理工作状况的影响和制约;另一方面,也在于强化投资管理和施工企业管理的约束机制,并为其他各项管理工作创造有利的前提。

2. 工程建设定额管理的原则

为了充分发挥定额在经济管理中的作用，保证工程建设定额管理任务的实现，在定额管理工作中，应该遵循以下原则。

1）集中领导和分级管理的原则

工程建设定额管理的集中领导，主要体现在统一政策、统一规划、统一组织、统一思想。统一政策，是指工程建设定额的管理，不论部门和地区，在大的政策上应该统一。例如，对于工程建设定额的性质、用途和作用，编制原则，管理权限等，应该有统一的规定和政策要求，以保证国家在工程建设方面的方针、政策得到贯彻，适应国民经济发展的总路线、总方针。统一规划，是指随着经济发展的要求，制订出和国民经济发展计划相适应的工程建设定额的发展规划。统一组织，有两重含义：一是就统一规划和安排部署的管理工作，统一分工，组织落实；二是统一组织机构，作为各项管理工作的组织保证。统一思想，就是随着国家政治经济形势的发展和需要，管理思想要不断转换观念。从计划经济向市场经济观念的转换，突破传统思想和经验模式，关键在于积极开展工程造价基本理论和基本方法的探讨，借鉴和吸收现代管理科学中有价值的成果，以具有中国特色社会主义理论为指导，逐步形成新的观念和理论体系。

集中领导绝不意味着管死、统死和不分具体情况的“一刀切”。集中领导和分级管理是相辅相成的。

分级管理，是指定额管理权限的划分，按执行范围分部门、分地区、分级分层的管理。分级管理是由工程建设定额本身的多种类、多层次决定的，也是由各部门、各地区和企业的具体情况不同所决定的。多种类、多层次的定额要求各省、自治区、直辖市和国务院各个主管部门，按其职能分工进行管理。由于各部门专业特点不同，各地区的经济技术条件不同，自然气候和物质资源条件不同，也需要在分级管理中考虑和体现各自的特点。

根据国家关于工程建设定额编制和管理权限划分的规定，公路工程定额为行业统一定额。所谓行业统一定额，即凡在中华人民共和国境内修建的公路建设工程，不论其建设地点、投资来源和设计、施工企业的类别，均应执行交通部颁布的公路工程定额，并规定公路工程定额由交通部负责编制和管理。交通部对公路工程定额的管理也采取了集中领导和分级管理的原则。

2）标准化原则

标准化是指为制定和贯彻产品和工程标准而进行的有组织的活动过程。推行标准化有利于提高产品和工程的质量，降低成本、减少消耗，促进新技术的发展。工程建设中物质消耗、时间消耗和资金消耗的尺度本身就是一种技术经济标准。因此在管理中贯彻标准化原则尤为重要。

标准化的内容，主要包括统一化、系列化、通用化、组合化和简化。“统一化”要求把同一事物两种以上的表现形式归并为一种，或将其限定在一定的范围之内，以消除由于不必要的多样化而造成的混乱。在工程建设中，同一事物具有两种以上的表现形式的情况极为普遍。同一种产品、同一种材料往往有许多不同的名称，往往用各种不同的计量单位，采用不同的符号和代号。这种情况会给管理工作造成困难，使管理自动化寸步难行。只有推行统一概念、统一名词术语、统一符号和代号、统一编码、统一计量单位等，才能为科学管理奠定基础。“系列化”要求对同类产品中的一组产品同时进行标准化。在编制工程建设定额时，利用系列化原理为同类产品制定基本参数系列非常必要。“通用化”要求在互相独立的系统中，选择和确定具有功能互换性和尺寸互换性的功能单元，以减少重复劳动和增加适应性。通用化是以互换性为前提的，这一点对工程建设定额管理十分重要。在工程建设中，就每一个工程项目来说，都是一个独立的系统，都有各自的特点，要使各种定额都能适应每项工程的具体情况，就需要在编制定额时取其共性，编制出能够通用的定额项目，使它能在不同的工程上互换。“组合化”是要求对设计和制造出的一系列通用性较强的单元，根据需要，组合成不同用途的产品。在定额编制中运用组合化原理，把定额项目视作功能单元，不同的定额就是根据需要确定或划分的大大小小的功能单元的集合。“简化”要求在一定范围内缩减对象（事物）类型的数目，使之在既定时间内足以满足一般需要。在编制工程建设定额中，运用简化原理压缩超过必要范围以外的定额项目始终是必要的。

3）经济和技术统一的原则

工程建设定额既不是技术定额，也不是单纯的经济定额，而是一种经济技术定额。从它作为工程建设中生产消费定额来说，无疑是经济定额，但它和许多技术条件、技术因素有密切的关系，直接受技术条件、技术因素的约束和影响。所以，在定额管理中，应密切注意研究技术条件和技术因素的状态、影响程度、影响范围、变化及发展趋势，同时还应注意贯彻国家有关的技术政策，并且鼓励和推动技术的发展。

4）适应性原则

工程建设定额的适应性原则，首先要求定额管理要适应社会主义市场经济发展的需要，不断完善定额的体系、内容和管理体制。其次，要适应全社会的需要，不仅面对政府投资的建设项目，也要适应全社会其他投资主体对工程建设定额的需要，不断为他们提供及时而准确的信息服务。第三，由于工程建设定额是统一定额，因此，全国统一定额、地区统一定额、行业统一定额和企业定额等，必须能适应规定范围内的各种情况。第四，定额的适应性还应包含一定的时间跨度。由于定额的使用期一般较长，因此必须在使用期内都能适用。

五、工程建设定额的管理体制

工程建设定额管理体制是工程建设管理体制的组成部分。它主要是指国家、地方、部门和企业之间管理权限和职责范围的划分。建立定额管理体制，就在于保证工程定额管理能够组织各种力量，调动各方面的积极性，以便保证定额管理任务的顺利完成。

工程定额的多种类、多层次，决定了管理体制的多部门、多层次。我国现行工程定额管理体系如图 1-8 所示。

我国工程建设定额管理，基本上属于政府职能。这是因为定额是国家管理和控制工程造价的有效手段；在进一步深化经济体制改革的形势下，定额仍然是国家对工程建设进行预测、决策、宏观调控的手段。当然，工程建设定额管理不仅仅是政府职能以内的事。如果从定额的贯彻执行角度来说，大量的管理工作应落实在工程项目，落实在设计机构、建设单位和施工企业。即使是编制定额，也离不开这些企业和单位在提供资料、信息方面的配合。这里尚且未提施工定额管理。所以，在工程定额管理体系中，单位、企业是基础。同时，图 1-8 也大体上描绘出集中领（指）导分级管理和多部门、多层次管理的基本模式。

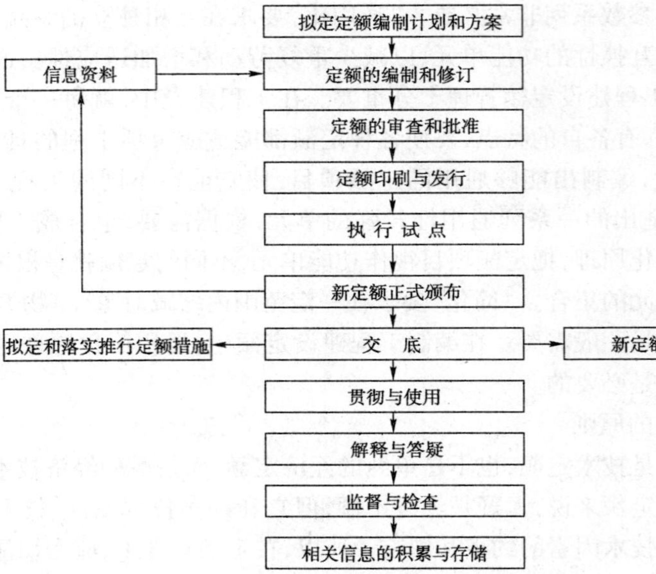

图 1-8 定额管理体制关系图

六、工程定额的管理机构及其职能

我国工程定额管理机构是适应国家大规模经济建设的发展而逐步建立和健全起来的，也随着经济形势和经济体制的发展变化而变化。它的归口主管部门曾有多次转换，如“一五”时期的国家建设委员会，以后的国家基本建设委员会、国家经济委员会和国家计划委员会（以下简称国家计委）。1983 年 8 月，国家计委在原设计局的定额处和标准处的基础上，组建标准定额局。1983 年 3 月，国家科委批准成立了标准定额研究所。这是国家随着体制改革的深化采取加强工程建设基础工作的必要措施。之后，又成立了专业学术团体“中国工程建设概预算定额委员会”，现改为中国建设工程造价管理协会。

标准定额局和标准定额研究所的建立，标志着定额管理机构的进一步健全和完善。1988 年，在政府机构改革中，新组建的建设部①把统筹规划、组织制订和管理全国工程建设标准、技术经济定额、投资估算指标、建设工期定额等作为重要职责，设立了标准定额司和标准定额研究所。在标准定额司设立了造价管理处和定额指标处，在标准定额研究所设立了经济定额处，并配备一批有经验、有专长的专家和业务骨干。

目前建设部标准定额司是工程建设定额的归口领导机构，它主要负责制定和颁发有关工程建设定额的政策、制度、发展规划；组织编制和颁发投资估算指标和建设项目工期定额；按照发展规划委托研究机构或其他定额管理机构编制各类工程建设定额，并组织审批颁发；对省、市、自治区和专业主管部的定额管理机构实行业务指导；规划和组织专业人才的培训、制定造价工程师执业制度等项工作。

建设部标准定额研究所是部属专业研究机构。它主要负责工程建设定额基础理论和现代

①建设部现已更名为住房和城乡建设部，后同。

化管理方法、手段的研究和推广运用；提出有关的政策性建议；根据委托组织各类国家级定额和指标的编制；建立和管理全国定额信息中心；利用各种科学手段和方法调查、研究定额执行情况等工作。司和所的工作，既应有明确的分工，也应有密切协作。

各省、自治区、直辖市和国务院行业主管部，均设有管理工程建设定额的机构，名称相近，工作范围和内容无大差异。近几年随着社会主义市场经济发展的客观要求，各个定额站和处大多改称工程造价管理站或处。

省、自治区、直辖市和国务院行业主管部的定额管理机构，是在其管辖范围内各自行使自己的定额管理职能。它在统一政策、统一规划的指导下，主要负责本地区、本部门定额的编制、报批、发行工作；定额的宣传解释工作；定额纠纷的调解仲裁工作；为编制全国统一定额提供基础资料，如统计资料、测定资料和调查资料等；收集定额执行情况，分析研究定额中存在的问题，提出改进和解决措施；组织专业人员的培训和考核；指导下属定额机构的业务工作。

直辖市和地区的定额管理机构，接受上级定额机构的指导，在所辖地区的范围内执行定额管理职能。

现有的定额站，一般都是具有行政职能的事业单位。一是执行管理定额和工程造价的行政职能，二是事业单位，在规定范围内从事定额和工程造价业务活动的咨询、研究。

1986 年国家计委发文，明确规定了各行业主管部和地区的定额站职责是："制订工程造价管理制度；制订并管理工程建设的估算指标、概预算定额、费用定额，扩大材料消耗定额；搜集、储存、分析已完工程造价资料，建立数据库；掌握材料设备价格信息，预测价格上涨系数及发布结算价格指数，监督检查工程预算或招标承包工程的标底及中标价是否合理。"

公路工程建设行业于 1984 年 11 月 15 日，在国家计委文件的指导下，经交通部批准组建"交通部公路工程定额站"。随后各省、自治区、直辖市均成立了公路工程定额站。

各级公路工程定额管理站的主要职能是：代表上级和本级交通部门开展当地公路、水运工程概预算定额、投资估算指标、施工定额的管理工作；负责当地概预算补充定额的编制工作；承担各地交通厅组织下达的公路、水运概预算补充定额、估算指标和相应编制办法的编制工作；承担本地区项目审批中造价文件的审查工作和审查报批项目造价文件的预审工作；负责搜集、整理、分析本地区的工程造价资料，建立工程造价数据库，并开展对定额、材料价格及工程造价等技术经济的研究工作，定期公布市场信息；负责本地区公路、水运概预算人员的业务培训、指导和管理相关工作。参加本地区大、中型工程项目的技术经济评估活动；开展交通工程造价咨询技术服务工作。各个工程建设定额管理机构除管理定额外，还承担材料预算价格、机械台班单价、单位估价表和单位估价汇总表的编制、发行和管理工作。有的定额站也管理标准规范。

各级工程建设定额管理机构的关系见图 1-9。

七、工程建设定额管理人员的素质要求

工程建设定额管理，是一项政策性很强、技术性也很强的经济管理工作。近两年来，为适应社会主义市场经济发展的要求，定额管理机构的职能正向造价管理方面拓宽，这就对机构和专业人员素质提出了更高的要求。它需要一大批懂政策、懂经济、懂专业技术的不同层次的人才，才能满足管理工作发展的需要。

定额管理人员应具备什么素质，是由定额管理机构的性质、职责和管理人员所承担的管理

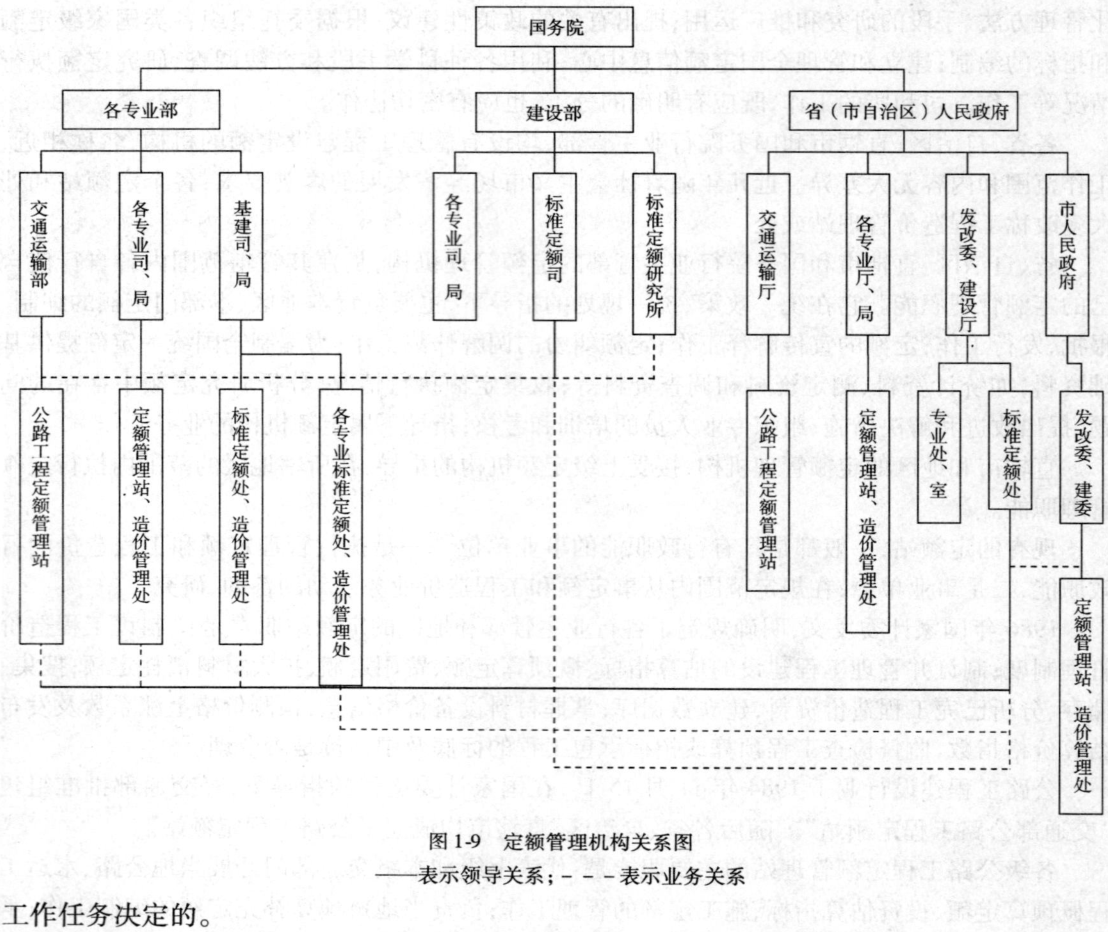

图 1-9　定额管理机构关系图

——表示领导关系；－－－表示业务关系

工作任务决定的。

所谓人员素质，主要包括思想品德素质、文化与专业素质和身体素质。

1. 思想品德素质

对于定额管理人员来说，他执行行政职能，也进行各种咨询服务，所接触的工作内容和需要处理解决的工作问题，几乎都涉及各方面的经济利益关系，都会影响到工程建设任务能否顺利完成和投资效益的高低。这就要求定额管理人员具备良好的思想品德和一定的政策水平，既能维护国家利益，又能以公正的态度维护有关各方合理的经济利益，绝不以权谋私。

2. 文化与专业素质

定额管理的有很强的技术性和专业性，这就要求定额管理人员具有相当的文化基础和专业知识、专业工作能力。文化素质是专业素质的必要条件和基础，专业素质则集中表现为专业工作能力。就定额管理人员来说，专业素质是业务水平、理论水平、定额管理知识和技能、专业技术知识、专业工作经验和解决实际问题的能力等知识和能力的综合。

3. 身体素质

定额管理工作，任务繁重、时间性强，需要管理人员具有健强的体魄和乐观精神。

从定额管理所需的技能来说，这三种技能无疑都不可缺少，只是组合的格局应有所不同。

定额管理人员业务素质的提高，不仅可以在工作实践中逐渐积累、总结、提高，还可通过专业培训获得相应的知识和技能。

复习思考题

1. 什么是定额？
2. 定额的特性与作用是什么？
3. 什么是预算定额？
4. 谈谈你对定额体系概念的认识。
5. 定额管理的职能有哪些？
6. 各行业主管部和地区的定额站有哪些职责？
7. 工程建设定额管理对人员的素质有哪些要求？

第二章

定额编制原理

知识目标

1. 分析研究施工过程；
2. 描述工时研究的研究方法；
3. 描述定额编制的原理与具体操作方法；
4. 阐释劳动定额、材料定额、机械定额的编制方法。

能力目标

1. 进行定额编制方案的确定操作；
2. 进行工时定额、材料消耗定额、机械台班使用定额的基本编制计算。

●第一节　施工过程的研究●

定额编制的基础是工时研究。而在工时研究前，首先是对施工过程进行分解，这是工时研究的重要工作内容。

一、施工过程

一个工程项目是由各分项工程组成，各分项工程又由不同复杂程度和不同性质的施工项目所组成。施工过程就是在建筑工地范围内所进行的生产过程，最终目的是建造、改建、修复或拆除建筑物或构筑物，如公路工程中挖土方、填筑路基、预制钢筋混凝土构件等。构成施工过程的构成因素是生产力的三要素，即劳动者、劳动对象、劳动手段。

1. 劳动者

劳动者主要指生产工人。公路行业的建筑安装工人按其担任的工作不同而划分为不同的专业。如：泥瓦工、木工、钢筋工、电焊工、机械工、电工、推土机及载重汽车驾驶员等等。

工人的技术等级是按其所做工作的复杂程度、技术熟练程度、责任大小、劳动强度等要素确定的。工人的技术等级越高，其技术熟练程度也就越高。

2. 劳动对象

劳动对象是指施工过程中所使用的建筑材料、半成品、成品、构件和配件等。

3. 劳动手段

劳动手段是指在施工过程中，工人用以改变劳动对象的工具、机具和施工机械等。例如，木工的工具有刨子和锯子;泥瓦工的瓦刀、钢钎;钢筋工的电动弯筋机、钢筋切割机和电焊机等机具;搅拌砂浆用的砂浆搅拌机等机械。

在全部施工过程中,都将涉及以上三个要素,其结果是每个施工过程的结果都是要获得一定的产品,产品的表现形式分别有:

(1)改变了劳动对象的外表,如加工钢筋;

(2)改变了劳动对象的内部结构、性质,如浇筑混凝土;

(3)改变了劳动对象的位置等,如运输材料。

无论是哪一种形式,只要符合设计及质量要求,是合格产品,我们就可以作为研究工时消耗的观察对象。通过对施工过程的组成部分的分解,按其不同的劳动分工、不同的工艺特点、不同的复杂程度,来区别和认识施工过程的性质和内容,以使我们在技术上采用不同的现场观察方法,研究工时和材料消耗的特点,进而取得编制定额所必需的精确资料。

二、施工过程的分解

任何工程结构物的施工过程(或生产过程)由小到大可以分为:动作、操作、工序、操作过程和综合过程等五个进程。而前一进程为后一进程的组成部分。例如工序是由若干个操作所组成,而操作又可划分为若干动作等等。

1. 动作

动作是指劳动时一次完成的最基本的活动。例如,抓取工具或材料,动手开动机械等。

2. 操作

若干个细小动作就组成所谓操作,以安装模板时"将模板放在工作台上"这一操作为例,可大致划分为三个动作:①取部分模板;②走至工作台处;③将模板放在工作台上。显然,动作和操作并不能完成产品,在技术上亦不能独立存在。

3. 工序

工序是指在施工组织上不可分开和施工技术上相同的生产活动过程,它由若干个操作所组成。其主要特征是劳动者、劳动对象和使用的劳动工具均不发生变化,即劳动者、劳动对象和劳动工具三者是固定的。以"预制钢筋混凝土构件"为例,其中包括:①安装模板;②安置钢筋;③浇灌混凝土;④捣实;⑤拆模;⑥养生。其中"浇灌混凝土"这一工序是由运送混凝土料、摊铺混凝土、振捣、抹光、成型等操作组成;"安装模板"这一工序由运送模板、将模板放在工作台上、拼装模板等操作组成;而"安置钢筋"这一工序则由钢筋的除锈、整直、切断、弯曲和绑扎,以及钢筋的移运等操作和动作组成。

从技术操作和施工组织观点来看,工序是最基本的施工过程单元,编制施工定额时,工序是基本组成单元,只有在某些复杂的工序为了更精确起见,才以操作作为基本组成单元。

4. 操作过程

操作过程由若干技术相关联的工序所组成。操作过程中各个工序,是由不同的工种、使用不同的工具和机械依次地或平行地来完成。例如:"铲运机修筑路堤"这一操作过程是由①铲运土、②分层铺土、③空回、④整理卸土四个工序所组成。

5. 综合过程

综合过程是同时进行的,在组织上是有机地联系在一起的,能最终获得一种产品的操作过程的总和。例如:用铲运机修筑路堤时,除"铲运机修筑路堤"外,还必须同时经过"土壤压实"、"路堤修整"等操作过程。

施工过程按以上五个进程划分,有助于编制不同种类的定额,施工定额可具体到工序和操作;预算定额则以操作过程或工序为依据;而概算定额则以综合过程或操作过程为依据。

将一个施工过程分解成工序、操作、动作的目的,就是要分析它们之间的关系及其衔接时间,最后测定施工过程及工序的定额。测定技术定额只是分解和标定到工序为止。如果进行某项先进技术或新工艺的工时研究,就要分解到操作甚至动作为止,从中研究可以改进操作或节约工时的方法。

例如:依上面所述,对浆砌片石挡墙施工过程的分解如图 2-1 所示。

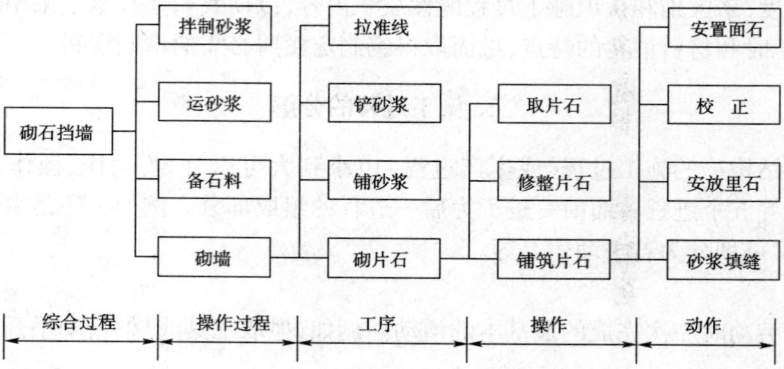

图 2-1　浆砌片石挡墙施工过程划分示意图

三、施工过程的影响因素

公路工程建设的施工过程中,由于施工组织、劳动组织、施工方法和工人技术水平的不同,即使在同一工地、同一工作内容的条件下,同一单位产品消耗的工作时间也各不相同,甚至差别很大。因此,对施工过程的影响因素的研究,有利于正确确定完成单位合格产品所需的正常工作时间。

1. 技术因素

技术因素是指由建筑物设计要求或施工物质条件而引起的对施工过程的影响因素,如:

(1)完成产品的类别、规格和技术特征;

(2)所用材料、半成品、构配件的类别、规格、等级和性能;

(3)所用工具和机械设备的类别、型号、规格和性能。

2. 组织因素

组织因素是指在施工过程中由于施工管理、劳动组织、施工方法和工作条件等特点而产生的影响因素,与施工技术、管理人员和工人直接有关。组织因素只能通过状态和特点予以说明,主要有:

(1)施工组织水平与施工方法;

(2)劳动组织和分工方法;

(3)工人的技术水平、操作方法、劳动态度;

(4)工资制度与分配方式等。

3. 其他因素

(1)气候条件的影响:雨雪、冰冻、大风、高温等;

(2)水、电厂供应的水、电及其动力的中断;

(3)运到现场的材料、构配件质量不合格;

(4)因设计单位与建设单位的变更设计等。

施工过程中的影响因素是很多的,在实际工作中、必须认真分析各个施工过程的特点以及有关因素,通过观察,掌握一切影响因素对完成单位产品工时消耗的影响究竟有多少,并提出减少或消除这些因素的建议和措施,充分利用有利因素,使完成单位产品过程中的机械、人工、材料消耗最少,从而提高劳动生产率。

四、动作研究

施工过程按完成方法的不同,可以分为手工操作过程(手动过程)和机械化过程(机动或机手并动过程)。动作是手动操作和机手并动操作的组成部分,是人的劳动的最小单元。例如拿起工件、安装工件、放下工件等都是一项动作。动作研究的目的是为了消除多余的、不必要的、不合理的动作,提高工效,减少体力消耗。对组成操作的每一个动作,要研究它能否取消、合并或平行进行,应如何改进和提高;还要研究影响动作时间的各种因素,如改进劳动组织,改进原材料、工具的供应,调整运输路线,考虑能否实现机械化、自动化等,使工序的结构比较合理,定额制定就有了科学基础。

动作研究的方法很多,如秒表测定法、利用摄影摄像技术等进行动作研究,取得分析资料。

• 第二节　工作时间的研究 •

人们要完成任何一项工作都必须消耗时间,因此泰勒的"科学管理理论"中的工作定额原理指出,要制订出有科学依据的工人的"合理的日工作量",就必须进行时间和动作的研究。研究的方法是把工人的操作分解为基本动作,再对尽可能多的工人测定完成这些基本动作所需的时间,同时选择最适合的工具、机器,确定最适当的操作程序,消除错误的和不必要的动作,得出最有效的操作方法作为标准。然后,累计完成这些基本动作的时间,加上必要的休息时间和其他延误时间,就可以得到完成这些操作的标准时间,据此制订一个工人的"合理的日工作量"。合理的日工作量正是定额工作时间,因此工作时间消耗的研究即工时研究,是定额编制的基础。

工时研究就是将劳动者或施工机械在整个施工过程中所消耗的工作时间,根据其性质、范围和具体情况的不同,予以科学地划分、归纳,找出其间的定额时间及非定额时间的组成。进行工时研究的目的就是要消除产生非定额时间的因素,提高劳动生产率,并为编制定额提供依据。

一、工作时间分析

1. 工作时间的概念

工作时间就是工作班的延续时间,它是由工作班制度决定的,其单位是工日。目前我国公路建设行业均实行 8 小时工作制度,所以 1 个工日的工作时间一般为 8 小时,个别特殊工作如:潜水,规定一个工作班为 6 小时;隧道,一个工作班为 7 小时。工作时间不包括午饭时的中断时间。工作时间分为工人工作时间和机械工作时间。

2. 工人工作时间分析

工人的工作时间可分为定额时间和非定额时间两大类,如图 2-2 所示。

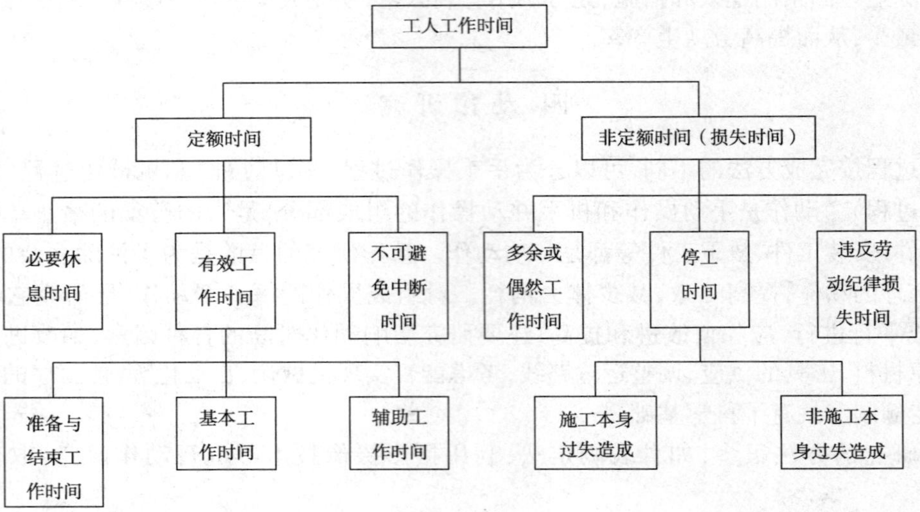

图 2-2　工人工作时间分析

1)定额时间

定额时间是指在正常施工条件下,工人为完成一定合格产品所必需消耗的工作时间,也就是必要劳动时间(以 t 表示)。

定额时间包括:有效工作时间、必要休息时间、不可避免的中断时间。

(1)有效工作时间(以 t_1 表示)。它是指与完成产品有直接关系的工作时间消耗。包括:

①准备与结束工作时间(以 t_{11} 表示)。指工人在执行任务前的准备工作和完成任务后的结束工作所需消耗的时间。它分为经常性的准备与结束工作时间和任务性的准备与结束工作时间。

经常性的准备,如领取材料工具,工作地点布置,检查安全技术措施,调整、保养机械等,与结束工作时间,如清理工作地点,退回工具、余料,产品交验、工作交接班等,具有经常的或每天的工作时间消耗的特性。

任务性的准备与结束工作时间,如接受任务时技术交底,熟悉施工图纸等,不具有经常性,但发生在接受新任务时。

②基本工作时间(以 t_{12} 表示)。它是指工人直接用于施工过程中完成产品的各个工序所

消耗的时间，它与完成任务的大小成正比。通过基本工作，如钢筋弯曲成型，浇筑混凝土构件等，可以使劳动对象发生直接变化。

基本工作时间与以下因素有关：a. 生产工艺；b. 操作工序；c. 工人的技术熟练程度；d. 产品的难易程度；e. 操作工具、机械化程度；f. 任务大小等。基本工作时间是产品生产中消耗得最多的时间，认真分析其有关因素，对降低完成单位产品生产的时间消耗有着重要的作用。

③辅助工作时间（以 t_{13} 表示）。它是指与施工过程的技术作业有直接关系的工序所消耗的时间。这些工序如搭设踏板、修理便道、施工放线、自行检查等，是为了保证基本工作的顺利进行而做的辅助性工作，是整个施工过程所必不可少的。

因此，有效工作时间可以下式表达：

$$t_1 = t_{11} + t_{12} + t_{13} \tag{2-1}$$

（2）必要休息时间（以 t_2 表示）。它是指工人在工作过程中，为了恢复体力所必需的短暂间歇时间及因个人生理上的需要而消耗的时间。休息时间包括工间休息时间，如工人喝水、上厕所等时间，是根据工作的繁重程度、劳动条件和劳动性质，作为劳动保护规定列入工作时间之内。

（3）不可避免的中断时间（以 t_3 表示）。它是指由于施工工艺和技术的要求，以及特殊情况下施工而引起的不可避免的工作中断时间。如：铁件加工过程中的等待冷却的时间，混凝土脱模时等待初凝的时间，汽车驾驶员等待装卸货物的时间等。

不可避免的中断时间具有这样一个特点，即：工人不能离开工作岗位，或又被安排从事其他工作。否则，就不应计入不可避免的中断时间。

以上发生的 t_1、t_2、t_3 时间，都是直接地或间接地用在生产上的时间消耗，属于定额时间。其计算方法如下：

$$t = t_1 + t_2 + t_3 = (t_{11} + t_{12} + t_{13}) + t_2 + t_3 \tag{2-2}$$

2）非定额时间（t'）

非定额时间即指损失时间，是指工人或机械在工作时间内与完成生产任务无关的时间消耗。

非定额时间包括：多余或偶然的工作时间、停工时间、违反劳动纪律时间。

（1）多余或偶然的工作时间（t'_1）。它是指在正常施工条件下，不应发生的工作时间或与现行工艺相比多余的工作或因偶然发生的情况造成的时间损失。

例如：①压实基层，设计要求达到某一压实度，根据试验只需碾压两遍，但因为没有做试验而碾压了三遍，多余的一遍所消耗的时间记为 t'_{11}；

②施工质量不合格造成的返工所消耗的时间记为 t'_{12}；

③在岗工人突然生病或机器突然发生故障而造成的临时停工所消耗的时间记为 t'_{13}。

则

$$t'_1 = t'_{11} + t'_{12} + t'_{13} \tag{2-3}$$

（2）停工时间（t'_2）。停工时间包括施工本身造成的和非施工本身造成的停工。它是指工人在工作时间或机械在工作班内没有能从事生产活动或中断生产所损失的时间。

因施工本身造成的停工是由于：

①管理不善；

②施工组织或劳动组织不合理；

③各工种之间的协调、配合不好，例：

a. 材料不能及时运到或运到的材料不合格造成的停工；

b. 工作面过于拥挤造成部分工人停工（或窝工）。

非施工本身造成的停工是由于：

①来自企业外部的干扰，例如设计图纸未能及时送达，水电供应临时中断；

②不利气象条件的影响：例如大雨、风暴、严寒、酷热等所造成的停工损失，其责任不在于施工单位。

（3）违反劳动纪律损失时间（t'_3）。即指工人不遵守劳动纪律而造成的时间损失，如上班迟到、早退，擅自离开岗位，工作时间内聊天，以及由于个别人违犯劳动纪律而使别的工人无法工作等时间损失。

非定额时间计算方法如下：

$$t' = t'_1 + t'_2 + t'_3 = (t'_{11} + t'_{12} + t'_{13}) + t'_2 + t'_3 \tag{2-4}$$

在确定定额水平时，非定额时间均不予考虑。

3. 机械工作时间分析

机械工作时间大体性质与工人工作时间相似，同时又有机械工作本身的特殊性。机械工作时间分析见图 2-3。

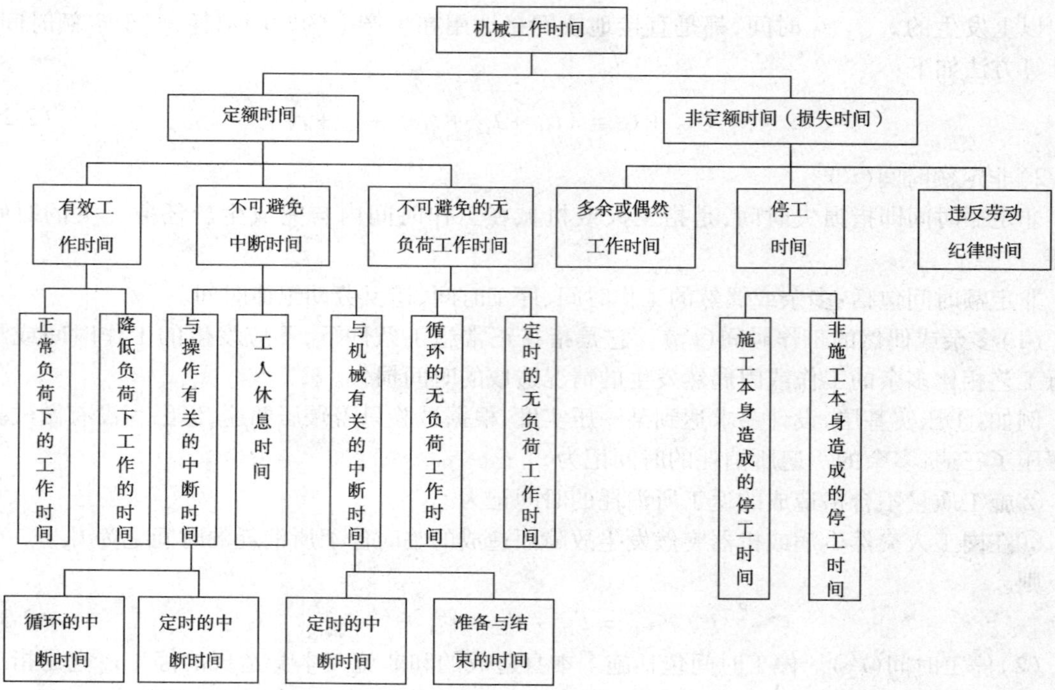

图 2-3　机械工作时间分析

1)定额时间

(1)有效工作时间。包括正常负荷下和降低负荷下的两种工作时间消耗。

①正常负荷下的工作时间。指机械在与机械说明书规定的负荷下进行工作的时间。

在个别情况下,由于技术上的原因,机械可能在低于负荷下工作。如汽车载运重量轻而体积大的货物时,不可能充分利用汽车的载重吨位,因而不得不降低负荷工作,此种情况亦视为正常负荷下工作。

②降低负荷下的工作时间。指由于施工管理人员或工人的过失,以及机械陈旧或发生故障等原因,使机械在降低负荷情况下进行工作的时间。

(2)不可避免的无负荷工作时间。是指由于施工过程的特性和机械结构的特点所造成的机械无负荷工作时间,一般分为循环的和定时的两类。

①循环的不可避免无负荷工作的时间。指由于施工过程的特性所引起的空转所消耗的时间,如吊机返回到起吊重物地点所消耗的时间,在机械工作的每一个循环中重复一次。

②定时的不可避免无负荷工作时间。主要是指发生在施工活动中的无负荷工作时间,如工作班开始和结束时自行式机械无负荷的空行往返或工作地段转移所消耗的时间。如铲运机、装载机从驻地到施工地点的往返时间。

(3)不可避免的中断时间。是由于施工过程技术和组织的特性而造成的机械工作中断时间,通常分为与操作有关的和与机械有关的两类不可避免中断时间。

①与操作有关的不可避免中断时间。又分为有循环的和定时的两种。

循环的是指在机械工作的每一个循环中重复一次,如汽车装载、卸货的停歇时间。

定时的是指经过一定时间重复一次,如振捣混凝土从一个工作地点转移到另一个工作地点时工作中断时间。

②与机械有关的不可避免中断时间。指用机械进行工作的工人在准备与结束工作时使机械暂停的中断时间,或者在维护保养机械时必须停转所发生的中断时间,例如沥青混合料摊铺机的预热工作和停机前清料工作、推土机的中间加油工作。前者属于准备与结束工作的不可避免中断时间;后者属于定时的不可避免中断时间。

③工人休息时间。指操作工人必需的休息时间。

2)非定额时间

(1)多余或偶然的工作时间。多余或偶然的工作有两种情况:一是可避免的机械无负荷工作,系指工人没有及时供给机械用料而引起的空转;二是机械在负荷下所做的多余工作,如混凝土拌和机在搅拌混凝土时超过搅拌的时间,即属于多余工作时间。

(2)停工时间。按其性质可分为以下三种:

①施工本身造成的停工时间。是指由于施工组织不善而引起的机械停工时间,如临时没有工作面,未能及时给机械供水、燃料和加润滑油,以及机械损坏等所引起的机械停工时间。

②非施工本身造成的停工时间。指由于外部影响所引起的机械停工时间,如水源、电源中断;以及气候条件(暴雨、冰冻等)的影响而引起的机械停工时间。

③违反劳动纪律时间。由于操作工人违反劳动纪律或操作规程而引起的机械停工时间。

二、工时分析研究的基本方法

工时研究是用科学的方法观察、记录、整理、分析,从而制定工程定额的方法,是制定定额的基础工作。工时研究的方法主要有:测时法、写实记录法、工作日写实法和工作抽查法等。

1. 测时法

测时法即对工作时期内的各时间消耗进行现场测量的方法,是一种精确度比较高的测定方法,主要适用于研究以循环形式不断重复进行的作业。它用于观测研究施工过程循环组成部分的工作时间消耗,不研究工人休息、准备与结束及其他非循环的工作时间。采用测时法,可以为制定劳动定额提供单位产品所必需的基本工作时间的技术数据;可以分析研究工人的操作或动作,总结先进经验,帮助工人班组提高劳动生产率。

2. 写实记录法

写实记录法是以一个工人或一个工人小组为观察对象,实时观测、记录其工作时间消耗的一种工时测定方法。

写实记录法可用以研究所有种类的工作时间消耗,包括基本工作时间、辅助工作时间、不可避免的中断时间、准备与结束时间以及各种损失时间。通过写实记录可以获得分析工作时间消耗和制定定额时所必需的全部资料。这种测定方法比较简单,易于掌握,并能保证必需的精确度。因此,写实记录法在实际中得到广泛采用。

写实记录法分为个人写实和集体写实两种。由一个人单独操作和产品数量可单独计算时,采用个人写实记录。如果由小组集体操作,而产品数量又无法单独计算时,可采用集体写实记录。

3. 工作日写实法

工作日写实法就是对工人在整个工作日中的工时利用情况,按照时间消耗的顺序进行实地观察、记录和分析研究的一种测定方法。它侧重于研究工作日的工时利用情况,总结推广先进生产者或先进班组的工时利用经验,同时还可以为制定劳动定额提供必需的准备与结束时间、休息时间和不可避免的中断时间的资料。采用工作日写实法,在详细调查工时利用情况的基础上,分析哪些时间消耗对生产是有效的,哪些时间消耗是无效的,找出工时损失的原因,拟定改进的技术和组织措施,消除引起工时损失的因素,促进劳动生产效率的提高。采用工作日写实法研究工时利用的情况,是基层管理工作中挖潜力、反浪费,达到增产节约的一项有效措施。

根据写实对象不同,工作日写实法可分为个人工作日写实、小组工作日写实和机械工作日写实等三种。个人工作日写实是测定一个工人在工作日内的工时消耗,这种方法最为常用。小组工作日写实是测定一个小组的工人在工作日内的工作消耗,它可以是相同工种的工人,也可以是不同工种的工人。前者是为了取得确定小组定员和改善劳动组织的资料。机械工作日写实是测定某一机械在一个台班内机械效能发挥的程度,以及配合工作的劳动组织是否合理,其目的在于最大限度地发挥机械的效能。

由于工作日写实法是对一个操作工人全部活动和消耗时间的记录。因此它有两个缺点:第一是由于有观察人员在场,即使在观察前作了充分准备,仍不免在工时利用上有一定的虚假性;第二是工作日写实法的观察工作量大,费时较多,费用也较高。

4. 工作抽查法

工作抽查法也称抽样调查法，是应用统计学中的抽样方法的原理，来研究人或机械的活动情况和时间消耗。这种被抽查的活动（抽样），可以是一个操作工人（或班组、或机械）在生产某一产品中的全部活动过程中每一活动的消耗时间，也可以是其中的一项活动的消耗时间。因此，抽样完全可以由我们的调查目的和要求决定。所以它具有以下优点：

(1)抽查工作单一，观察人员思想集中，有利于提高原始数据的质量；

(2)所需的总时间较短、费用可以降低。

第三节　定额编制方案的确定

在定额编制前，应确定编制的指导思路和具体的实施原则。定额编制方案就是对编制过程中一系列重要问题作出原则性的规定，并据此指导编制工作的全过程。

一、定额编制方案的基本内容

定额编制方案主要包括下列基本内容：

(1)明确编制定额的基本原则、基本方法和主要依据；

(2)拟定定额的适用范围；

(3)拟定定额结构形式；

(4)定额水平的确定；

(5)定额水平测算对比。

除上述内容外，编制定额还包括组织领导、人员安排、方法步骤、时间安排等措施和计划等。

二、明确编制定额的基本原则、基本方法和主要依据

1. 定额编制原则

定额编制原则主要包括以下两个方面。

(1)确定定额水平的高低；

(2)明确定额的结构形式。

2. 编制定额的基本方法

可以采用的方法有技术测定法、统计计算法、经验估计法等。应该根据定额编制任务的具体情况，决定采用的方法。

3. 编制定额的依据

主要有以下三个方面的依据：

(1)劳动制度。包括工人技术等级标准、工资标准、工资奖励制度、八小时工作日制度、劳动保护制度等。

(2)各种规范、规程、标准。包括公路设计规范、质量及验收规范、技术操作规程、安全操作规程、质量检验标准等。

(3)技术资料、测定和统计资料。包括典型工程施工图、正常施工条件、机械装备程度、常

用施工方法、施工工艺、劳动组织、技术测定数据、定额统计资料等。

三、拟定定额的适用范围

制定定额首先要拟定其适用范围，使之与一定的生产力水平相适应。

1. 适用于某个地区

属于地区性的以下几个方面会影响定额水平：

(1)地方材料的品种规格不同。例如，混凝土采用中砂或细砂时的材料配合比消耗量不同。

(2)地质条件情况不同。例如，不同地质条件和土质对人工挖土方的影响。

(3)劳动组织不同。各地区工人小组构成人员不同对工时消耗的影响。

2. 适用于某个专业

编制企业定额应该按专业划分。一般要划分为公路工程、建筑工程、安装工程、装饰工程、市政工程和园林绿化工程等专业。

3. 适用于企业内部

适用于企业内部是指按企业生产力水平编制的定额，是企业编制施工作业计划、劳动力计划、材料供应计划、机械台班需用量计划、下达施工任务单、填写限额领料单、结算工程承包用工、用料、核算工程成本、统计完成产值等的依据。

4. 适用于工程投标报价

适用于工程投标报价分两种情况。第一种是按行业生产力水平编制出具有社会平均水平定额，供业主和承包商作为计算工程标底价或工程造价的计算依据；第二种是按企业生产力水平编制具有企业个别水平的定额，作为企业计算工程投标报价的依据。

四、拟定定额的结构形式

定额结构形式的设立原则是简单明了，就是说必须层次清晰，各章节划分明了，便于使用。除此以外，要将成熟的新工艺、新技术、新结构、新机具等内容编排进去，要研究合理划分定额项目、编排好章节以及选定好合适的计量单位等问题。

1. 定额项目划分

划分定额项目，要依据定额的具体内容和工效的差别情况来进行。总的要求是，定额项目齐全、使用方便、步距大小适宜。

步距大小是定额项目划分的重要因素。其一般原则是，应该以定额项目的步距的水平相差10%左右为宜。

划分定额项目，要充分体现施工技术和生产力水平。其具体划分方法，主要有以下几种：

1)按机具和机械施工方法划分

由于不同的施工方法对定额的水平影响较大，比如手工操作与机械操作的工效差别很大。所以，项目划分时要根据手工操作和使用机具情况，划分为手工、机械和部分机械定额项目。例如，路基土方工作就可以划分为人工土方、机械土方等定额项目。

2)按产品的结构特征和繁简程度划分

在施工内容上虽然属于同一类型的施工过程，但由于工程结构的繁简程度和几何尺寸不同,对定额水平有较大影响。所以,要根据产品的结构特征、复杂程度及几何尺寸的大小划分定额项目。例如,现浇桥梁混凝土基础模板的制作安装,就需要根据其复杂程度和几何尺寸的大小,划分为一般的、复杂的、体积在多少立方米以内或多少立方米以上的项目。

3)按使用的材料划分

在完成某一产品时,使用的材料不同,对工程的影响也很大。例如,不同材质、不同管径的涵管,对圆管涵安装的工效影响就很大。所以,在划分圆管涵安装项目时,则应按不同材质的不同管径来划分项目。

4)按工程质量的不同要求划分

不同的工程质量要求,对单位产品的工时消耗也有较大的差别。例如,机械碾压路基,按不同等级公路的施工及质量验收规范规定,有不同的质量要求。因此,可以按高速公路及一级公路,二级公路,三、四级公路的质量要求,分别划分定额项目。

5)按工作高度或运输距离划分

一般来说,工作高度越高,操作越困难,安全要求也越高,其运输材料的工时消耗也越多,操作的工作时间也必然增加。运距的增加也是如此。因此,操作高度或构造物的高度,以及运距,对工时消耗都有不同程度的影响。所以,要按不同高度或运距对定额水平的影响程度来划分项目。例如桥梁墩台是以高度来划分定额项目,土石方的挖运则是以运距来划分的。另外,在这种情况下也可以采取增加工时或乘系数的办法来调整,例如隧道工程定额。

除了上述划分方法外,还有很多,如土的分类,工作物的长度、宽度、直径,设备的型号、容积大小等。其总的原则就是以工效的差别来划分项目。

2. 划分定额项目应注意的问题

在划分定额项目时,应注意以下几个方面的问题:

1)注意新旧项目的恰当处理

随着施工生产的发展,各种新工艺、新技术、新的操作方法、新机具总是要不断出现。针对这一情况,处理原则是,凡是实践中已经证明是可行的先进经验,都应划分项目,列入定额内,但也要注意,不要把那些正在推行中,消耗水平不稳定的项目,列入定额内。对那些已经被淘汰的项目,也要予以删除。

2)具有指导意义的新工艺的处理

有些先进的生产工艺,虽然目前还未普遍推广,但定额水平已基本稳定,并且具有方向性和指导意义的项目,则也应列入定额。例如,钢筋接头的新工艺等。

3)正确运用附注系数和加工的方法

附注系数及增加工日是定额的另一种表现形式,它可以减少定额项目。一般是,常用的项目都要划分好列入定额,不常用的项目可以采取乘系数的办法解决。例如,路基碾压时压路机的台班数是以双车道计的,单车道路面宽度时压路机的台班用系数进行调整。另外,有些情况属于工作内容和影响因素的变化,也可用乘系数的办法解决。

应该指出,当影响因素及定额水平不成比例关系时,不能采用乘系数的办法,而要采用增加或减少用工的办法来解决。

3. 定额章、节的编排

定额章、节的编排是拟定定额结构形式的一项重要工作,其编排、划分的合理性,关系到定额的使用是否方便好用。

1)章的划分

章的划分方法通常有以下几种:

(1)按不同的分部划分。例如,公路工程可以按不同分部划分为路基工程、路面工程、隧道工程、桥涵工程等各章。

(2)按不同工种和劳动对象划分。例如,建筑工程可以工种和劳动对象划分为土石方、砌筑、脚手架、混凝土及钢筋混凝土、门窗、抹灰、装饰等各章。

2)节的划分

节的划分方法主要有以下几种:

(1)按不同的材料划分。例如,砌筑工程可以按不同材料划分为干砌片石、块石、浆砌片石、浆砌块石、浆砌料石等各节。

(2)按分部分项工程划分。例如,桥涵工程这一章,可以按分部分项的工效不同,划分为开挖基础、砌筑工程、现浇混凝土及钢筋混凝土、构件运输等各节。

(3)按不同构造划分。例如,路面工程这一章,可以按构造划分为路面基层及垫层、路面面层、路面附属工程等各节。

上述章、节的划分方法是一般常用的方法,具体操作还需在编制定额过程中结合具体情况而定。

定额的章、节编排,还包括文字说明。文字说明的主要内容有:工程内容、质量要求、劳动组织、操作方法、使用机具以及有关规定等。

定额中的文字说明要简单明了,每种定额应有"总说明",将两章及两章以上的共性问题,编写在总说明中。每章应写章说明,将两节及两节以上的共性问题,编写在章说明中。每节的文字说明一般包括工作内容、操作方法和有关规定等。

4. 计量单位的确定

每一施工过程的结果都会得到一定的产品,该产品必须用一定的计量单位来表示。

在许多情况下,一种产品可以采用几种计量单位。所以,在编制定额时,应首先确定项目的计量单位。

确定计量单位应遵循以下原则:

1)能够准确地、形象地反映产品的形态特征

凡物体的长、宽、高等三个度量都发生变化时,应采用立方米(m^3)为计量单位。例如,土方、石方、混凝土构件等项目。

当物体有一相对固定的厚度,而它的长和宽两个度量所决定的面积发生变化时,宜采用平方米(m^2)为计量单位。例如,路面面层、勾缝抹面等项目。

若物体截面形状及大小固定,但长度不固定时,应以延长米为计量单位。例如,隧道工程的通风、排水管道、导线敷设、桥梁工程的灌注桩基础、部分伸缩缝等项目。

有的项目体积、面积相同,但重量和价格差异较大,如金属结构的制、运、安等应当以千克(kg)或吨(t)为单位计算,例如钢筋加工。

还有一些项目可以按个、组、套、座、块等自然计量单位计算。例如,泄水管、交通工程设备、沥青混合料拌和设备安装、拆除,标志牌等项目。

2)便于计算和验收工程量

例如,安装圆管涵是以立方米(m^3)为计量单位的,而顶进圆管涵则以米(m)为单位,这样便于计算和验收工程量。

3)便于定额的综合

施工过程各组成部分的计量单位尽可能相同。例如,路基工程的人工挖运土方,其组成部分的人工挖方、人工运土项目都应以立方米(m^3)为单位,便于定额的综合。

4)计量单位的大小要适当

所谓计量单位的大小要适当,是指其单位不能过大或过小,做到既方便使用,又能保证定额的精确度。例如,路基工程的人工挖运土方、机械土方以1 000m^3为单位,隧道开挖土石方多以100m^3为单位。

5)必须采用国家法定的计量单位

定额中计量单位的名称和书写都应采用国家法定的计量单位。

五、定额水平的确定

定额水平的高低是针对前后定额的对比而言的,消耗量越低,水平就越高。它应当反映当时定额编制范围内的行业企业所具有生产力水平、劳动生产率水平、施工生产技术及综合管理水平的平均先进程度。因此,定额水平的确定是一项复杂细致的工作,具有较强的技术性。

确定定额水平,必须先做好有关定额水平的资料收集、整理和分析工作,弄清楚定额水平的各种影响因素。只有这样,才能制定出满足要求的定额水平。

1.定额水平资料的搜集

搜集定额水平资料是确定定额水平的一项基础性工作。该项工作要充分发挥定额专业人员的作用,积极做好技术测定工作。无论是编制补充定额还是企业定额,都应以技术测定资料作为确定定额水平的重要依据。特别是定额中的常用项目,一定要通过技术测定资料来确定定额水平。

另外,还应搜集在施工过程中实际完成情况的统计资料和实践经验资料。统计资料一般是指单项统计资料,是消耗在单位产品上的实耗工料记录。统计资料应该在生产条件比较正常、产品和任务比较稳定,原始记录和统计工作比较健全,以及重视科学管理和劳动考核的施工队组或施工项目上搜集,以保证统计资料的准确性。

经验估计资料要建立在深入细致调查研究的基础上,要广泛征求有实践经验人员的意见。为了提高经验资料的可靠程度,可将初步搜集来的经验资料,通过各种座谈会讨论分析,反复征求意见,使经验资料有足够的代表性。

搜集定额水平资料时应注意以下问题:

1)资料的准确性

资料要如实反映客观实际,数字真实可靠。

2)资料的完整性

资料的内容要齐全,不仅要有完成产品的数量和消耗工料的数量资料,而且还要有相应的产品质量、施工技术组织资料等影响定额水平的各种因素资料。

3)资料的代表性

资料能够把定额适用范围内的大多数队组、项目上的定额工效水平反映出来。

2. 定额水平资料的分析采用

通过上述方法搜集到的资料，由于受多种因素的影响，难免存在一定的局限性，往往会发现同一组项目的水平有较大的差异。因此，对搜集到的资料，首先要进行分析，要选用工作内容齐全，施工条件正常，各种影响因素清楚，产品数量、质量及工料消耗数据可靠的资料，进行加工整理，作为确定定额水平的依据。

3. 定额水平的确定

定额水平的确定要从两个方面来讨论。一是根据定额的作用范围确定定额水平；二是根据企业的生产力水平确定定额水平。

根据作用范围确定定额水平，是指编制行业定额用以指导整个行业时，应该以行业的平均水平作为定额水平；编制地区定额用于指导某一地区时，应该以该地区该行业的平均水平作为定额水平依据。例如，甘肃省与广东省定额水平一定不会相同的。

如果是编制企业定额，那么就应该以该企业的平均先进水平作为定额的水平。

定额水平的确定，不仅要坚持平均水平或平均先进水平的原则，还必须处理好数量与质量的关系。各种定额应该以现行的工程质量验收规范为质量标准，在达到质量标准的前提下，确定定额水平。确定定额水平还应考虑工人的身心健康和安全生产。对有害身体健康的工作，应该减少作业时间。

4. 确定定额水平应注意的问题

1）注意先进技术和先进经验的成熟程度

在确定定额水平时，对于能够反映先进技术、革新成果和先进操作经验的项目，要注意分析其成熟程度和推广应用的客观条件后区别对待。凡是比较成熟的，已经具备普遍推广条件的，应该在定额水平中反映；由于某些条件的限制，难以立即实现的，则不应反映到定额水平中去。对于有推广意义的项目，可以反映到定额水平中去；对于某些小改革提高工效的项目，可以暂不反映到定额水平中去，以免挫伤革新者的积极性。

2）防止用提高劳动强度的方法提高定额水平

在分析和确定使用一般工具的手工操作定额水平时，要提倡以人为本，从保护劳动者身心健康的原则出发，特别注意防止用提高工人劳动强度的方法来提高定额水平。特别是笨重的体力劳动，更要持慎重态度。定额水平的提高要立足于采用科学管理和先进的生产技术、手段，诸如合理的生产组织、先进的生产工具以及各种技术革新成果等。

六、定额水平的测算对比

为了将新编定额与现行定额进行对比，分析新编定额水平提高或降低的幅度，需要对定额水平进行测算。

1. 测算项目的选择

由于定额项目很多，一般不作逐项对比和测算。通常将定额章节中的主要常用项目进行对比。例如，砌石工程的重点可选基础、挡墙、墩台等项目进行对比。

项目对比时，应注意所选项目的可比性。所谓可比性是指两个对比项目的定额水平所反映的内容，包括工作内容、施工条件、计算口径是否一致。如果不一致，那么对比就没有可比性，其比较结果就不能反映定额水平变化的实际情况。

2. 测算对比方法

定额水平的测算对比方法，常采用单项水平对比和总体水平对比的方法。

1）单项水平对比

单项水平对比，就是用新编定额选定的项目与现行定额对应的项目进行对比。其比值反映了新编定额水平比现行定额水平提高或降低的幅度，其计算公式为：

$$\text{新编定额水平提高或降低的幅度} = \left(\frac{\text{现行定额单项消耗量}}{\text{新编定额单项消耗量}} - 1\right) \times 100\% \quad (2\text{-}5)$$

定额水平越高，其定额消耗量就越低，定额水平与消耗量成反比。

【例 2-1】 对比 2007 年与 1992 年的《公路工程预算定额》中挖掘机挖装土方，1.0m^3 以内斗容量挖掘机挖装普通土项目的定额升降幅度。

【解】 （1）分别查找 2007 年和 1992 年两个版本的《公路工程预算定额》，该项目的定额单位均为 $1\ 000\text{m}^3$ 天然密实方，使用 1.0m^3 以内斗容量挖掘机挖普通土，因此有可比性。分项计算如下：

①计算人工提高或降低的幅度

$$\text{人工提高或降低的幅度} = \left(\frac{\text{现行定额单项消耗量}}{\text{新编定额单项消耗量}} - 1\right) \times 100\%$$

$$= \left(\frac{5}{4.5} - 1\right) \times 100\% = 11.1\%$$

②计算 75kW 推土机提高或降低的幅度

$$\text{75kW 推土机提高或降低的幅度} = \left(\frac{\text{现行定额单项消耗量}}{\text{新编定额单项消耗量}} - 1\right) \times 100\%$$

$$= \left(\frac{1.01}{0.46} - 1\right) \times 100\% = 119.6\%$$

③计算 1.0m^3 以内斗容量挖掘机提高或降低的幅度

$$1.0\text{m}^3\ \text{以内斗容量挖掘机提高或降低的幅度} = \left(\frac{\text{现行定额单项消耗量}}{\text{新编定额单项消耗量}} - 1\right) \times 100\%$$

$$= \left(\frac{2.53}{2.15} - 1\right) \times 100\% = 17.7\%$$

（2）2007 年新定额中该项目的定额水平提高幅度为：

人工提高幅度 = 11.1%

75kW 推土机提高幅度 = 119.6%

1.0m^3 以内斗容量挖掘机提高幅度 = 17.7%

2）总体水平对比

总体水平对比是用同一单位工程计算出的工程量，分别套用新编定额和现行定额的消耗量，计算出人工、材料、机械台班总消耗量后进行对比，从而分析新编定额水平比现行定额水平提高或降低的幅度，其计算公式为：

$$\text{新编定额水平提高或降低的幅度} = \left(\frac{\text{现行定额分析的单位工程消耗量}}{\text{新编定额分析的单位工程消耗量}} - 1\right) \times 100\% \quad (2\text{-}6)$$

• 第四节　定额制定的基本方法 •

制定定额要求快、准、全。快是时间上的要求，就是要简便、工作量小、制定及时，满足生产需要；准是质量上的要求，就是定额水平要先进合理，并注意相邻工种、产品间的平衡；全是工作范围上的要求，做到凡是需要和可能的工作都有定额。

定额是工人生产实践的总结。在制定时必须充分发动群众，采用工人、专业人员、领导干部三结合方式，根据一般的劳动情况、技术水平，通过工人劳动实践，经反复观测、整理、分析对比、座谈讨论后确定。

编制定额的基本方法主要有技术测定法、理论计算法、经验估计法、统计分析法、比较类推法等。

上述五种方法各有优缺点和适用范围。在实际工作中，可以结合起来运用，其中技术测定法是一种科学的方法，随着现代化管理水平的日益提高，应该普遍推广和进一步完善这种方法。

一、技术测定法

1. 技术测定的概念

技术测定法是一种科学的调查研究方法。它是通过施工过程的具体活动进行实地观察，详细记录工人和机械的工作时间消耗量、完成产品的数量及有关影响因素，并将记录结果进行科学的研究、分析，整理出可靠的原始数据资料，为制定定额提供可靠依据的一种科学的方法。

技术测定资料对于编制定额、科学组织施工、改进施工工艺、总结先进生产者的工作方法等方面，都具有十分重要的作用。

2. 技术测定的准备工作

按照进行的先后顺序，技术测定的准备工作一般包括以下内容。

1）明确测定目的，正确选择测定对象

如前所述，技术测定的作用是多方面的。所以，我们在进行测定前，就应该首先明确测定目的。根据不同的测定目的选择测定对象，才能获得所需的技术测定资料。

（1）总结推广先进经验。如果为总结推广先进经验，则应选择先进班组（个人）或采用先进操作技术的班组（个人）作为测定对象。

（2）为了提高工效。如果为了帮助长期完不成企业定额的班组（个人）提高工效，则应当选择长期完不成企业定额的班组（个人）作为测定对象。

（3）为了制定定额。如果为了制定企业定额，则应当选择本企业有普遍代表性的班组（个人）作为测定对象。当然，也应选择一些比较先进和比较落后的部分班组（个人）作为参考。

2）熟悉施工过程

在明确了测定目标和选择好测定对象之后，测定人员应熟悉所测施工过程的施工图、施工方案、施工准备、产品特征、劳动组织、材料供应、操作方法等情况；熟悉编制定额的有关规定，现行建筑安装工程施工及验收规范、技术操作规程及安全操作规程等有关技术资料。只有掌握了上述有关情况、资料和有关规定后，才能做到心中有数，才能准确地划分所测施工过程的组成部分和详细记录有关影响因素，保证技术测定资料的质量。

3)划分施工过程的组成部分

将要测定的施工过程,分别按工序、操作或动作划分为若干组成部分。其目的是为了便于准确地记录时间和分析组成部分的合理性。

各组成部分划分的粗细程度,可以根据所采用的不同测定方法确定。

(1)写实记录法各组成部分划分。采用写实记录法时,施工过程的各组成部分一般按工序进行划分,同时还应选定各组成部分的计量单位。

计量单位的选定力求具体,能够比较正确地反映产品数量,并应注意计算方便和在不同施工过程中保持稳定。

例如,浆砌片石挡土墙施工过程组成部分的划分和计量单位的选定如下:

组成部分名称	计量单位
拉线	次
铲灰浆	m^3
铺灰浆	m^3
摆石、嵌石	块
砌石	m^3

(2)测时法各组成部分划分。由于采用测时法时的精确度要求较高,所测施工过程的组成部分可以划分到操作。为了准确记录时间,保证测时的精确度,在划分组成部分的同时,还必须明确各组成部分之间的分界点,这个分界点通常称为"定时点"。定时点的确定可以是前一组成部分终了的那一点,也可以是后一组成部分开始的那一点。但是这一点的选择必须明显、易于观察,并能保证延续时间的稳定。

例如,混凝土搅拌机搅拌混凝土工作的组成部分和定时点可以划分如下:

组成部分名称	定时点
装料入鼓	按下料斗启动开关
搅拌	打开搅拌鼓开关
出料	打开出料槽

(3)工作日写实法各组成部分划分。采用工作日写实法时,其组成部分则按定额时间和非定额时间划分。定额时间划分为:基本工作时间、辅助工作时间、准备与结束工作时间、休息时间、不可避免中断时间。非定额时间的具体划分可根据测定过程中实际出现的损失时间的原因来确定。

(4)简易测定法各组成部分划分。采用简易测定法时,其组成部分一般可划分为工作时间和损失时间两项即可。也有的不划分组成部分,仅观察损失时间,最后从延续时间中减去损失时间而得出定额时间。

4)测定工具的准备

为了满足测定过程中的实际需要,应准备好记录夹、测定所需的各种表格、计时器(表)、数码照相机或摄像机,以及其他的必需品。

除了上述工作外,在测定工作开展之前,应向基层管理干部和工人讲清楚技术测定的意义和作用,取得他们的配合和帮助,从思想上、组织上为开展好技术测定工作创造条件,做好准备工作。

3. 因素反映

因素反映，就是调查并详述所测施工过程的有关基本因素。其目的在于对该施工过程从技术上和组织上做全面的鉴定和说明。这是技术测定过程中不可缺少的一项重要工作。各种测定方法（包括测时法、写实记录法、工作日写实法等）所取得的技术数据，与该施工过程有关的技术因素、组织因素及自然因素密切相关。在同一施工过程中，即使相同的施工条件下，由于不同的工人进行操作，其完成产品的工作时间消耗也会有很大的差别。这就要求在技术测定过程中，详细地反映出所测施工过程有关因素的状态特点及其数值，只有准确地反映出所测施工过程的有关因素，测定资料的数据才具有使用价值。因此，每进行一次测定，应及时将所测施工过程的有关因素，填写在专用的“因素登记表”里，因素登记表（表 2-1）填写要求如下。

因素登记表　　表 2-1

<table>
<tr><td colspan="2">施工单位名称</td><td colspan="3">工地名称</td><td colspan="2">年　月　日</td><td>调查号次</td><td>页　次</td></tr>
<tr><td colspan="2"></td><td colspan="3"></td><td colspan="2"></td><td></td><td>1</td></tr>
<tr><td colspan="9">施工过程名称：</td></tr>
<tr><td colspan="4">班组日常效率情况：</td><td colspan="5">班组长姓名：</td></tr>
<tr><td rowspan="2">姓名</td><td rowspan="2">年龄</td><td rowspan="2">文化程度</td><td rowspan="2">工种</td><td rowspan="2">等级</td><td colspan="2">工龄</td><td rowspan="2">工资形式</td><td rowspan="2">附注</td></tr>
<tr><td>一般的</td><td>本工种的</td></tr>
<tr><td></td><td></td><td></td><td></td><td></td><td></td><td></td><td></td><td></td></tr>
<tr><td colspan="7">材料和产品的特征</td><td colspan="2">工具、用具和机械的特征</td></tr>
<tr><td colspan="2"></td><td colspan="5"></td><td colspan="2"></td></tr>
<tr><td colspan="2">工作地点、特征</td><td colspan="5">施工过程的组织说明</td><td colspan="2">施工过程的技术说明</td></tr>
<tr><td>工作位置</td><td></td><td colspan="5" rowspan="7"></td><td colspan="2" rowspan="7"></td></tr>
<tr><td>温度</td><td></td></tr>
<tr><td>天气情况</td><td></td></tr>
<tr><td>照明情况</td><td></td></tr>
<tr><td>采暖情况</td><td></td></tr>
<tr><td colspan="2">工作地点平面图</td></tr>
<tr><td colspan="2"></td></tr>
</table>

制表：　　复核：

表中“调查号次”栏，可暂不填写，待汇总整理资料时，按各份资料的测定时间先后统一编号。

“施工过程名称”栏，一般应按现行劳动定额项目划分的名称填写。

“班组日常效率情况”栏，应按班组平时完成现行人工定额的情况进行填写。

“材料和产品的特征”栏，左半面填写材料类别、规格、质量、性能、产品特征等；右半面“产品略图”栏，绘制产品的外观形状、规格尺寸、部位等。

"工具、用具和机械的特征"栏，填写所使用的工具和用具的必要资料，如使用新工具时应绘出图样；如有机械配合施工时，应将机械型号、性能、完好情况等予以说明。

"工作地点平面图"栏，绘出施工场地的平面布置图，标明施工面大小、机械和堆放材料的位置以及运输道路等情况。

"施工过程的组织说明"栏，填写劳动组织及分工，该施工过程与相邻施工过程在组织上的联系，工人的劳动态度和技术熟练程度，以及与施工组织有关的影响因素。

"施工过程的技术说明"栏，填写该施工过程的工作内容，各组成部分的操作方法，产品质量及安全措施等。

4. 技术测定法的实测方法

技术测定法的实测方法有测时法、写实记录法、工作日写实法、简易测定法，最常用的方法是测时法。

测时法是一种精确度比较高的技术测定方法，主要适用于研究以循环形成不断重复进行的施工过程。它研究循环施工过程时，主要用于观测组成部分的工作时间消耗，不研究工人休息、准备与结束工作及其他非循环施工过程的工作时间消耗。

采用测时法，可以为制定人工定额提供完成单位产品所必需的基本工作时间的可靠数据；可以分析研究工人的操作方法，总结先进经验，帮助工人班组提高劳动生产率。

测时法按记录时间的方法不同，分为选择测时法和连续测时法两种。

1）选择测时法

选择测时法又叫间隔记时法或重点记时法。

采用选择测时法时，不是连续地测定施工过程全部循环工作的组成部分，而是每次有选择地、不按顺序地测定其中某一组成部分的工时消耗。经过若干次选择测时后，直到填满表格中规定的测时次数，以完成各个组成部分的全部测时工作。

由于被观察的对象是循环施工过程，所以采用选择测时法每次都有可能集中精力测定某一组成部分的工时消耗，经过不断反复测定，直到取得表格中所需的全部时间参数为止。

选择测时法记录时间的方法是：测定开始时，立即开动秒表，到预定的定时点时，即刻停止秒表，此刻显示的时间即为所测组成部分的延续时间。当另一组成部分开始时，再开动秒表，如此循环测定。

选择测时法的观测精度较高，观测技术比较复杂。

表2-2所示为选择测时法所用的表格和具体实例。测定开始之前，应将预先划分好的组成部分和定时点填入表格内。在测时记录时，可以按施工组成部分的顺序将测得的时间填写在表格的时间栏目内，也可以有选择地将测得的施工组成部分的所需时间填入对应的栏目内，直到填满为止。

2）连续测时法

连续测时法又称接续测时法。它是对施工过程循环组成部分进行不间断的连续测定，不能遗漏任何一个循环的组成部分。

连续测时法所测定的时间包括了施工过程中的全部循环时间，是在各组成部分相互联系中求出每一组成部分的延续时间的。这样，各组成部分延续时间之间的误差可以相互抵消，所以连续测时法是一种比较准确的方法。

选择测时法记录表 表 2-2

观察对象：机械吊装预制涵板			施工单位		工地		日期		开始时间		终止时间		延续时间		观察号次		页次
时间精度：1s			施工过程名称：汽车式起重机（QY20 型）吊装预制涵板														
号次	组成部分名称	定时点	每次循环的工作消耗 单位：s/块										时间整理			产品数量	附注
			1	2	3	4	5	6	7	8	9	10	正常延续时间总和（s）	正常循环次数	算术平均值（s）		
1	挂钩	挂钩后松手离开吊钩	31	32	33	32	43①	30	33	33	33	32	289	9	32.1		
2	上升回转	回转结束后停止	84	83	82	86	83	84	85	82	82	86	837	10	83.7	每循环一次吊装预制涵板块一块，每块吊装质量为 1.5t	①挂了两次钩；②吊钩下降高度不够，第一次未脱钩
3	下落就位	就位后停止	56	54	55	57	57	69②	56	57	56	54	502	9	55.8		
4	脱钩	脱钩后开始回升	41	43	40	41	39	42	42	38	41	41	408	10	40.8		
5	空钩回转	空钩回至构件堆放处	50	49	48	49	51	50	50	48	49	48	492	10	49.2		
													合计		261.6		

连续测时法在测定时间时使用具有辅助秒针的记时表。当测时开始时，立即开动秒表测到预定的定时点，这时辅助针停止转动，辅助针停止的位置即组成部分的时间点，记录下时间点后使辅助针继续转动，至下一个组成部分定时点再停止辅助针，记录时间点（辅助针停止时，计时表仍在继续走动），如此不间断地测时，直到全部过程测完为止。

在测定开始之前，亦需将预先划分的组成部分和定时点分别填入测时表格内。每次测时时，将组成部分的终止时间点填入表格。测时结束后，再根据后一组成部分的终止时间计算出后一组成部分的延续时间，并将其填入表格中。表 2-3 所示为连续测时法的具体实例。

3）测时法的观察次数

在对施工过程进行测时时，观测次数的多少直接影响测时资料的精确度。因此，如何确定必需的观察次数，是一个需要研究解决的问题。实践证明，在使用测时法时，尽管选择了比较正常的施工条件，但所测得的时间数列中，各组成部分的延续时间总是不会完全相等。这种偏差主要是由于施工过程中各种因素共同作用造成的。因此，在测时过程中需要解决一个实际问题，就是每组观察对象中各组成部分应观察多少次才能取得比较准确的数值。一般来说，观察的次数越多，资料的准确性越高，但花费的时间和人力也多。为了确定必要而又能保证测时资料准确性的观察次数，表 2-4 提供了测时所必需的观察次数，有关精确度的计算方法如下，可供测定过程中检查所测次数是否满足需要。

连续测时法记录表 表 2-3

观察对象:人力胶轮架子车运送混凝土预制砌块	施工单位	工地	日期	开始时间	终止时间	延续时间	观察号次	页次
				8:00	10:13	2h 13min		
时间精度:1s	施工过程名称:人力胶轮架子车运送混凝土预制砌块(运距25m)							

号次	组成部分名称	时间	观察次数																				时间整理			产品数量	备注
			1		2		3		4		5		6		7		8		9		10		时间总和(s)	观察次数	算术平均值(s)		
			min	s	min	s	min	s	min	s	min	s	min	s	min	s	min	s	min	s	min	s					
1	装车	终止时间	5	50	19	25	32	43	46	18	59	44	12	57	26	13	39	29	53	03	6	22	3 501	10	350.1	每车运送10块混凝土预制砌块	
		延续时间		350		360		345		353		348		347		351		340		355		352					
2	运送	终止时间	6	50	26	33	33	41	47	19	0	43	13	55	27	15	40	29	54	02	7	24	600	10	60		
		延续时间		60		61		58		61		59		58		65		60		59		62					
3	卸车	终止时间	12	30	26	01	39	29	53	00	6	15	19	28	32	54	46	12	59	33	12	58	3 376	10	337.6		
		延续时间		340		335		348		341		332		333		339		343		331		334					
4	空回	终止时间	13	25	26	58	40	25	53	56	7	10	20	22	33	49	47	08	0	30	13	53	556	10	55.6		
		延续时间		55		57		56		56		55		54		55		56		57		55					
																								合计	803.3		

测时法所必需的观察次数　　表 2-4

精确度要求 / 观察次数 / 稳定系数 K_p	算术平均值精确度 E(%)				
	5 以内	7 以内	10 以内	15 以内	20 以内
1.5	9	6	5	5	5
2	16	11	7	5	5
2.5	23	15	10	6	5
3	30	18	12	8	6
4	39	25	15	10	7
5	47	31	19	11	8

表 2-4 中稳定系数：

$$K_p = \frac{t_{max}}{t_{min}} \tag{2-7}$$

式中：t_{max}——最大观测值；

t_{min}——最小观测值。

算术平均值精确度计算公式为：

$$E = \pm \frac{1}{\overline{X}} \sqrt{\frac{\sum \Delta^2}{n(n-1)}} \tag{2-8}$$

式中：E——算术平均值精确度；

$\overline{X}$——算术平均值；

n——观测次数；

Δ——每一次观测值与算术平均值的偏差；

$$\sum \Delta^2 = \sum (X_i - \overline{X})^2 \tag{2-9}$$

【例 2-2】 根据表 2-2 所测数据，试计算该施工过程的算术平均值、算术平均值精确度和稳定系数，并判断观测此数是否满足要求。

【解】 (1)汽车式起重机(QY20 型)吊装预制涵板挂钩。

$$\overline{X} = \frac{1}{9}(31 + 32 + 33 + 32 + 30 + 33 + 33 + 33 + 32) = 32.1 \quad (s)$$

$$\sum \Delta^2 = (31 - 32.1)^2 + (32 - 32.1)^2 + (33 - 32.1)^2 + (32 - 32.1)^2 + (30 - 32.1)^2 + (33 - 32.1)^2 + (33 - 32.1)^2 + (33 - 32.1)^2 + (32 - 32.1)^2 = 8.89 \quad (s^2)$$

$$E = \pm \frac{1}{32.1} \sqrt{\frac{8.89}{9(9-1)}} = \pm 1.09\%$$

$$K_p = \frac{33}{30} = 1.10$$

查表 2-4 可知，观测次数满足要求。

(2)上升回转。

$$\overline{X}=\frac{1}{10}(84+83+82+86+83+84+85+82+82+86)=83.7\quad(\mathrm{s})$$

$$\sum\Delta^2=(84-83.7)^2+(83-83.7)^2+(82-83.7)^2+(86-83.7)^2+(83-83.7)^2$$
$$+(84-83.7)^2+(85-83.7)^2+(82-83.7)^2+(82-83.7)^2+(86-83.7)^2$$
$$=22.1\quad(\mathrm{s}^2)$$

$$E=\pm\frac{1}{83.7}\sqrt{\frac{22.1}{10(10-1)}}=\pm0.59\%$$

$$K_{\mathrm{p}}=\frac{86}{82}=1.05$$

查表2-4可知，观测次数满足要求。

(3)下落就位。

$$\overline{X}=(56+54+55+57+51+56+57+56+54)/9=55.8\quad(\mathrm{s})$$

$$\sum\Delta^2=(56-55.8)^2+(54-55.8)^2+(55-55.8)^2+(57-55.8)^2+(57-55.8)^2$$
$$+(56-55.8)^2+(57-55.8)^2+(56-55.8)^2+(54-55.8)^2=11.56\quad(\mathrm{s}^2)$$

$$E=\pm\frac{1}{55.8}\sqrt{\frac{11.56}{9(9-1)}}=\pm0.72\%$$

$$K_{\mathrm{p}}=\frac{57}{54}=1.06$$

查表2-4可知，观测次数满足要求。

(4)脱钩。

$$\overline{X}=\frac{1}{10}(41+43+40+41+39+42+42+38+41+41)=40.8\quad(\mathrm{s})$$

$$\sum\Delta^2=(41-40.8)^2+(43-40.8)^2+(40-40.8)^2+(41-40.8)^2+(39-40.8)^2$$
$$+(42-40.8)^2+(42-40.8)^2+(38-40.8)^2+(41-40.8)^2+(41-40.8)^2$$
$$=19.6\quad(\mathrm{s}^2)$$

$$E=\pm\frac{1}{40.8}\sqrt{\frac{19.6}{10(10-1)}}=\pm1.14\%$$

$$K_{\mathrm{p}}=\frac{43}{38}=1.13$$

查表2-4可知，观测次数满足要求。

(5)空钩回转。

$$\overline{X}=\frac{1}{10}(50+49+48+49+51+50+50+48+49+48)=49.2\quad(\mathrm{s})$$

$$\sum\Delta^2=(50-49.2)^2+(49-49.2)^2+(48-49.2)^2+(49-49.2)^2+(51-49.2)^2$$
$$+(50-49.2)^2+(50-49.2)^2+(48-49.2)^2+(49-49.2)^2+(48-49.2)^2$$
$$=9.6\quad(\mathrm{s}^2)$$

$$E=\pm\frac{1}{49.2}\sqrt{\frac{9.6}{10(10-1)}}=\pm0.66\%$$

$$K_p = \frac{51}{48} = 1.06$$

查表 2-4 可知,观测次数满足要求。

4)测时数据的整理

测时数据的整理,一般可采用算术平均法。对测时数列中个别延续时间误差较大数值,在整理测时数据时可进行必要的清理,删去那些显然是错误以及误差很大的数值。

在清理测时数列时,应首先删掉完全是由于人为因素影响而出现的偏差,如工作时间闲谈,材料供应不及时造成的等候,测定人员记录时间的疏忽等,应全部予以删掉。其次,应去掉由于施工因素的影响而出现的偏差极大的延续时间。如挖掘机挖土时挖斗的边齿刮到大石块上等。此类误差大的数值还不能认为完全无用,可作为该项施工因素影响的资料,进行专门研究。

清理误差较大的数值时,不能单凭主观想像,也不能预先规定出偏差的百分比。为了妥善清理这些误差,可参照下列调整系数(表 2-5)和误差极限算式进行。

误差调整系数 *K* 值表 表 2-5

观察次数	调整系数	观察次数	调整系数
5	1.3	11~15	0.9
6	1.2	16~30	0.8
7~8	1.1	31~53	0.7
9~10	1.0	53 以上	0.6

极限算式为:

$$\lim_{max} = \overline{X} + K(t_{max} - t_{min}) \tag{2-10}$$

$$\lim_{min} = \overline{X} - K(t_{max} - t_{min}) \tag{2-11}$$

式中:$\lim_{max}$——最大极限;

$\lim_{min}$——最小极限;

K——调整系数,由表 2-5 查用。

清理的方法是,首先从数列中删去人为因素的影响而出现的误差极大的数值,然后根据保留下来的测时数列值,试抽去误差极大的可疑数值,利用表 2-5 和极限算式求出最大极限或最小极限,最后再从数列中抽去最大或最小极限之外误差极大的可疑数值。

例如,从表 2-2 中号次 1 挂钩组成部分测时数列中的数值为 31、32、33、32、43、30、33、33、33、32。在这个数列中误差大的可疑数值为 43。根据上述方法,先抽去 43 这个数值,然后用极限算式计算其最大极限。计算过程如下:

$$\overline{X} = \frac{1}{9}(31 + 32 + 33 + 32 + 30 + 33 + 33 + 33 + 32) = 32.1$$

$$\lim_{max} = \overline{X} + K(t_{max} - t_{min}) = 32.1 + 1.0 \times (33 - 30) = 35.1$$

43 > 35.1,显然应该从数列中抽去可疑数值 43,所求算术平均修正值为 32.1。

如果一个测时数列中有两个误差大的可疑数值时,应从最大的一个数值开始连续校验(每次只能抽出一个数值)。测时数列中如果有两个以上可疑数值时,应予抛弃,重新进行观测。

测时数列经过整理后，将保留下来的数值计算出算术平均值，填入测时记录表的算术平均值栏内，作为该组成部分在相应条件下所确定的延续时间。

测时记录表中的"时间总和"栏和"循环次数"栏，也应按清理后的合计数填入。

二、理论计算法

1. 理论计算法的概念

理论计算法是运用科学合理的计算公式，根据施工质量验收规范确定材料消耗量的计算方法。

理论计算法的主要任务，是为制定和修改材料消耗定额、补充企业定额和预算定额提供可靠的数据资料。

2. 砌体的材料用量计算

现在我们首先分析标准砖墙体的材料用量计算，其用量计算包括标准砖用量和砌筑砂浆用量。标准砖墙分析示意图见图 2-4。

图 2-4 标准砖墙标准块示意图(尺寸单位：mm)

1) 墙体标准砖用量

(1) 计算公式。

$$\text{每立方米墙体标准砖净用量(块)} = \frac{2\times\text{墙厚的砖数}}{\text{墙厚}\times(\text{砖长}+\text{灰缝})\times(\text{砖厚}+\text{灰缝})} \quad (2\text{-}12)$$

由于标准砖尺寸为 240mm × 115mm × 53mm，当灰缝取定为 10mm 时，上式可以写成：

$$\text{每立方米墙体标准砖净用量(块)} = \frac{2\times\text{墙厚的砖数}}{\text{墙厚}\times(0.24+0.01)\times(0.053+0.01)}$$

$$= \frac{2\times\text{墙厚的砖数}}{\text{墙厚}\times0.25\times0.063} \quad (2\text{-}13)$$

(2) 计算公式解读。上述公式的物理意义如何理解，下面通过对公式的分解来进行解读。

第一步，公式分母"墙厚 ×0.25 ×0.063"的含义，表达了在墙体中包含灰缝的具有代表性的"标准块"体积，240mm 厚砖墙的标准块意义见图 2-4。所谓标准块，是指该墙体可以用大小尺寸统一的标准砌块砌成。

第二步，确定每立方米墙体有多少这样的标准块，计算方法是：

$$\text{每立方米墙体标准块数} = \frac{1\text{m}^3}{\text{墙厚}\times0.25\times0.063} \quad (2\text{-}14)$$

第三步，确定每个标准块中有几块标准砖。因为墙厚不同时，每个标准块中标准砖的数量是不同的。常见墙厚的标准块中标准砖数量见表2-6。

常见墙厚的标准块中标准砖数量 表2-6

墙厚(mm)	115	180	240	365	490
标准块中标准砖数量	1	1.5	2	3	4

例如，当墙厚为240mm时，每个标准块的标准砖数量为2块，则每立方米墙体中标准砖数量为：

$$每立方米墙体中标准砖数量=\frac{1m^3}{墙厚\times0.25\times0.063}\times标准块中砖数$$

$$=\frac{1}{0.24\times0.25\times0.063}\times2=\frac{2}{0.00378}=529.1(块/m^3)$$

第四步，通过分析我们知道，不同墙厚标准块中标准砖的数量与标准砖的长度有关，也就是说，可以用标准砖的长度来表达墙厚。例如，115mm厚砖墙的墙厚是标准砖的长度的一半，称为半砖墙；180mm厚砖墙的墙厚是标准砖长度的0.75倍，称为3/4砖墙；240mm厚砖墙的墙厚是一个标准砖长度，称为1砖墙；诸如此类。这时，我们用砖长来表示墙厚，就可以用该方法将不同墙厚的标准块中标准砖的数量表达为墙厚的砖数，其对应关系见表2-7。

不同表示方式的对应关系转换表 表2-7

墙厚(mm)	115	180	240	365	490
墙厚的砖数	0.5	0.75	1	1.5	2.0
标准块中标准砖数量（墙厚的砖数×2）	1	1.5	2.0	3.0	4.0

利用这一表达方式可以得到每立方米墙体标准砖净用量计算公式：

$$每立方米墙体标准砖净用量(块)=\frac{1m^3}{墙厚\times0.25\times0.063}\times标准块中砖数$$

$$=\frac{1}{墙厚\times0.25\times0.063}\times2\times墙厚的砖数 \quad (2\text{-}15)$$

$$=\frac{2\times墙厚的砖数}{墙厚\times0.25\times0.063}$$

(3)计算实例。

【例2-3】 计算每立方米365mm厚标准砖墙的砖净用量(灰缝为10mm)。

【解】 每立方米一砖半厚墙体标准砖净用量 $=\frac{2\times1.5}{0.365\times0.25\times0.063}=521.9(块/m^3)$。

2)标准砖墙砌筑砂浆用量计算

(1)计算公式。

$$每立方米标准砖墙体砌筑砂浆用量(m^3)=1m^3砌体-1m^3砌体标准砖净体积$$

$$=1-0.24\times0.115\times0.053\times标准砖数量$$

$$=1-0.0014628\times标准砖数量 \quad (2\text{-}16)$$

(2)计算实例。

【例 2-4】 分别计算每立方米 240mm 厚砖墙标准砖和砌筑砂浆净用量。

【解】 每立方米 240mm 厚墙体标准砖净用量 $=\dfrac{2\times1}{0.24\times0.25\times0.063}=529.1$(块/$m^3$)。

已知砖的损耗率为 1%,则

$$一砖厚砖墙标准砖总耗量 = 标准的砖净用量/(1-砖的损耗率)$$
$$=529/(1-1\%)=534(块)$$

每立方米 240mm 厚砖墙体砌筑砂浆用量(m^3) $=1-0.0014628\times529.1=0.266$($m^3$/$m^3$)。

3. 圬工砌块墙材料用量计算

根据以上原理,可以推出其他圬工砌块墙材料用量的计算方法,包括砌块用量和砌筑砂浆用量计算。

1)墙体砌块用量计算

(1)计算公式。

每立方米墙体砌块净用量(块)= 标准块中砌块用量/标准块(含灰缝)的体积
= 标准块中砌块用量/[墙厚 ×(砌块长 + 灰缝)
×(砌块厚 + 灰缝)] (2-17)

(2)计算公式解读。上述砌块用量计算公式的物理意义解读如下:

第一步,变换公式为:

每立方米墙体砌块净用量(块)= 标准块中砌块用量/[墙厚 ×(砌块长
+ 灰缝)×(砌块厚 + 灰缝)]
$=1m^3$/[墙厚 ×(砌块长 + 灰缝)×(砌块厚
+ 灰缝)]× 标准块中砌块用量

第二步,分母"墙厚 ×(砌块长 + 灰缝)×(砌块厚 + 灰缝)"是构成墙体具有代表性的体积,即标准块体积。

第三步,"$1m^3$/[墙厚 ×(砌块长 + 灰缝)×(砌块厚 + 灰缝)]"的含义是指每立方米砌体中有多少个标准块。

第四步,求出每立方米墙体中有多少个标准块石,再乘以每个标准块的砌块用量,就得出每立方米墙体中砌块的总用量。

(3)计算实例。

【例 2-5】 计算砌块尺寸为 390mm × 190mm × 190mm,墙厚为 190mm 的混凝土预制砌块墙的砌块净用量(灰缝为 10mm)。

【解】 每立方米墙体砌块净用量(块)= 标准块中砌块用量/[墙厚 ×(砌块长 + 灰缝)×
(砌块厚 + 灰缝)]
$=1/[0.19\times(0.39+0.01)\times(0.19+0.01)]$
$=65.8$(块/m^3)

2)砌块墙砌筑砂浆用量计算

(1)计算公式。

每立方米砌块墙砌筑砂浆净用量(m^3) $=1m^3-1m^3$ 砌体中砌块净用量体积 (2-18)

(2)计算实例。

【例 2-6】 根据上例的有关数据,计算 190mm 厚每立方米砌块墙砌筑砂浆净用量。

【解】 每立方米砌块墙砌筑砂浆净用量(m^3) $=1-0.39\times0.19\times0.19\times65.8$

$=0.074(m^3/m^3)$

4. 半成品配合比用量计算

(1)砂浆配合比用量计算

砂子用量(m^3) = 砂子比例数/(配合比总比例数 − 砂子比例数 × 砂子空隙率) (2-19)

水泥用量(kg) = (水泥比例数 × 水泥堆积密度/砂子比例数) × 砂子用量 (2-20)

石灰膏用量(m^3) = (石灰膏比例数/砂子比例数) × 砂子用量 (2-21)

(2)计算实例。

【例 2-7】 计算 1∶3水泥砂浆的水泥和砂子用量,水泥堆积密度为 1 300kg/m^3,砂子空隙率为 46%。

【解】 砂子用量 $=3/(1+3-3\times46\%)=1.145(m^3/m^3)$

水泥用量 $=(1\times1\ 300)/3\times1.145=496(kg/m^3)$

三、经验估计法

1. 经验估计法的概念

经验估计法是由定额管理专业人员、工程技术人员和老工人结合在一起,根据个人或集体的实践经验,经过对设计图纸和现场施工情况分析,了解施工工艺,分析施工组织和操作方法的难易程度后,通过座谈讨论、分析计算后制定定额消耗量的方法。

2. 经验估计的基本方法

运用经验估计法制定定额,应以工序为对象,将工序分解为操作。先分析各操作的基本工作时间,然后再考虑工序的辅助工作时间、准备与结束工作时间,以及休息时间。根据确定的时间进行整理分析,并对结果进行优化处理,最终得出该工序或产品的时间定额或产量定额。

经验估计法的优点是简单,编制定额所用的时间少。其缺点是容易受编制定额人员的主观因素和局限性的影响,使定额消耗量出现偏低或偏高的现象。因此,经验估计法较适合于编制企业定额和补充定额。

3. 经验估计法的计算方法

1)算术平均值法

当对一个工序或产品进行工时消耗量估计时,大家提出了较多的估计值,这时可以用算术平均值的方法计算工时消耗量。其计算公式为:

$$\overline{X}=\frac{1}{n}\sum_{i=1}^{n}x_i \tag{2-22}$$

式中:$\overline{X}$——算术平均值;

n——数据个数;

x_i——第 i 个数据。

如果经验估计过程中,大家提出的估计值较多(如 10 个以上)时,我们还可以采用去掉其中最大、最小值后,再用算术平均值的方法来确定定额工时。

【例 2-8】 某项工序的工时消耗通过有经验的有关人员分析后,提出了如下数据,试用算术平均值法确定定额工时。

经验估计(工时)	1.22	1.35	1.20	1.18	1.50	1.21	1.28	1.30	1.15	1.10	1.19

【解】 (1)去掉一个最大值1.50,去掉一个最小值1.10。

(2)计算其余数据的算术平均值:

$$\overline{X}=\frac{1}{9}(1.22+1.35+1.20+1.18+1.21+1.28+1.30+1.15+1.19)=1.23(\text{工时})$$

2)经验公式与概率估算法

为了提高经验估计的精确度,使制定的定额水平较合理,可以在经验公式的基础上,采用概率的方法来估算定额工时。

该方法是将估算对象的工时消耗数据中取定三个数值,即先进(乐观估计)数值 a,一般(最大可能)数值 m,保守(悲观估计)数值 b,然后用经验公式求出它们的平均值 $\bar{t}$。经验公式如下:

$$\bar{t}=\frac{a+4m+b}{6} \tag{2-23}$$

根据上式算出的 $\bar{t}$ 值再用按正态分布函数得出的调整工时定额的公式为:

$$t=\bar{t}+\lambda\sigma \tag{2-24}$$

或

$$\lambda=\frac{t-\bar{t}}{\sigma} \tag{2-25}$$

式中:t——定额工时;

$\bar{t}$——工时消耗平均值;

σ——均差,$\sigma=\left|\frac{a-b}{6}\right|$。

从正态分布表(表2-8)中可以查到对应于 λ 值的概率 $P(\lambda)$。

正态分布表 表2-8

λ	$P(\lambda)$	λ	$P(\lambda)$	λ	$P(\lambda)$	λ	$P(\lambda)$	λ	$P(\lambda)$
-2.5	0.01	-1.5	0.07	-0.5	0.31	0.5	0.69	1.5	0.93
-2.4	0.01	-1.4	0.08	-0.4	0.34	0.6	0.73	1.6	0.95
-2.3	0.01	-1.3	0.10	-0.3	0.38	0.7	0.76	1.7	0.96
-2.2	0.01	-1.2	0.12	-0.2	0.42	0.8	0.79	1.8	0.96
-2.1	0.02	-1.1	0.14	-0.1	0.46	0.9	0.82	1.9	0.97
-2.0	0.02	-1.0	0.16	-0.0	0.50	1.0	0.84	2.0	0.98
-1.9	0.03	-0.9	0.18	0.1	0.54	1.1	0.86	2.1	0.98
-1.8	0.04	-0.8	0.21	0.2	0.58	1.2	0.88	2.2	0.98
-1.7	0.04	-0.7	0.24	0.3	0.62	1.3	0.90	2.3	0.99
-1.6	0.06	-0.6	0.27	0.4	0.66	1.4	0.92	2.4	0.99

【例 2-9】 已知完成某施工过程的先进工时消耗为 4h，保守工时消耗为 8.5h，一般工时消耗 5.5h。如果要求在 6.65h 内完成该施工过程的可能性有多少？若完成该施工过程的可能性 $P(\lambda)=92\%$，则下达的工时定额应该是多少？

【解】 (1)求 6.65h 内完成该施工过程的可能性。

已知：$a=4\text{h}, b=8.5\text{h}, m=5.5\text{h}, t=6.65\text{h}$。则：

$$\bar{t}=\frac{a+4m+b}{6}=\frac{4+4\times 5.5+8.5}{6}=5.75(\text{h})$$

$$\sigma=\left|\frac{4-8.5}{6}\right|=0.75(\text{h})$$

$$\lambda=\frac{t-\bar{t}}{\sigma}=\frac{6.65-5.75}{0.75}=1.2$$

由 $\lambda=1.2$ 可知，从表 2-8 中查得对应的 $P(\lambda)=0.88$，即要求 6.65h 内完成该施工过程的可能性有 88%。

(2)求当可能性 $P(\lambda)=92\%$ 时下达的工时定额。由 $P(\lambda)=92\%=0.92$ 可知，查表 2-8 相应的 $\lambda=1.4$，代入计算式得：

$$\begin{aligned} t &= \bar{t}+\lambda\sigma \\ &= 5.75+1.4\times 0.75=6.8(\text{h}) \end{aligned}$$

即当要求完成该施工过程的可能性 $P(\lambda)=92\%$ 时，下达的工时定额应为 6.8h。

四、统计分析法

1. 统计分析法的概念

统计分析法是依据过去施工中同类工程或生产同类产品的工时消耗、材料消耗、机械台班消耗的统计资料，考虑当前施工技术、施工条件、施工组织的变化因素，进行统计分析研究制定定额的方法。

统计分析法可以为编制人工定额、材料消耗定额、机械台班定额提供较可靠的数据资料。

2. 统计分析法的计算方法

1)二次平均法

我们知道，统计分析资料反映的是工人过去已经达到的水平。在统计时没有剔除施工中不合理的因素，因而，这个水平一般偏于保守。为了克服统计分析资料的这一缺陷，使确定的定额水平保持平均先进的水平，可以用二次平均法计算出平均先进值，作为确定定额水平的依据。

二次平均法的计算公式及步骤如下：

(1)剔除不合理的数据。剔除统计资料中特别偏高或偏低的不合理数据。

(2)计算平均数。计算公式：

$$\bar{t}=\frac{\sum_{i=1}^{n}t_i}{n} \tag{2-26}$$

式中：n——数据个数；

$\bar{t}$——平均数；

t_i——统计数值($i=1,2,3,\cdots,n$)。

(3)计算平均先进值。将数列中小于平均值的各数值与平均值相加(求时间定额),或者将数列中大于平均值的各数值与平均值相加(求产量定额),然后再求其平均数,即求第二次平均数。计算公式如下:

①求时间定额的二次平均值:

$$\bar{t}_0 = \frac{\bar{t}+\bar{t}_n}{2} \tag{2-27}$$

式中:$\bar{t}_0$——二次平均后的先进平均值;

$\bar{t}$——全数平均值;

$\bar{t}_n$——小于全数平均值的各个数值的平均值。

②求产量定额的二次平均值:

$$\bar{P}_0 = \frac{\bar{P}+\bar{P}_k}{2} \tag{2-28}$$

式中:$\bar{P}_0$——二次平均后的平均先进值;

$\bar{P}$——全数平均值;

$\bar{P}_k$——大于全数平均值的各个数值的平均值。

【例2-10】 已知某施工过程工时消耗的各次统计数据为38、41、43、40、45、50、44、42、43、44,试用二次平均法计算其平均先进值。

【解】 (1)求第一次平均值。

$$\bar{t} = \frac{1}{10}(38+41+43+45+50+44+42+43+44) = 43$$

(2)求平均先进值。

$$\bar{t}_n = \frac{38+41+40+42}{4} = 40.25$$

(3)求二次平均先进值。

$$\bar{t}_0 = \frac{\bar{t}+\bar{t}_n}{2} = 41.63$$

2)概率测算法

用二次平均法计算出的结果,一般偏向于先进,可能多数工人达不到,不能较好地体现平均先进的原则。概率测算可以运用统计资料计算出可望有多少百分比的工人,可能达到作为确定定额水平的依据。其计算公式及步骤如下:

(1)确定有效数据。对取得某施工过程的若干次工时消耗数据进行整理分析,剔除明显偏低或偏高的数据。

(2)计算工时消耗的平均值。

$$\bar{t} = \frac{\sum_{i=1}^{n} t_i}{n} \tag{2-29}$$

公式中字母的含义同二次平均法计算公式(2-26)。

(3)计算工时消耗数据的样本标准差。

$$S=\sqrt{\frac{1}{n-1}\sum_{i=1}^{n}(\chi_i-\bar{t})^2} \tag{2-30}$$

式中：S——样本标准差；

n——数据个数；

χ_i——工时消耗数据($i=1,2,3,\cdots,n$)；

$\bar{t}$——工时消耗平均值。

(4)运用正态分布公式确定定额水平。根据正态分布公式得出的确定定额的公式为：

$$t=\bar{t}+\lambda S \tag{2-31}$$

式中：t——定额工时消耗；

$\bar{t}$——工时消耗算术平均值；

λ——S 的系数，从正态分布表中可以查到对应于 λ 值的概率 $P(\lambda)$；

S——样本标准差。

【例 2-11】 已知某施工过程工时消耗的各次统计值为 38、41、43、40、45、50、44、42、43、44(同【例 2-10】)，试用概率测算法确定使 86% 的工人能够达到的定额值和超过平均先进值的概率各为多少？

【解】 (1)求算术平均值。

$$\bar{t}=\frac{1}{10}(38+41+43+40+45+50+44+42+43+44)=43$$

(2)计算样本标准差。

$$S=\sqrt{\frac{1}{10-1}\left[\begin{array}{l}(38-43)^2+(41-43)^2+(43-43)^2\times 2+(40-43)^2\\+(45-43)^2+(50-43)^2+(44-43)^2\times 2+(42-43)^2\end{array}\right]}=3.23$$

(3)确定使 86% 的工人能够达到的工时消耗定额。由正态分布表(表 2-8)查得，当 $P(\lambda)=0.86$ 时，$\lambda=1.1$，故使 86% 的工人能达到的工时消耗定额为：

$$\begin{aligned}t&=\bar{t}+\lambda S\\&=43+1.1\times 3.23=46.55\end{aligned}$$

(4)确定能超过平均先进值的概率。由【例 2-10】求出的平均先进值 43，计算出能达到此值的概率：

$$\begin{aligned}\lambda&=\frac{t_0-\bar{t}}{S}\\&=\frac{43-46.55}{3.23}=-1.10\end{aligned}$$

查表 2-8 得，$P(-1.10)=0.14$，即只有 14% 的工人能达到此水平。

五、比较类推法

1. 比较类推法的概念

比较类推法又叫典型定额法，是以同类或相似类型的施工过程的典型定额消耗量为标准，经过与相邻定额的分析比较，类推出同一组相邻定额消耗量的方法。

2. 比较类推法的特点

1)按比例类推定额

比较类推法主要采用正比例的方法来推算其他同类定额消耗量,该方法比较简单。但要注意,如果类推定额与典型定额之间没有明显的正比例关系,该方法的准确性就达不到要求。

2)方法简便,有一定适用范围

采用该方法如果典型定额选择恰当,切合实际,具有代表性,那么,类推出的定额一般比较合理。从实践情况看,该方法适用于同类型、规格多、批量小的施工过程。随着施工机械化、标准化、装配化程度的不断提高,这种方法的适用范围逐步扩大。

3)采用典型定额类推

为了提高定额的精确度,通常采用以主要项目作为典型定额来类推。采用这种方法,要特别注意掌握工序、产品的施工工艺和劳动组织等特征,细致分析施工过程的各种影响因素,防止将影响因素变化很大的项目作为典型定额来比较类推。

3. 比较类推法的计算方法

常用的比较类推法有比例计算法和坐标图示法两种。

1)比例计算法

比例计算法又叫做比例推算法。该方法是以某些定额项目为基础,通过技术测定或统计资料,运用正比例的方法求得相邻定额消耗量的方法。

比例计算法的计算公式为:

$$t = P \cdot t_0 \tag{2-32}$$

式中:t——需计算的工时消耗量;

t_0——相邻典型定额项目的工时消耗量;

P——已确定的比例。

【例 2-12】 已知路基人工挖运土方项目的松土时间定额及松土与普通土、硬土的人工挖运定额的比例关系如表 2-9 所示,求普通土、硬土人工挖运土方的时间定额。

人工挖运土方时间定额比例数示法确定表(单位:工日/m^3) 表 2-9

项目	比例关系	时间定额
松土	1.00	0.123
普通土	1.45	0.178
硬土	2.50	0.258

【解】 (1)求普通土、硬土人工挖运土方的时间定额。

普通土:$1.45 \times 0.123 = 0.178$

硬土:$2.10 \times 0.123 = 0.258$

(2)将以上计算数据填入表中。

2)坐标图示法

坐标图示法又叫图表法,即采用坐标图和表格来制定定额的方法。具体做法是选择一组同类定额项目,并选定典型定额项目,然后在坐标图上以项目的规格要求为横坐标,以工时或产量为纵坐标,确定各典型定额的坐标位置。接着将典型定额项目的工时消耗用点标在坐标图上,依次连接各点成一光滑的线条,从而在该线条上确定其他相关定额项目的时间消耗量。

具体操作方法见下例题。

【例 2-13】 1t 以内机动翻斗车运输砂子，已知典型的定额项目的时间定额如表 2-10 所示，试求运距为 200m，600m，1 200m、2 000m 的时间定额。

1t 以内机动翻斗车运砂子的典型时间定额(单位：台班/$10m^3$) 表 2-10

项　目	运距(m)			
	140	400	900	1 600
运砂子	0.302	0.388	0.553	0.784

【解】 (1)根据表 2-10 所列的典型定额画出运砂子的定额线(图 2-5)。

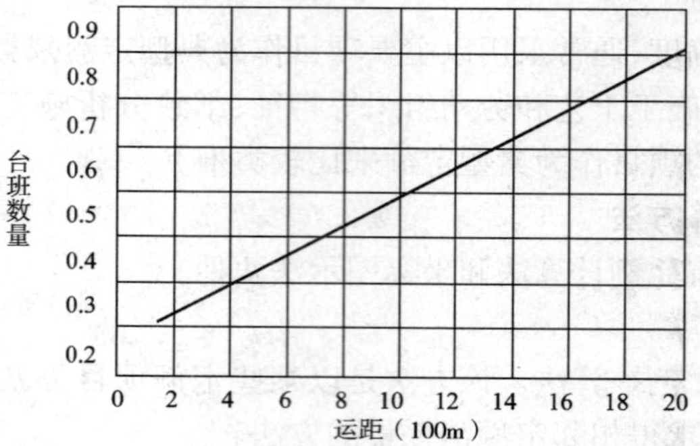

图 2-5 机动翻斗车运砂子时间定额坐标图

(2)在图上确定出所要求确定的项目，如表 2-11 所示。

用坐标图示法确定出的 1t 以内机动翻斗车运砂子的时间定额(单位：台班/$10m^3$) 表 2-11

项　目	运距(m)			
	200	600	1 200	2 000
运砂子	0.325	0.455	0.655	0.910

● 第五节 劳动定额及其制定 ●

一、劳动定额概述

1. 劳动定额的概念及制定原则

1)劳动定额

劳动定额是在一定的生产(施工)组织和生产(施工)技术条件下，为完成单位合格产品所必需的劳动消耗标准。劳动定额是指人工的消耗定额，故又称人工定额；又因劳动定额是采用技术分析方法制定的，所以又叫做技术定额或时间技术定额。

2)制定劳动定额的原则

在制定劳动定额时，一般应遵循以下原则：

(1)必须要有技术依据。劳动定额的制定，要合理、科学地确定完成产品必需的劳动消耗量的时间界限。要使这个界限确定得合理，就必须建立在有关技术文件的基础上，使之成为有技术根据的定额。

(2)必须坚持先进合理的定额水平。劳动定额工作的核心就是定额水平问题。

(3)要反映施工(生产)中的新工艺、新技术。随着科学技术的发展,新工艺新技术日益出现,因而定额水平反映比较成熟的新工艺、新技术和新材料的变化,以保持定额的先进性,促进和推动生产力向更高水平发展。

(4)要保证施工安全和工程质量合格为前提。在定额的贯彻过程中,往往会出现追求数量,忽视质量和安全的倾向,不符合建筑产品"百年大计,质量第一"的要求,影响劳动者在施工过程中的安全和健康。因此,制定定额时,要充分考虑保证安全施工和工程质量的因素。

(5)要坚持专家与群众相互结合。在定额的编制过程中,既需要有经验丰富、技术与管理知识全面的专家参加,以保证定额制定的技术深度和政策水平,也要有直接进行施工生产的广大建筑安装工人参加,他们既是生产实践者又是定额的执行者,定额需要他的实践来检验。

2. 劳动定额水平

劳动定额水平是指国家或企业对职工完成规定工作应消耗的劳动量要求的高低程度。其高低程度是相对而言的。劳动定额水平也是施工企业在一定时期内,生产力水平、劳动生产率水平、施工生产技术水平的综合反映。工序是最简单的施工过程,它是制定劳动定额的基本单位,但由于施工生产中使用的劳动定额的形式多种多样,因而会形成各种各样的定额水平。

3. 劳动定额的表现形式

劳动定额根据其表达方式,分为时间定额和产量定额两种。

1)时间定额

时间定额是指在一定的生产技术和生产组织条件下,某工种、某种技术等级的工人小组或个人,完成单位合格产品所消耗工作时间的多少。

时间定额以工日为单位,每个工日工作时间按现行制度规定为:潜水作业6h,隧道作业7h,其余均为8h。其计算方法如下。

$$单位产品的时间定额(工日)=1/每日产量 \tag{2-33}$$

或

$$单位产品的时间定额(工日)=小组成员工日数的总和/小组的台班产量 \tag{2-34}$$

2)产量定额

产量定额是指在一定的生产技术和生产组织条件下,某工种、某技术等级的工人小组或个人,在单位时间内(每工日)所完成合格产品数量的多少。其计算方法如下。

$$每工日产量=1/单位产品时间定额(工日) \tag{2-35}$$

或

$$每台班产量=小组成员工日数的总和/单位产品时间定额(工日) \tag{2-36}$$

3)时间定额与产量定额的关系

时间定额与产量定额的关系是互为倒数的关系。即

$$时间定额=1/产量定额 \tag{2-37}$$

$$产量定额=1/时间定额 \tag{2-38}$$

或

$$时间定额\times产量定额=1 \tag{2-39}$$

时间定额和产量定额都表示同一个劳动定额,但各有用处。时间定额用于综合计算劳动量比较方便;产量定额具有形象化的特点,便于分配任务,容易为工人理解和接受。

在定额表中,往往同时列出时间定额与产量定额的数值。

例如,《公路工程施工定额》(2009 年版)中,第三章路面工程第七节"3-7 人工拌和稳定土混合料"定额,见表 2-12。

人工拌和稳定土混合料 表 2-12

工作内容:配料,过筛,拌和,20m 内取运料。

表列单位的劳动定额

项目	拌和		筛土
	细料	粗料	
	$1m^3$ 压实方		$1m^3$ 堆方
时间定额	0.21	0.262	0.271
每工产量	4.762	3.817	3.69
编号	1	2	3

注:1. 细料指无骨料的混合料,粗料指有骨料的混合料。
2. 采用筛拌法施工时,拌和的时间定额乘以 0.83 系数,筛工另计。

其中人工拌和路面基层的稳定土混合料——粗料的时间定额与产量定额的关系是:

$$时间定额 = 0.271\ 工日/m^3$$

$$产量定额 = 1/(0.271\ 工日/m^3) = 3.69m^3/工日$$

由以上分析知,当时间定额减少时,产量定额相应增加;反之亦然。并且可将其增减变化用下式表示。

当时间定额减少时:

$$产量定额增加百分率 = [时间定额减少百分比/(1-时间定额减少百分比)] \times 100\% \tag{2-40}$$

当时间定额增加时:

$$产量定额减少百分率 = [时间定额增加百分比/(1+时间定额增加百分比)] \times 100\% \tag{2-41}$$

当产量定额减少时:

$$时间定额增加百分率 = [产量定额减少百分比/(1-产量定额减少百分比)] \times 100\% \tag{2-42}$$

当产量定额增加时:

$$时间定额减少百分率 = [产量定额增加百分比/(1+产量定额增加百分比)] \times 100\% \tag{2-43}$$

二、劳动定额的制定

制定劳动定额(即确定劳动定额水平)比较常用的方法是:经验估计法、统计分析法、比较类推法、工时测定法等。因统计分析法和工时测定法的优点是以统计资料为依据,有一定说服力,较能反映实际劳动效率,并且不需专门进行测定即可取得工时消耗数据,因而工作量小,简单易行,能满足定额制定的快和全的要求。这两个方法的具体步骤已在上节介绍,在此以实例进行说明。

【例 2-14】 某项目现行定额工日为 2.5,经过一段时间贯彻执行,收集到完成定额的单项统计数据如下:

3,2.5,2,2.2,2.1,2.6,2.4,2.2,2.4,1.8,2,1.7,2.8,2,1.9,2.6,2.2,1.8,2.7,2.1。

(1)拟将定额水平(即产量定额)提高 15%,求修订后的定额能完成的概率。

(2)如以 60% 的概率为适当,求该项目的时间定额。

【解】 首先计算 $\bar{t}$ 和 S。

$$\bar{t}=\frac{1}{20}\sum_{i=1}^{20}t_i=2.25$$

$$S=\sqrt{\frac{1}{20-1}\sum_{i=1}^{20}(t_i-2.25)^2}=0.362$$

(1)已知定额提高幅度,求其完成概率。原时间定额为 2.5 工日,现将产量定额提高 15%。根据时间定额与产量定额增减关系:

时间定额减少百分率 = [产量定额增加百分比/(1 + 产量定额增加百分比)] ×100%

$$=\frac{0.15}{1+0.15}=13\%$$

则时间定额减少至:

$$t=(1-13\%)\times 2.5=2.175$$

$$\lambda=\frac{t-\bar{t}}{S}=\frac{2.175-2.25}{0.362}=-0.2072$$

查表 2-8 得:

$$P(-0.2072)=42\%$$

即把产量定额提高 15%,这时只有 42% 的工人能完成定额。

(2)已知要求达到定额的程度,求修订后的时间定额。$P(\lambda)=0.60$,查表 2-8 得:

$$\lambda=0.25$$

$$t=\bar{t}+\lambda S=2.25+0.25\times 0.362=2.34$$

产量定额提升率 = (2.5 − 2.34)/2.34 ×100% = 6.8%

即该项目定额工日数降为 2.34 时,预计有 60% 的工人能完成定额。这时产量定额只提高了 6.8%。

● 第六节 材料消耗定额及其制定 ●

一、材料消耗定额的概念

1. 含义

在公路建筑产品的直接工程费中,材料费平均约占 60% 以上,材料的合理利用、运输、存储和管理在工程施工中占极其重要的地位。材料消耗定额是指在合理使用材料的条件下,生产单位合格产品所必须消耗的一定品种、规格的原材料、燃料、半成品、配件和水、电、动力等资源(统称为材料)的数量标准。它是施工单位核算材料消耗,考核材料节约或浪费的指标,亦是企业编制材料需用量计划、运输计划、供应计划、计算仓库面积、签发限额领料单的根据,也是提供编制预算定额的依据。

2. 材料消耗定额的组成

完成单位合格建筑产品所必需的材料消耗量由两部分组成,即单位合格产品生产中所必需的净用量及其合理损耗量。

净用量是指用于合格产品上的实际数量;合理损耗量是指材料从现场仓库领出到完成产品的过程中的合理损耗数量,它包括:场内搬运的合理损耗;加工制作的合理损耗;施工操作的合理损耗。

用公式表示为:

$$材料总耗用量 = 材料净用量 + 材料损耗量 \quad (2\text{-}44)$$

材料损耗量可用下式计算

$$材料损耗量 = 材料净用量 \times 材料损耗率 \quad (2\text{-}45)$$

材料的损耗率是通过观测和统计得到的,是由国家有关部门所确定的。

利用上述两式,经整理后得:

$$材料总耗用量 = 材料净用量 \times (1 + 材料损耗率) \quad (2\text{-}46)$$

在现行《公路工程预算定额》(JTG/T B06-02—2007)中,没有单独列出材料损耗量,只列出了材料总耗用量。表2-13及下面的说明是摘录的预算定额材料消耗。

砌筑工程石料及砂浆消耗(单位:10m³) 表2-13

项目	单位	浆砌工程				
		片石	块石	粗料石	细料石	青砖
片石	m^3	11.5				
块石	m^3		10.5			
粗料石	m^3			9.0		
细料石	m^3				9.2	
青(红)砖	1 000块					5.31
砂浆	m^3	3.5	2.7	2.0	1.3	2.4

注:1. 砌筑工程中的砂浆用量不包括勾缝用量。

2. 砌筑混凝土预制块同砌筑细料石。

3. 表列用量包括场内运输及操作损耗在内。

3. 材料消耗定额的作用

(1)是企业确定材料需要量和储备量的依据。

(2)是企业编制材料供应计划的依据。

(3)是施工队对工人班组签发限额领料单的依据,也是考核分析班组用料情况、奖励节约的依据。

(4)是实行材料核算,推行经济责任制,促进材料合理使用的重要手段。

二、材料消耗定额的制定方法

1. 直接性消耗材料定额的制定

直接性消耗材料是指根据工程需要直接构成工程实体或在施工过程中一次性消耗完材料。确定材料消耗定额主要有以下几种方法。

1）观测法

观测法是在施工现场，对在合理使用材料条件下，完成某一产品的材料消耗进行实际测算的一种方法，因此，这种方法又叫施工试验法。

观测法的关键是对象选择。观测对象应符合下列条件：①工程项目是典型的；②施工技术组织及产品质量均要符合技术规范的要求；③材料的品种、型号、质量应符合设计要求。所有这些均是观测法的前提条件，并且应当选择先进合理的水平为原则。

在观测前，要充分做好准备工作，如选用标准的仪器、运输工具，采取减少材料损耗的措施等。

在观测过程中，要做好记录，重点记录在发料数量、运输过程中的损耗量，加工过程中的损耗量，原料构成产成品后的净用量等数据。好为后期定额编制收集原始真实的数据。

观测法主要适用于制定材料损耗定额。因为只有通过现场观察，才有可能测定出材料损耗的数量。

2）试验法

试验法也称试验室试验法，即在试验室内进行观察和测定。这种方法主要用于研究材料强度与各种材料消耗的数量关系，以获得多种配合比。以此为基础计算出各种材料的消耗数量。例如，以各种原材料为变量因素的条件下，求得不同强度等级混凝土的配合比，从而计算出 $1m^3$ 混凝土的各种材料（如水泥、砂、石、水）的耗用量。

试验法的优点是能更深入、更详细地研究各种因素对材料消耗的影响；其缺点是没有估计到或无法估计到施工现场的某些因素对材料消耗的影响。

3）统计法

统计法也叫统计分析法。它是通过对长期积累的各分项工程的单位产品的分析，求出材料的耗用数量。统计方法是根据各工程项目执行拨付材料数量、剩余材料数量及总共完成产品数量的计算而得。采用此法时，必须保证统计和测算耗用材料与相应产品一致。因为在施工现场中的某些材料，往往难以区分用在各个不同部位上的准确数量。

【例 2-15】 设某一分项工程施工时共领料 N_0，项目完成后，退回材料的数量为 ΔN_0，试计算单位产品的材料消耗量。

【解】 用于产品上的材料数量为：

$$N = N_0 - \Delta N_0 \tag{2-47}$$

若所完成的产品数量为 n，则单位产品的材料消耗量：

$$m = \frac{N}{n} = \frac{N_0 - \Delta N_0}{n} \tag{2-48}$$

4）计算法

计算法是根据施工图直接计算材料耗用量的方法。它只能算出单位产品的材料净用量。

材料的损耗量仍要在现场通过实测取得。计算法主要用于块、板类建筑材料的消耗定额。

如城市桥梁的花岗岩板装饰面计算公式为：

$$\text{每}100\text{m}^2\text{面板净用量}=100/(\text{板料长}+\text{灰缝})\times(\text{板料宽}+\text{灰缝}) \tag{2-49}$$

$$\text{灰缝砂浆净用量}=[100-(\text{板料长}\times\text{板料宽}\times100\text{m}^2\text{板料净用量})]\times\text{灰缝深} \tag{2-50}$$

【例 2-16】 某市区桥梁外表面采用 1∶2 水泥砂浆贴 500mm×500mm×12mm 花岗岩板进行装饰，灰缝厚 2mm，砂浆黏结层厚 5mm。试计算 100m^2 装饰面的花岗岩和砂浆净用量。

【解】 (1)每 100m^2 装饰面花岗岩板净用量 $=100/[(0.5+0.002)\times(0.5+0.002)]$

$=396.3(\text{块}/100\text{m}^2)$

(2)每 100m^2 装饰面砂浆净用量 = 黏结层砂浆 + 灰缝砂浆

$=100\text{m}^2\times0.005+[100-(0.5\times0.5\times396.3)]\times0.012$

$=0.511(\text{m}^3/100\text{m}^2)$

2. 周转性材料消耗量的制定

工程建设中，施工上除了使用直接性消耗的材料外，还使用另一类周转性材料。周转性材料是指在施工过程中，不是一次性消耗的材料，并在使用过程中不断补充、修理、重复使用多次的一类材料。

1)周转使用量计算

周转使用量是指周转材料完成规定周转次数所必需的材料总用量分摊到每一次周转使用过程中的数量。周转使用量也叫备料数量。

$$\text{周转使用量}=\frac{\text{一次使用量}+\text{一次使用量}\sum_{i=1}^{n-1}\text{补损率}\,i}{\text{周转次数}}$$

$$=\text{一次使用量}\left[\frac{1+\sum_{i=1}^{n-1}\text{补损率}\,i}{\text{周转次数}}\right] \tag{2-51}$$

由以上公式可知，各种周转材料，当使用在不同的项目中，只知道其周转次数和补损率，即可计算其相应的周转使用次数。

周转材料的一次使用量是指由施工图计算的完成一次周转所需要的该材料的数量。这与工程结构特点、施工工艺和施工方法有关。

$$\text{一次使用量}=\text{工程图纸用量}\times(1+\text{场内搬运及操作损耗率}) \tag{2-52}$$

补损量是指周转材料在每一次使用过程中损坏的材料数量，用下式表示：

$$\text{补损率}=(\text{周转一次损坏的材料数量}/\text{一次使用量})\times100\% \tag{2-53}$$

周转次数是指周转材料从第一次使用起可重复使用的次数。这与不同的周转材料、工程部位、施工方法及操作技术有关。周转次数的确定要经过现场调查、观测及统计分析，取先进合理的水平。正确地规定周转次数，对准确计算用料、加强材料管理和经济核算起重要作用。

2)周转回收量计算

周转回收量是指周转材料在完成规定周转次数后，除去损耗部分的剩余数量，即指可回收的数量。按下式计算：

$$\text{周转回收量}=\text{一次使用量}-(\text{一次使用量}\times\text{补损率})/\text{周转次数} \tag{2-54}$$

3)周转材料的摊销量计算

周转材料的摊销量是指周转性材料使用一次，在单位产品上的消耗量。它与周转次数、补损率、一次使用量等有关。周转次数越多，则摊销量越小。影响摊销量的因素有施工速度、施工组织、施工方法、材料规格等，它是工程成本核算的依据。

周转材料的摊销量按下式计算：

$$摊销量 = 周转使用量 - 周转回收量 \tag{2-55}$$

此外，在现行公路工程定额中，规定混凝土构件的模板，虽属周转使用材料，但其摊销量的计算方法不同。按多次使用平均摊销的方法计算，不需计算每次周转的损耗率，只需根据一次使用量及其周转次数，可计算出摊销量。即

$$摊销量 = 一次使用量/周转次数 \tag{2-56}$$

【例 2-17】 根据选定的现浇基础梁模板设计图纸，基础梁每 $10m^3$ 接触面积为 $77m^2$，每 $10m^2$ 接触面积需板材 $0.075\ 2m^3$，损耗率为 5%，周转 8 次，每次周转平均补损率 15%。计算每 $10m^3$ 基础梁模板材的摊销量。

【解】 (1)按第一种方法计算。

$$一次使用量 = 77 \times 0.075\ 2 \times (1 + 5\%) = 6.080(m^3)$$

$$周转使用量 = 6.080 \times \frac{1 + (8 - 1) \times 15\%}{8} = 1.558(m^3)$$

$$周转回收量 = \frac{77 \times 0.075\ 2 \times (1 - 15\%)}{8} = 0.615(m^3)$$

$$摊销量 = 1.558 - 0.615 = 0.943(m^3)$$

(2)按第二种方法计算。

$$摊销量 = 6.080/8 = 0.760(m^3)$$

●第七节 机械台班定额及其制定●

一、机械台班定额及其表示形式

1. 定义

机械台班定额是指在合理使用机械和合理的施工组织条件下，生产工人使用机械完成单位合格产品必须消耗的机械作业时间标准。

2. 机械台班定额的形式

机械台班定额同劳动定额一样，也有时间定额和产量定额之分。为了与劳动定额中的时间定额与产量定额相区别，通常把机械作业的时间定额叫做机械时间定额，其产量定额叫做机械产量定额。

机械时间定额的常用单位是“台班”。机械产量定额常指在一个“台班”下的产量，所以又叫机械台班产量定额。一个台班是指一个工作班的延续时间，我国现行规定一般条件下施工时间为 8h。

1)机械时间定额

机械时间定额是指在正常施工条件和劳动组织的条件下，使用某种规定的机械，完成单位

合格产品必须消耗的台班数量。

2）机械台班产量定额

机械台班产量定额是指在正常施工条件和劳动组织的条件下，某种机械在一个台班时间内必须完成的单位合格产品的数量。

机械台班产量定额与机械时间定额互为倒数：

$$机械时间定额 = 1/机械台班产量定额 \tag{2-57}$$

应当注意，机械台班定额是指劳动者（即工人）个人或小组使用机械工作时的机械时间消耗的一种数量标准，也就是说，机械作业定额与使用机械作业的工人的劳动定额之间存在既有相似性，又有一定区别。具体地说，他们之间具有互换性，但又不能混淆，其互换性在于：

$$劳动时间定额 = 机械时间定额 \times 定员人数 \tag{2-58}$$

$$劳动时间定额 = (1/台班产量定额) \times 定员人数 \tag{2-59}$$

3）人工配合机械工作时间定额

$$劳动时间定额 = (1/机械台班产量定额) \times 机械台班内工人的工日数 \tag{2-60}$$

$$劳动产量定额 = 机械台班产量定额/定员人数 \tag{2-61}$$

4）应用举例

【例 2-18】 用 20t 起重机吊装某桥梁预制构件的工作由 1 名吊车司机，12 名安装工，2 名电焊工组成的施工小组完成。已知机械产量定额为 10 块/台班，试求吊装每块构件的机械时间定额和人工时间定额。

【解】 （1）计算吊装一块构件的机械时间定额。

$$机械时间定额 = \frac{1}{机械台班产量定额} = \frac{1}{10} = 0.1(台班/块)$$

（2）计算每吊装一块构件的人工时间定额。

①分工种计算。

吊车司机时间定额：$1 \times 0.1 = 0.1$（工日/块）

安装工时间定额：$12 \times 0.1 = 1.2$（工日/块）

电焊工时间定额：$2 \times 0.1 = 0.2$（工日/块）

小计：1.5 工日/块

②按施工小组计算。

$$劳动时间定额 = \frac{1+12+2}{10} = \frac{15}{10} = 1.5(工日/块)$$

二、机械台班定额的制定方法

机械台班定额制定的方法是首先应当考虑时间利用系数，然后确定机械工作净的 1h 生产率（简称机械净工作 1h 生产率），最后进行分析计算，即可得到整个工序或工作过程的定额。

1. 确定机械时间利用系数

机械时间利用系数是指机械净工作时间与工作班延续时间的比值，即：

$$K_B = \frac{t}{T} \tag{2-62}$$

式中：K_B——机械时间利用系数；

t——机械净工作时间；

T——工作班延续时间。

2. 确定机械净工作1h的生产率

施工机械可分为循环和连续动作两种类型。在确定净工作1h生产率时，应分别对这两类机械进行分析研究。

1）循环动作机械

循环动作机械净工作1h生产率，取决于该机械净工作1h的正常循环次数和每次循环的产品数量。计算公式为：

$$N_h = n \cdot m \quad (2\text{-}63)$$

式中：N_h——机械净工作1h生产率；

n——机械净工作1h的循环次数；

m——每次循环的产品数量。

确定循环次数n，首先必须确定每一循环的正常延续时间。而每一循环的延续时间等于该循环各组成部分正常延续时间之和（$t_1 + t_2 + t_3 + \cdots + t_n$）。一般地，应通过技术测定并在观察中根据各种不同的影响因素，以确定相应的正常延续时间。

净工作1h正常的循环次数可由下列公式计算：

$$n = \frac{60}{t_1 + t_2 + t_3 + \cdots + t_n} \quad (2\text{-}64)$$

机械每次循环所产生的产品数量，同样可以通过计时观测求得。

2）连续动作机械

连续动作机械的净工作1h生产率，主要依据机械性能来确定。

在一定条件下，净工作1h生产率通常是一个比较稳定的数值。该生产率是通过试验或实际观察的方法，计算出一定时间内完成产品的数量，然后按下式计算：

$$N_h = \frac{m}{t} \quad (2\text{-}65)$$

式中：N_h——机械净工作1h的生产率；

t——机械工作延续时间；

m——机械工作延续时间的产品数量。

三、机械台班产量

机械台班产量等于该机械净工作1h生产率乘以工作班的延续时间，再乘以台班时间利用系数求得。计算公式如下：

$$N_{台班} = N_h \cdot T \cdot K_B \quad (2\text{-}66)$$

式中：$N_{台班}$——机械台班产量；

N_h——机械净工作1h生产率；

T——工作班延续时间；

K_B——台班时间利用系数。

四、几种机械定额的编制

公路建设中使用的施工机械种类较多，但制定定额的要求基本一致。下面通过常用施工机械台班定额的制定过程，介绍机械台班定额的编制方法。

1. 混凝土搅拌机

混凝土搅拌机按其动作性质可分为周期式和连续式两类。连续式是指连续出料；周期式是指加料、搅拌、出料在一定周期内循环进行。

就搅拌机的工作原理来说，又分为强制式、自落式两种。其设计容积不同，规格也不同。

在一定的后台上料设备和合理劳动组织情况下，周期式混凝土搅拌机净工作 1h 生产率可按下式计算：

$$N_h = \frac{3\,600}{t} \cdot m \cdot K_A \tag{2-67}$$

式中：m——搅拌机设计容积（m^3）；

K_A——混凝土出料系数（混凝土出料体积与搅拌机设计容积的比值）；

t——混凝土搅拌机每一循环的工作延续时间（s）。

应该指出，机械每一循环的延续时间，应该扣除交叠动作的延续时间。例如，使用周期式搅拌机搅拌混凝土，其砂、石、水泥的运输时间为 t_1，砂、石、水泥的进料时间为 t_2，混凝土搅拌时间为 t_3，出料时间为 t_4。当 $t_1 \leqslant t_2 + t_3 + t_4$ 时，即砂、石、水泥的运输是在后台工作，搅拌机可以不停顿运转。这时，每一循环的延续时间不应包括 t_1，即

$$t = t_2 + t_3 + t_4 \tag{2-68}$$

若 $t_1 > t_2 + t_3 + t_4$ 时，即砂、石、水泥的运输时间较长，搅拌机将出现循环的中断时间 t_5，即

$$t_5 = t_1 - (t_2 + t_3 + t_4) \tag{2-69}$$

此时，每一循环的延续时间则包括 t_5 即

$$t = t_2 + t_3 + t_4 + t_5 \tag{2-70}$$

为了保证搅拌机最大的生产能力，应尽量减少搅拌机的中断时间，也就是尽量减少砂、石、水泥的运输时间。如果出现问题，我们可采用机械运输代替人力运输，或者通过改善劳动组织，合理配备运输工人来解决。

周期式混凝土搅拌机的台班产量定额，可按下列公式确定：

$$N_{台班} = N_h \cdot 8 \cdot K_B \tag{2-71}$$

式中：K_B——机械时间利用系数。

2. 水平运输机械

公路工程施工过程中用到的水平运输机械主要包括载重汽车、自卸汽车、散装水泥罐车、铲运机、机动小翻斗车等。

1）自卸汽车

自卸汽车在土石方工程施工中，主要用来配合挖掘机、装载机进行土石方的运输作业。自卸汽车具有操作灵活、车厢能自动倾翻、卸料等特点。

（1）自卸汽车每一循环的组成。自卸汽车运输的每一循环，主要由下列过程组成。

①装车；

②从装车地点运到卸车地点；

③卸车；

④回到装车地点；

⑤停放妥当等待装车。

每一循环的延续时间 t，可用下式计算：

$$t = \frac{2L}{v} + t_a + t_b + t_c + t_d \tag{2-72}$$

式中：L——装车地点至卸车地点的距离(m)；

v——平均行驶速度(m/min)，指重车平均行驶速度 v_1 与空车平均行驶速度 v_2 的平均值，即

$$v = \frac{v_1 + v_2}{2} \tag{2-73}$$

t_a——装车时间(min)；

t_b——卸车时间(min)；

t_c——调位时间(min)；

t_d——候装时间(min)。

(2)影响自卸汽车每一循环延续时间的因素。通过上述分析，可以知道影响自卸汽车运输每一循环延续时间的主要因素有以下几个方面：

①装车时间。与装车机械的生产效率、自卸汽车的载重量及车厢容积有关。

②运输距离。

③平均行驶速度。与道路的等级、通过平交路口数量、坡度大小等有关。

④卸车时间。与卸车场倒车距离、工作面配备汽车数量是否合理有关。

进行计时观察时，应对上述各种影响因素全面加以研究。

(3)净工作1h生产率。自卸汽车配合挖土机的生产率可按下列公式计算净工作1h生产率。

$$N_h = \frac{60}{t} \cdot m \tag{2-74}$$

式中：t——每一循环的延续时间(min)；

m——每车定额容量，即平均装载量(m^3)：

$$m = \frac{Q_0 \cdot K_d}{P} \tag{2-75}$$

Q_0——自卸汽车设计载质量(kg)；

K_d——自卸汽车载质量利用系数，$K_d = 0.95 \sim 1$；

P——土方的堆积密度(kg/m^3)。

(4)台班产量定额。拟定台班产量定额的计算公式同式(2-71)。

2)构件运输汽车

构件运输汽车是为吊装现场服务的汽车。有条件的施工现场可事先按平面布置规划提前将构件运进工地。多数情况下，由于场地不够，只有安排随运随吊。这时，就需要计算构件运

输车辆应配备的数量。确定构件运输车辆时应以满足吊装进度为原则。要通过车种、运距、车速、装车和卸车等因素进行计算,以保证吊装起重机的最大生产率。

确定构件运输车辆的生产率,必须先研究纯运输装卸作业时间和一次循环的延续时间。

(1)一次循环的组成。构件运输车辆的一次循环由下列过程组成。

①在构件厂装车;

②从装车地点运至工地;

③在工地卸车;

④空车回到构件厂。

一次循环时间可由下列公式计算:

$$t = t_a + \frac{2L_2}{v} + t_b \tag{2-76}$$

式中:t——每装卸一次循环时间(h);

t_a——每装一车所需时间(h);

L_2——装车地点到卸车地点的距离(km);

v—— 平均行驶速度(km/h),指重车与空车运行的平均速度;

t_b——卸车时间(h)。

测定以上数据,应注意各种因素的影响。如路面情况,穿过的平交路口有多少,装卸地条件等。

(2)台班车次。其计算公式如下:

$$E = \frac{8 \cdot K_B}{t} \tag{2-77}$$

式中:E——台班车次;

K_B——台班时间利用系数;

t——每一次循环延续时间。

(3)台班产量。其计算公式如下:

$$N_{台班} = Q \cdot K_C \cdot E \tag{2-78}$$

式中:Q——车辆设计吨位;

K_C——装载系数(实际装载吨位与车辆吨位的比值)。

3)机动翻斗车

机动翻斗车体积小,轻便灵活,可以自动倾翻卸料,适用于建筑工地不太远的距离作为材料、混凝土、砂浆的水平运输工具。

(1)一次循环时间。机动翻斗车属于循环作业机械。在作业过程中,影响其作业的因素不多,其一次循环时间可以由候装时间和运行时间组成。计算公式为:

$$t = t_1 + t_2 \tag{2-79}$$

式中:t——每次循环延续时间;

t_1——候装时间;

t_2——运行时间。

t_1 与装车条件有关。如配备的人员多少、装车方式、装车效率、待装对象的储运情况等。

候车时间可以通过技术测定数据取得。

t_2 可以通过计算取得，计算公式为：

$$t_2 = \frac{2L}{v} \tag{2-80}$$

式中：L——行驶距离（km）；

v——平均行驶速度（km/h）。

除上述时间外，还有调位时间和卸车时间，由于在一般情况下，其所占比重较小，所以合并考虑在运行时间里了。

（2）净工作 1h 的生产率。其计算公式同式（2-74）。

（3）台班产量。其计算公式同式（2-71）。

3. 吊装起重机械

与公路工程施工有关的吊装机械主要包括轮胎式、履带式吊车，自行式、固定式塔吊，以及简易吊装设备如人字扒杆等。

1）影响因素

不同的吊装对象和使用不同的起重机械、吊装方法，对制定吊装定额都有较大的影响。这些影响因素主要包括：

（1）机械性能；

（2）安装高度；

（3）构件重量；

（4）构件几何尺寸；

（5）工作角度等。

在合理施工条件和正常发挥机械性能的情况下，要研究充分利用起重机的工作时间问题。如果是单纯的构件吊装队工作，起重机的工作只与安装工人小组的工作有直接依赖关系；如果是配合吊装混凝土、砂浆、砌块等工作，起重机的工作则与所配合的混凝土班组、抹灰班组、砖工班组的工作有直接依赖关系。因此，需要考虑起重机与工程量、工期的关系，要合理安排起重机循环延续时间与工人小组循环延续时间。

2）起重机与工程量、工期的关系

起重机与工程量、工期之间的关系可以用下式表示：

$$N = \frac{1}{T \cdot C \cdot K_B} \times \sum \frac{Q}{P} \tag{2-81}$$

式中：N——起重机台数；

T——建筑物施工计划工期（d）；

C——每天工作班次数（次）；

K_B——机械时间利用系数；

Q——每种构件吊装的工程量（件或 t）；

P——起重机的台班产量定额（件或 t/台班）。

3）合理安排起重机循环延续时间与工人小组循环延续时间

吊装时间可以分为两部分。一部分是由起重机和安装工人小组协同工作的时间，即从起重机吊送构件至安装位置,到解下构件挂钩时的时间;另一部分是起重机和安装工人小组各自独立的工作时间,该时间用下列公式表示:

$$t_1 = t_c + t_d \tag{2-82}$$

$$t_2 = t_c + t_e \tag{2-83}$$

式中:t_1——起重机循环延续时间(min);

t_2——安装工人小组的循环延续时间(min);

t_c——包括起重机和安装工人小组协同工作的循环组成部分的延续时间(min);

t_d——起重机独立工作的循环组成部分的延续时间(min);

t_e——安装工人小组独立工作的循环组成部分的延续时间(min)。

为了使起重机的工作不产生等待安装工人小组独立工作产生的不可避免的中断时间,就必须使安装工人小组独立工作的延续时间不超过起重机独立工作的延续时间,即 $t_e \leqslant t_d$。

若出现 $t_e > t_d$ 时,在一般情况下,可增加小组人数,来达到缩短工人小组独立工作的延续时间的目的;也可以采取一台起重机配合几个工人小组工作的方法来解决。这样,上述公式就变为:

$$\frac{t_e}{Z} \leqslant t_d$$

式中:Z——同一台起重机配合工人小组的组数。

4)净工作 1h 的正常循环次数

如果采取了上述措施,起重机就不会产生不可避免的中断时间。因此,起重机净工作 1h 的正常循环次数为:

$$n = \frac{60}{t_c + t_d} \tag{2-84}$$

5)净工作 1h 的生产率

综上所述,起重机净工作 1h 生产率的计算公式为:

$$N_h = \frac{60}{t_c + t_d} \cdot m \tag{2-85}$$

式中:m——每次吊装的数量。

然而,在实际工作中,起重机在工作时间内,很难做到不产生不可避免的中断时间。这时,应该通过技术测定工作,把每一循环所发生的不可避免中断时间计算出来。所以,实用的起重机净工作 1h 生产率的计算方法为:

$$N_h = \frac{60}{t_c + t_d + t_3} \cdot m \tag{2-86}$$

式中:t_3——每一循环不可避免中断时间。

6)台班产量

其计算公式同式(2-71)。

五、计算实例

【例 2-19】 经实测对某工地用 4t 自卸汽车运土石方工作过程的时间分析数据为:装车时间为 4min,卸车时间为 1min,调位时间为 3min,候装时间为 10min,平均运距为 4km,行驶平均速度为20km/h，土的松方系数为0.86，车厢容积为4m^3，充盈系数为0.9，汽车的利用系数为0.80。试对制定该车的台班产量定额。

【解】 (1)确定每一循环的时间。

每一循环由装车、负荷行驶(装车地点到卸车地点)、卸车、空车返回、停放(要恰当以备装车)组成。

每一循环的时间(t) = 行驶(负荷与空返)($2\times t_1$) + 装车时间(t_a) + 卸车时间(t_b) + 调位时间(t_c) + 候装时间(t_d)

其中：

$$t_1 = \frac{L(\text{装车地到卸车地的距离})}{v(\text{行驶平均速度})}$$

$$t = 2\times(4/20\times60)+4+1+3+10=42(\text{min})$$

(2)确定小时生产率。

$$N_h = \frac{\text{每车平均装载量}}{\text{第一循环的延续时间}}$$

其中：

$$\text{每车平均装载量} = \frac{\text{车厢容积}\times\text{车厢装载充盈系数}}{\text{土壤最初松散系数}}$$

$$\text{车厢装载充盈系数} = \frac{\text{土壤体积}}{\text{车厢容积}}$$

$$\text{土壤最初松散系数} = \frac{\text{土经挖掘后的松散体积}}{\text{原自然状态的体积}}$$

每车平均装载量 $=4\times0.9/0.86=4.2(m^3/\text{次})$

$$N_h = \frac{4.2}{42/60} = 6(m^3/h)$$

(3)计算台班产量定额$N_{\text{台班}}$。

$$N_{\text{台班}} = N_h\cdot8\cdot K_B = 6\cdot8\cdot0.8 = 38.4(m^3/\text{台班})$$

复习思考题

1. 什么是时间定额？
2. 什么是施工过程？它由哪些进程组成？
3. 施工过程中的工序含义是什么？
4. 工时分析研究的基本方法有哪些？
5. 测时法一般按哪些步骤进行？
6. 劳动定额的作用有哪些？
7. 时间定额与产量定额有何区别？存在着什么关系？
8. 某工程项目现行定额工日为3，经过实际贯彻执行，收集到完成定额的单项统计数据如下:3.5,3,2.5,2.6,2.8,3.1,3.2,2.7,3.6,2.5,2.9,2.2,3.8,3,2.4,3.2,2.8,2.8,2.7,3.1、3.3。

(1)拟将定额水平(即产量定额)提高15%,求修订后的定额能完成的概率。

(2)如以70%的概率为适当,求该项目的时间定额。

9. 什么是材料消耗定额?

10. 某一工地的涵洞工程施工时共领水泥60袋,每袋50kg,用于生产2m×1m×0.2m的涵洞盖板共计20块,工作完成后,退回水泥2袋。试计算单位产品($1m^3$)的水泥消耗量。

11. 什么是机械台班定额?有哪些形式?

12. 机械台班定额的确定步骤有哪些?

第三章

公路工程施工定额

知识目标

1. 阐述公路工程施工定额的概念和内容；
2. 指述施工定额编制的原则和编制的基础工作。

能力目标

1. 进行施工定额内容的确定；
2. 进行施工单位劳动力、材料和机械消耗数量标准的制定；
3. 进行施工定额的人工、材料、机械定额的编制计算；
4. 进行施工定额的贯彻、修订与补充操作。

第一节　概　　述

公路工程施工定额(以下简称施工定额)是公路行业的建筑安装工人或施工小组,在合理的劳动组织和正常施工条件下,完成单位合格产品的劳动力、材料和机械消耗数量的标准。它是根据公路专业施工的作业对象和工艺制定的,并按照一定程序颁发执行的。施工定额要反映企业的施工水平、装备水平和管理水平,是作为考核公路建筑施工企业劳动生产率水平、管理水平的尺度和确定工程成本、投标报价的依据,也是编制公路工程预算定额和补充单位估价表的基础。

一、施工定额的性质

施工定额的性质是指它是施工企业内部的管理定额,它的作用范围局限于施工企业内部的经营、组织施工的管理行为。正确认识施工定额的这一性质,把施工定额与其他定额从性质上区分开来是非常必要的。

施工定额涉及企业内部管理的方方面面,包括企业生产经营活动的计划、组织、协调、控制和指挥等各个环节,并在一定程度上反映出企业的素质和活力。

随着经济体制改革的深化,公路建筑施工企业进入了建筑大市场,成为公路建设市场的主体,不再由行政计划来分配生产任务和建设项目了,因此施工企业就必须面对业已开放的瞬息万变和激烈竞争的市场;国有建筑企业已经逐渐失去原有的获得分配施工任务的优越地位,要和参与市场竞争的许多国有的、集体的和国外的建筑企业,以及数目众多的农村建筑施工队和私营包工队一起竞争施工项目。这就要求施工企业能够自负盈亏、独立经营，成为从事物质生产活动的具有法人资格的经济实体。能够自主地选择和接受施工任务，独立地组织生产经营活动；组织原材料、施工机械和劳动力的供应；合理地支配自有的固定资金和流动资金进行独立的经济核算和成本控制，极大努力地获取盈利。所以，改革放开了企业的手脚，给企业带来了各种机遇。但同时也给企业造成了很大的压力，它必须通过自己的努力在市场竞争中求生存和求发展。面临这种形势，施工企业必须通过加强企业管理、提高企业素质、降低劳动消耗、控制成本开支、提高劳动生产率和企业经济效益的有效手段，来谋求自身的利益和发展。施工定额则是上述各项措施在数量上的反映。加强施工定额的管理，就成为企业的内在要求和必然的发展趋势，而不再是国家、部门、地区从外部强加给企业的压力和约束。

施工定额的这种企业定额的性质，要求明确地赋予施工企业以施工定额的管理权限。其中，包括编制和颁发施工定额的权限。企业应该能够根据本企业的具体条件和可能挖掘的潜力，根据市场的需求和竞争环境，以及国家有关政策、法律和规范、制度，自己编制定额，自行决定定额的水平，并且高于国家定额水平。允许同类企业和同一地区企业之间存在施工定额水平的差距，这样在市场上才能具有竞争能力；甚至允许企业就施工定额的水平对外作为商业秘密进行保密。

把施工定额作为企业定额，不等于取消国家定额和地区定额。这些定额不再是强加给企业的约束和指令，而是对企业的施工定额管理进行引导，为企业提供参数和指导，以实现对工程造价的宏观调控。

二、施工定额的作用

施工定额是公路建设施工企业管理工作的基础，也是工程建设定额体系中各类定额的基础。其基础作用主要表现在以下几个方面。

1. 施工定额是企业计划管理工作的依据

施工定额在企业计划管理方面的作用，表现在它既是企业编制施工组织设计的依据，也是企业编制施工作业计划的依据。

施工组织设计是指导拟建工程进行施工准备和施工生产的技术经济文件。施工企业在争取建设项目之前或取得建设项目后，应根据招标文件及合同协议的规定，制订施工组织设计方案或实施性施工组织设计。在文件中确定经济合理、技术先进的施工方案；在人力和物力、时间和空间、技术和组织上，对建设项目做出最佳的安排。施工作业计划则是根据企业的施工计划、拟建工程的实施性施工组织设计和现场实际情况编制的，它是一个以实现企业施工计划为目的的施工队、班组的具体执行计划。它综合体现了企业生产计划、施工进度计划和现场实际情况的要求，是组织和指挥生产的技术文件，也是工程队、班组进行施工作业的依据。因此，施工组织设计和施工作业计划是企业计划管理中不可缺少的环节。这些计划的编制必须依据施工定额。

施工设计包括施工组织设计、年度施工组织设计、季节性施工组织设计以及单位工程施工设计。各类施工设计一般包括三部分内容，即所建工程的资源需用量、使用这些资源的最佳时间安排和平面规划。不言而喻，确定所建工程的资源需要量，要依据现行的施工定额；施工中实物工作量的计算，要以施工定额的分项和计量单位为依据；排列施工进度计划同样也要依据施工定额对施工力量(劳动力和施工机械)进行计算。

施工作业计划,无论是月作业计划还是旬作业计划,一般也包括三部分内容:本月(旬)应完成的施工任务,劳动力、机械、材料消耗,提高劳动生产率和节约措施计划。这都是以施工定额提供的数据为依据的。

2. 施工定额是组织和指挥施工生产的必备的工具,是下达施工任务书和限额领料单的依据

企业组织和指挥施工队、班组进行施工,是按照作业计划通过下达施工任务书(单)和限额领料单来实现的。

施工任务书(单),既是下达施工任务的技术文件,也是队、班组经济核算的原始凭证。它列出了应完成的施工任务,也记录着实际完成任务的情况,且据以进行班组工人的工资结算。其中包括工程名称、工作内容、质量要求、开工和竣工日期、计划用工量、实物工程量、定额指标、计件单价和工人平均用工等级等内容;以及实际完成任务情况的记录和工资结算,实际开、竣工日期,完成实物工程量,实用工日数,实际平均技术等级,完成工程的工资额,工人工时记录和每人工资分配额等。以上各类数据的计算依据需取自施工定额。

限额领料单是施工队、班组随同施工任务书同时签发的领用材料的凭证。这一凭证是依据施工任务量和施工的材料定额计算后填写的。其中领料的数量,是班组完成任务量消耗材料的最高限额,这一限额也是衡量班组完成任务情况的一项重要指标。

3. 施工定额是计算工人劳动报酬的根据

施工企业的分配原则是以按"劳"分配为主。所谓"劳"是指劳动的数量和质量,劳动的成果和效益。施工定额是衡量工人劳动数量和质量、产出的成果和效益的较好标准。所以,施工定额应是计算人工计件工资的基础,也应是计算奖励工资的依据。这样才能做到完成定额好,工资报酬就多,达不到定额,工资报酬会相应减少,真正实现多劳多得,少劳少得的社会主义的分配原则。把工人的劳动成果和个人分配多少紧密结合起来,对于打破企业内部分配吃大锅饭,调动生产积极性具有十分现实的意义。

4. 施工定额是企业激励工人的条件

现代管理学认为,激励是实现企业管理目标的重要手段。所谓激励,就是通过影响人们的内在需求或动机,从而加强、引导和维持行为的活动或过程。行为学认为激励就是利用某种有效手段或方法调动人的积极性的过程。因此施工企业通过采取某些措施,可以激发和鼓励企业员工在工作中的积极性和创造性。行为科学者研究表明,如果职工受到充分的激励,其能力可发挥80%~90%;如果缺少激励,仅仅能够发挥出20%~30%的能力。但激励只有在满足人们某种需要的情形下才能起到作用。按照美国社会心理学家亚伯拉罕·马斯洛(Abram Maslow)提出的需要层次论(Hierarchy of Needs Theory)所描述的"需要层次"(图3-1),施工定额可以对工人的生理需要、自尊需要和自我实现需要的满足起到直接激励作用。对于安全与社交方面的需要的满足也间接地起到激励作用。工人在完成和超额完成了定额后,不仅能获取更多的工资报酬以满足生理需要,而且也能满足自尊以获取他人(社会)认同的需要,并且进一步满足尽可能发挥个人潜力以实现自我价值的需要。如果没有施工定额这种标准尺度,实现以上几个方面的激励就缺少必要的手段。

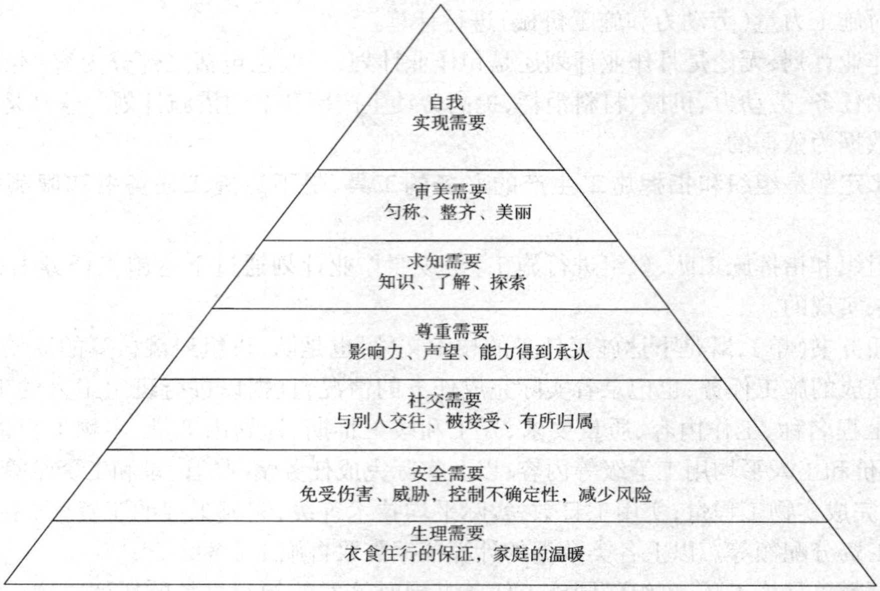

图 3-1　马斯洛需要层次示意图

5. 施工定额是衡量企业生产水平和技术先进的标准

企业通过加强管理,采取有效措施激发和鼓励职工在工作中的积极性和创造性,使生产力能得到充分的发挥,以提高自己的生产水平,使企业能在市场竞争的环境中取得优势。

工程建设定额是指工程建设中单位产品上人工、材料、机械、资金消耗的规定额度,是属于生产消费定额的性质。这种规定的量的额度所反映的是在一定的社会生产力发展水平的条件下,完成工程建设中的某项产品与各种生产消费之间特定的数量关系,表现出一种社会消耗的平均水平。施工定额的企业性质不但能反映出企业之间的生产水平,即不同企业完成相同单位产品而在人工、材料、机械、资金等要素在消费上的差异。对同一企业则对完成定额的统计同样可以反映出企业生产水平的进步。这样,施工定额就成了衡量企业生产水平的尺度。

施工定额水平中包含着某些已成熟的、先进的施工技术和经验,工人要达到或超过定额标准,就必须掌握和运用这些先进技术;如果工人要想大幅度地超过定额,他就必须进行创造性的劳动。这类创造性可能是在自己的工作中注意改进工具和改进工艺操作方法,注意节省原材料,避免原材料和能源的浪费;或者是在施工中推广先进技术,贯彻实行施工定额中明确要求采用的某些较先进的施工工具和施工方法。企业或主管部门为了推行施工定额,达到或超过定额水平,更加努力组织技术培训、普及先进技术和先进的操作方法。所以说,施工定额又是企业推广先进技术、衡量企业技术水平的标准。

6. 施工定额是编制施工预算,加强企业成本管理和经济核算的基础

施工预算是施工单位用以确定单位工程人工、机械、材料和资金需要量的计划文件。施工预算以施工定额为编制基础,既要反映设计图纸的要求,也要考虑施工企业的生产水平和在现有条件下可能采取的节约人工、材料和降低成本的各项具体措施。这就能够更合理地组织施工生产,有效地控制施工中人力、物力消耗,节约成本开支。

施工中人工、机械和材料的费用,是构成工程成本中直接工程费的主要内容,对间接费用的开支也有着很大的影响。严格执行施工定额,不仅可以起到控制成本、降低费用开支的作用,同时为企业贯彻经济核算制、加强班组核算和增加盈利,创造了良好的条件。

由此可见,施工定额在建筑安装企业管理的各个环节中都是不可缺少的,施工定额管理是企业的基础性工作,具有不容忽视的作用。

7.施工定额是编制工程建设定额体系的基础

施工定额在工程建设定额体系中的基础作用,是由施工定额作为生产定额的基本性质决定的。施工定额和生产结合最紧密,它直接反映生产技术水平和管理水平,而其他各类定额则是在较高的层次上、较大的跨度上反映社会生产力水平。尽管这些定额有更大的综合性和覆盖面,但它们都不能脱离施工定额所直接反映的生产技术水平和管理水平。

施工定额作为工程建设定额体系中的基础性定额,主要表现在施工定额的水平是确定概、预算定额和指标消耗水平的基础。首先它是确定建筑安装工程预算定额水平的基础。

以施工定额水平作为预算定额水平的计算基础,可以免除测定定额水平的大量繁杂工作,缩短工作周期,使预算定额与实际的生产和经营管理水平相适应,并能保证施工中的人力、物力消耗得到合理的补偿。即使确定预算定额水平不是直接以施工定额为计算依据,这种关系也不会发生根本的变化。因为,如果预算定额不是直接以施工定额作为计算依据,而以历史的、典型的工程预、决算资料为计算依据,则只能作为补充或者在原有的预算定额的基础上进行修正和调整。在这种情况下,施工定额也仍然是决定预算定额水平的客观基础。对于其他各种定额来说,施工定额则是它们的间接基础。

•第二节　施工定额的主要内容•

2009年7月《公路工程施工定额》(2009年版)(以下简称《施工定额》)编制、整理工作已经完成,并已由人民交通出版社出版,在全国范围内公开发行。

《施工定额》是交通运输部2007年公布的《公路工程预算定额》(JTG/T B06-01—2007)劳动、机械定额水平确定、编制的基础依据,是在1998~2007年期间通过工地现场测定、综合分析各省、自治区、直辖市公路(交通)工程定额(造价)管理站以及部分大型公路施工企业提供的施工现场资料,按社会平均先进水平编制的。

《施工定额》反映了道路、桥梁施工中的工序、机械组合、人工、机械台班消耗量。

《施工定额》有利于广大公路造价从业者对现行概预算定额的理解和应用,可供各公路施工企业在投标报价、企业内部成本分析与管理时做参考,同时也可为编制养护工程定额、补充定额时借鉴使用。新《施工定额》将于2009年7月1日起实施。

同时各省、自治区、直辖市公路交通部门及有关单位可参照本《施工定额》的总水平,编制适合于本地区、本部门的施工定额或对部分项目的定额水平规定适合本地区、本部门使用的调整系数,以力求符合实际,有利于施工管理。

一、公路施工定额的分类

公路施工定额按照物质内容划分为劳动定额、材料定额和机械定额。

劳动定额是指在正常施工条件下,某工种在合理劳动组织条件下,为生产单位合格产品所需消耗的工作时间,或在一定的工作时间中应该生产的产品数量。劳动定额以时间定额或产量定额表示。

工程建设中需要使用大量的劳动力,所以在施工定额中,劳动定额有非常重要的作用,有独立存在的意义。在许多情况下,人们误认为劳动定额就是施工定额,那是不够全面的。

机械定额是指在正常施工条件下,某种机械为生产单位合格产品所需要消耗的机械工作时间,或在单位时间内该机械应该完成的产品数量。

机械定额标志着机械生产率水平,也反映机械管理水平和机械化施工水平。它在定额管理中的地位越来越重要。

材料定额是指在规定的正常施工条件下,生产单位合格产品所需消耗的建筑安装材料、成品、半成品等的数量。

在建筑工程施工中,材料消耗量很大,施工中的材料费有时高达工程成本的60%。合理地确定施工的材料定额,不仅对合理使用物质资源有着巨大的意义,而且对减少施工中成本开支也有很好的制约作用。

二、施工定额的主要内容

1.施工定额的总说明

施工定额总说明包括以下内容:

(1)定额编制的依据。

(2)定额的工作内容。

(3)工程质量要求。

(4)有关规定和计算方法。

在定额工作内容中,除各章节列出具体的工作内容外,还包括:准备、结束、熟悉施工图纸、检查安全技术措施、布置操作地点、领退料具、工序交接、队组自检互检、机械加油加水,排除一般机械故障、保养机具、操作完后场地清理等操作过程中的次要工序。还包括汽车在5km、其他自行式机械在1km内由停车场至工作地点的往返空驶。

2.施工定额的章与节

《施工定额》根据不同的工程项目、施工组织与方法,分为准备工作、路基、路面、隧道、基础、打桩、灌注桩造孔、砌筑、模板、架子及木作、钢筋及钢丝束、混凝土及钢筋混凝土、预制构件运输、安装、钢结构、杂项工程、临时工程、备料、材料运输等十八章及附件组成,每章再细分为若干节。

下面以《施工定额》第八章“砌筑工程”为例,说明章节内容及表格形式。

1)章的说明

(1)本章定额根据以下施工方法编制:

①砌筑使用一般工具,手工操作。

②干砌石、块石应将石块支垫平稳,空隙中用小石块填塞饱满。

③浆砌工程一律使用挤浆法,保证砂浆饱满;大的空隙用小石块嵌入,防止出现空洞。

(2)有关规定及说明:

①浆砌工程不分砂浆种类,均执行本定额。

②砌体高度的计算:一般自基础顶面算起,回填从回填后的地面算起。

③填腹石定额只在配合不同石料镶面时使用,其镶面部分的定额按相应部位的时间定额

乘 1.1 的系数。

④定额项目中的墙指挡土墙、侧墙、翼墙，但不包括拱上的侧墙、横墙。

⑤本章定额不包括各种护坡和护底的垫层或反滤层，需要时按其他章节定额另计。

⑥砌石定额中均未包括搭拆脚手架、井字架、配拌砂浆和勾缝用工。

⑦本章有关配合垂直运输用工均包括在定额中。

(3)质量要求：

①干砌与浆砌工程，均应按照有关操作规程砌筑，使砌体稳固，表面平整；错缝及丁、顺石应符合规定，尺寸与图纸相符。

②砌缝宽度应符合《公路桥涵施工技术规范》(JTJ 041—2000)的要求。

③浆砌石料及预制块，在使用前必须浇水湿润，浇水工已包括在砌筑定额内；对表面有泥土、水锈的，应清洗干净，洗刷工按洗石定额计算。

2)节是定额中的核心部分

《施工定额》的节包括劳动定额表和机械定额表。表头有关于工作内容的说明，某些表后附有说明。以《施工定额》第八章第三节表 8-3(表 3-1)和第七节表 8-7(表 3-2)为例说明如下。

浆砌料石、预制块、青(红)砖 表 3-1

工作内容：搭移跳板，挂线找平，选修石料，铺浆安砌，填缝，养生，30m 内取运料。

每 $1m^3$ 的劳动定额

项目	粗料石及预制块							
	台、墙		墩		拱圈		拱上侧墙	拱上横墙
	砌体高度(m)				跨径(m)			
	10 以下	10 以上	10 以下	10 以上	20 以下	20 以上		
时间定额	0.975	1.163	1.109	1.333	1.32	1.516	1.19	1.297
每工产量	1.026	0.86	0.902	0.75	0.758	0.66	0.84	0.771
编号	1	2	3	4	5	6	7	8

项目	粗料石及预制块		细料石	预制块	青(红)砖			
	帽石、缘石	栏杆		护坡	基础	帽石、缘石	拱圈	栏杆
时间定额	1.76	2.061	2.637	0.565	0.734	0.889	1.198	1.509
每工产量	0.568	0.485	0.379	1.77	1.362	1.125	0.835	0.663
编号	9	10	11	12	13	14	15	16

砌体勾缝及抹面 表 3-2

工作内容：洗刷，剔缝、勾缝或抹面，移置简单脚手架，30m 内取运料。

每 $1m^2$ 的劳动定额

项目		片、块石	拱圈片、块石	料石、预制块、砖	拱圈料石、预制块、砖	钢丝网水泥薄壁浮运沉井	序号
勾缝	平、凹缝	$\frac{0.0875}{11.429}$	$\frac{0.132}{7.576}$	$\frac{0.078}{12.821}$	$\frac{0.099}{10.101}$	—	一
	凸缝	$\frac{0.142}{7.042}$	$\frac{0.211}{4.739}$	$\frac{0.123}{8.13}$	$\frac{0.161}{6.211}$	—	二
水泥砂浆抹面		$\frac{0.042}{23.81}$				$\frac{0.6}{1.667}$	三
编号		1	2	3	4	5	

注：表中数据分子为时间定额(工日或台班)；分母为每工产量或台班产量。

《施工定额》的主要内容之一,材料消耗定额仅在附录中表列了爆破材料单位耗用量;砌筑工程石料及砂浆消耗;勾缝及抹面砂浆消耗及砂浆配合比、混凝土配合比;钢材焊接与切割单位材料耗用量;加工碎石的片石耗用量、土石分类表、锯材分类表。在实际应用时是远远不够的。工程材料的计划更主要依据施工图预算的计算中得出。

劳动定额是以时间定额和产量定额来表示的。时间定额就是某种专业、某种技术等级的工人班组或个人,在合理的劳动组织、生产组织与合理使用材料及某种机械配合的条件下(或某种机械在一定的生产组织的条件下),完成单位合格产品所必须的工作时间(包括准备与结束时间、基本生产时间、辅助生产时间、不可避免的中断时间及工人必须休息的时间)。时间定额以工日(台班)为单位,每一工日(台班)除潜水工作以6h、隧道作业以7h外,其余均按8h计算。其计算方法如下:

单位产品时间定额(工日或台班)=1/每工产量(台班产量) (3-1)

产量定额就是在合理的劳动组织、生产组织与合理使用材料及某种机械配合的条件下,某种专业、某种技术等级的工人班组或个人(或某种机械)在单位工日(台班)所应完成的合格产品数量。其计算方法如下:

每工(台班)产量=1/单位产品时间定额(工日或台班) (3-2)

【例3-1】 浆砌预制块拱圈(跨度20m以下)查《施工定额》第八章第三节,每1m^3的劳动定额得时间定额为1.32(工日);每工日产量为0.758(m^3)。二者关系满足:

0.758(每工日产量)=1/1.32(每立方米所需工日)

综合定额是指完成同一产品的各单项(或工序)定额的综合。定额表内的时间定额工序综合用“综合”表示。其计算方法如下:

综合时间定额(工日)=各单项(或工序)时间定额总和 (3-3)

综合产量定额=1/综合时间定额(工日) (3-4)

【例3-2】 《施工定额》第九章第一节劳动定额(表3-3)。

现浇下部构造支撑梁模板,查得每1m^2各个工序的时间定额为制作0.25工日、安装0.088工日、拆除0.038工日,则综合为支撑梁模板综合时间定额为0.25+0.088+0.038=0.376工日。则综合产量定额为=1/0.376=2.66(m^2)。

木 模 板 表3-3

(一)现浇混凝土模板(部分)

每1m^2的劳动定额

项 目	基 础				序号
	基础、无底模承台	有底模承台	支撑梁	沉井	
制作	$\frac{0.18}{5.556}$	$\frac{0.308}{3.25}$	$\frac{0.25}{4}$	$\frac{0.4}{2.5}$	一
安装	$\frac{0.09}{11.111}$	$\frac{0.194}{5.155}$	$\frac{0.088}{11.364}$	$\frac{0.228}{4.386}$	二
拆除	$\frac{0.06}{16.667}$	$\frac{0.083}{12.048}$	$\frac{0.038}{26.316}$	$\frac{0.097}{10.309}$	三
编号	1	2	3	4	

第三节 施工定额编制的原则

公路工程施工定额是其他各类定额制定的基础,施工定额的定额水平高低将直接影响公路工程定额体系的整体水准。因此,施工定额的编制是公路工程定额编制的基础性工作,需要遵循以下原则。

一、平均先进性原则

平均先进,是就施工定额的水平而言。定额水平,是指规定消耗在单位产品上的劳动、机械和材料数量的多寡。也可以说,它是按照一定施工程序和工艺条件下规定的施工生产中活劳动和物化劳动的消耗水平。

施工定额的水平应直接反映劳动生产率水平,也反映劳动和物质消耗水平。施工定额水平和劳动生产率水平变动的方向是一致的,和劳动与物质消耗水平的变动则呈反方向。也就是说,劳动生产率水平越高,施工定额水平也越高;而劳动和物质资料消耗数量越多,则施工定额水平越低。在定额执行期内,随技术发展和定额对社会劳动生产率的不断促进,二者相吻合的程度就会逐渐发生变化,差距会越来越大。当定额水平已不能促进施工生产和企业管理时,就应修订,以使二者达到新的平衡。

施工定额根据其执行范围的大小,反映劳动生产率水平,即企业的总体水平,而不是个别施工队组和个别生产者的水平。因为就每个施工队组和每个生产者来说,劳动生产率水平是和各自的生产技术水平、施工组织条件、施工队伍素质和工人劳动态度以及企业经营管理水平有不同相联系的。

施工定额水平反映的劳动生产率水平和物质消耗水平,不是简单的"复制",也不是简单的取一个平均值。施工定额作为企业定额的性质,决定了在确定定额水平时必须考虑满足以下约束条件:

(1)有利于提高劳动工效,降低人工、机械和材料的消耗。

(2)有利于正确考核和评价工人的劳动成果。

(3)有利于正确处理企业和个人之间的经济关系。

(4)有利于提高企业管理水平。

要满足以上几点要求,确定施工定额水平时必须贯彻平均先进性原则。因为按全国、部门、地区或企业的劳动生产率平均数来确定定额水平,这是大多数生产者(包括处于中间状态的生产者和先进生产者)已经达到的水平,它不能促使大多数生产者去力争进一步降低施工中的活劳动和物化劳动的消耗。如果采用先进生产者的水平,多数工人就可能达不到定额。这不仅挫伤了他们的生产积极性,而且会减少工人应得的报酬,其结果是欲速则不达。如果采用落后生产者的水平,则所有工人不经努力都可以达到定额,并且会大幅度超过定额,造成劳动生产率提高的假象。这就不能起到调动生产积极性的作用,甚至会容忍和保护落后。

所谓平均先进水平,就是在正常的施工条件下,大多数施工队组和大多数生产者经过努力能够达到和超过的水平。一般说它应低于先进水平,而略高于平均水平。这种水平使先进者感到一定的压力,使处于中间水平的工人感到定额水平可望可及,对于落后工人不迁就,使他们认识到必须花大力气去改善施工条件，提高技术操作水平，珍惜劳动时间，节约材料消耗，尽快达到定额水平。所以，平均先进水平是一种可以鼓励先进、勉励中间、鞭策落后的定额水平，是编制施工定额的理想水平。

在单一计划经济的模式下，贯彻平均先进性原则，是国家和各级政府机关以行政力量给予施工企业和建筑安装工人的约束和引导。在市场经济条件下，施工定额贯彻平均先进性原则，已成为企业自身的迫切要求。

编制施工定额如何贯彻平均先进性原则呢？首先，要考虑那些已经成熟并得到推广的先进技术和先进经验。但对于那些尚不成熟，或已经成熟尚未普遍推广的先进技术，暂时还不能作为确定定额水平的依据。其次，对于原始资料和数据要加以整理，剔除个别的、偶然的、不合理的数据，尽可能使计算数据具有实践性和可靠性。第三，要选择正常的施工条件、行之有效的技术方案和劳动组织、组织合理的操作方法，作为确定定额水平的依据。第四，从实际出发，综合考虑影响定额水平的有利和不利因素（包括社会因素），尽管其中有些因素是暂时性的、不合理的，但只要在预期内难以转变，而又与企业本身的管理水平和工人技术、劳动状况有关，在确定定额水平时，就应予以适当考虑。这样才不致使定额水平脱离现实。第五，要注意施工定额项目之间水平的平衡，避免有“肥”有“瘦”，造成定额执行中的困难。第六，要慎重对待自然条件带来的劳动生产率水平的不平衡状况。我国幅员广大，各地区地理环境、气候条件、风俗习惯、资源状况、经济发展水平等方面的差别很大。在甲地区达不到的定额水平，在乙地区则可以达到甚至超过，在丙地区则可能大幅度超额。因此，在确定定额水平时，既要承认差别，又要考虑有利于促使转化的可能性。当然主要应考虑企业内部条件和市场竞争环境。

二、简明适用性原则

简明适用，就是定额的内容和形式要方便于定额的贯彻和执行。简明适用性原则，要求施工定额内容要能满足组织施工生产和计算工人劳动报酬等多种需要。同时，又要简单明了，容易掌握，便于查阅、计算和携带。

定额的简明性和适用性，是既有联系，又有区别的两个方面。编制施工定额时应全面加以贯彻。当二者发生矛盾时，定额的简明性应服从适应性的要求。

贯彻定额的简明适用性原则，关键是做到定额项目设置齐全，项目划分粗细适当。

定额项目的设置是否齐全完备，对定额的适用性影响很大。划分施工定额项目的基础，是工作过程或施工工序。不同性质、不同类型的工作过程或工序，都应分别反映在各个施工定额的项目中。即使是次要的，也应在说明、备注和系数中反映出来，这样才能在需要时能够利用。如果施工定额项目不全，企业或现场的补充定额就会大量出现。这不仅不利于加强管理，而且由于补充定额编制仓促，难以完全排除许多人为因素影响，很容易产生降低定额水平的情况。

为了保证定额项目齐全，首先要加强定额基础资料的日常积累和调查研究，尤其应注意收集和分析整理各项补充定额资料。其次，注意补充反映新结构、新材料、新技术的定额项目。第三，处理淘汰定额项目，要持慎重态度。

定额项目划分的粗细程度，是编制定额时必须作出决策的重要问题之一。施工定额的粗细程度，要满足以下要求：

（1）适应劳动组织和劳动分工的要求。

(2)建立班组核算和经济责任制的要求。

(3)考核班组和个人生产成果、计算劳动报酬的要求。

(4)简化计算工作的要求。

定额项目划分的粗细同定额步距的大小关系甚大。所谓定额步距，是指同类一组定额相互之间的间隔。如回旋钻机成孔的一组定额，其步距可以按成孔直径100cm、120cm、150cm、200cm、250cm、300cm、350cm等，这样，步距就保持在50cm左右。但也可以将步距适当扩大，将步距保持在100cm左右。显然，步距小定额细，精确度较高；而步距大则定额粗，综合程度大，精确度就会降低。为了使定额项目划分和步距合理，常用的、主要的、对工料消耗影响大的定额项目，步距要小一些；不常用的、次要的、对工料消耗影响小的定额项目，步距可以大一些。

在贯彻简明适用性原则时，正确选择产品和材料的计量单位，适当利用系数，辅以必要的说明和附注。

总之，贯彻简明适用性原则，要努力使施工定额达到项目齐全、粗细恰当、步距合理的效果。

三、以专家为主编制定额的原则

编制施工定额，是一项技术性和政策性很强的工作，需要对项目进行大量现场测定和数据整理、分析，业务要求较高，工作周期长，所以要以专家为主，这是实践经验的总结。这就要求有一支经验丰富、技术与管理知识全面、有一定政策水平的稳定的专家队伍。

贯彻这项原则，第一，必须保持队伍的稳定。有了稳定的队伍，才能积累资料、积累经验，保证编制施工定额的延续性。第二，必须注意培训专业人才，使他们既有施工技术、施工管理知识和实践经验，具有编制定额的工作能力，又懂得国家技术经济政策和联系工人群众的工作作风。

贯彻以专家为主编制施工定额的原则，必须注意走群众路线。因为广大建筑安装工人群众既是执行定额的主体，又是测定定额的对象。他们对施工生产中实际发生的各种消耗量最了解，对定额执行情况和其中的问题最清楚。所以，在编制定额过程中要注意征求他们的意见，要虚心向他们求教。同时也要向他们宣传编制施工定额的必要性和意义，教育他们用主人翁的态度正确处理好个人和企业利益的关系，以取得工人群众的支持和配合。尤其是在现场观测和组织新定额试点时，这一点非常重要。

四、独立自主的原则

施工企业作为具有独立法人地位的经济实体，是施工定额的最终贯彻者和最大受益者，应根据企业的具体情况和需要，结合国家的技术经济政策和产业导向，以盈利为目标，自主地制定施工定额。贯彻这一原则，有利于企业自主经营，有利于执行现代企业制度，有利于施工企业摆脱过多的行政干预，更好地面对建筑市场竞争的环境，也有利于促进新的施工技术和施工方法的采用。

企业独立自主地制定定额，主要是自主地确定定额水平、划分定额项目，自主地根据需要增加新的定额项目。但是，施工定额毕竟是一定时期企业生产力水平的反映，它不可能也不应该割断历史。因此，企业定额应是对原有国家、部门和地区性施工定额的继承和发展。

第四节　编制施工定额的基础工作

一、拟定定额编制方案

定额编制方案主要包括以下基本内容。

1. 明确编制施工定额的原则,基本方法和主要依据

该内容已在前面章节中叙述,这里不再赘述。

2. 确定所编定额项目的综合程度

确定所编定额项目的综合程度也就是如何划分施工定额项目。

为了使编制出的施工定额满足简明适用的要求,具有一定的综合性,就需要确定定额的综合程度,合理划分好定额项目。

一般情况下,施工定额的划分,以人工定额项目划分为基础,适当考虑材料消耗定额和机械台班定额后综合确定。在确定工作过程时间定额的基础上,确定定额项目的综合程度,一般要遵循以下要求:

(1)定额的项目综合,不能包括彼此逐项隔开的工序。

(2)划分的定额项目不能把适宜由不同专业的工人,或不同组成的小组完成的工序联结在一起。

(3)施工定额应该具有可分可合的灵活性,以满足不同的需要。

定额的项目划分是否合理,对组织施工生产、企业成本核算、班组核算和投标报价,都有较大的影响。因此,定额项目的综合程度必须做到恰到好处。我们要在确定编制方案时,要对方案进行反复修改或者进行多方案比较,筛选出最佳方案,以利于编制工作的顺利进行。

3. 选择计量单位

定额计量单位的选择,要从使用定额的实际出发。

选择计量单位应遵循下列原则:

(1)选择的计量单位要能够准确地、形象地反映出定额产品的形态特征。

(2)施工过程各组成部分的计量单位,应尽可能相同,便于定额的综合。

(3)计量单位的大小要切合实际,既要方便使用,又要简明适用,保证定额应有的精确度。

(4)要便于组织施工,便于统计和核算工作的完成,便于工人掌握,便于计算和验收工程量,便于计算工程报价。

(5)选择的计量单位必须以国家规定的法定计量单位为准。需要扩大单位时,必须以基本单位的十、百、千等整数倍数扩大。

(6)选择计量单位时,在正常条件下应尽量与人工定额和材料消耗量定额的计量单位相一致。

4. 确定定额的表格方案及形式

定额表格方案,是指施工定额的表格设计方案。设计定额表格,要使该表反映的内容能满足施工生产和企业经营管理两个方面的需要。在形式上要明了易懂,便于掌握和应用。确定定额的表格方案,主要是确定表格应包括的内容以及表格的形式和定额的表达形式。

定额表格一般包括下列主要内容：

(1)工作内容。包括工作内容、质量要求及施工说明等。

(2)项目名称和计量单位。

(3)定额指标。即人工、材料、机械台班消耗量指标。

以上内容构成了定额表格的基本内容。

公路工程施工定额中“浆砌料石、预制块、(红)砖”(表3-1)、钢筋加工的“桥面系钢筋”定额的表格形式见表3-4。

桥面系钢筋　　表3-4

每1t的劳动定额

项目		桥面铺装	人行道构件	防撞护栏	桥面搭板	序号
制作	机械	$\frac{5}{0.2}$	$\frac{6.501}{0.154}$	$\frac{5.376}{0.186}$	$\frac{6.065}{0.165}$	一
	手工	$\frac{8.425}{0.119}$	$\frac{10.85}{0.092}$	$\frac{8.96}{0.112}$	$\frac{10.108}{0.099}$	二
绑扎		$\frac{5.088}{0.197}$	$\frac{12.075}{0.083}$	$\frac{2.976}{0.336}$	$\frac{5.494}{0.182}$	三
编号		1	2	3	4	

定额的表格形式，是指定额的各项指标如何清楚地反映出来。确定定额的表格形式，就是在表格上编排定额的各项内容。要做到使编排的内容既要详细，又要简明易懂，便于查阅和使用。

二、拟定定额的适用范围

施工定额适用范围的拟定包括两个层次。一是该定额用于企业内部还是既用于企业内部，又用于经营管理。当用于企业内部时，其项目的划分应该细一些，以满足班组核算的要求；如果还要用于工程投标报价，那么，项目划分就要兼顾报价的需要。因为用于工程报价的定额项目应该综合一点，以减少计算报价的工作量，简化报价的计算过程。

另一个层次是，当施工定额适用的专业划分好以后，应结合施工定额的作用和工程施工的技术经济特点，在定额项目划分上对各类施工过程或工序定额，拟定出适用范围。例如，灌注桩造孔工程的施工过程是人工挖孔还是机械钻孔；是冲击钻还是回旋钻等，均应在企业现有的技术条件、施工组织、施工方法和劳动组织等方面予以综合，并且明确规定出反映施工定额的适用范围。

又如，在木作工程中有关模板、支架的制作，由于同一规格不同施工方式，如预制和现浇的工程量有多有少，往往还会引起工效上的差别。对此，应作出量的规定或采取增加工时系数的方法加以解决，以便明确其适用范围。

对建筑工程施工定额的建筑装饰、电气安装、管道安装等工程中，都要分别依据对施工过程或工序受诸多因素的不同影响，明确规定出定额的适用范围。上述适用范围一般在定额小节的工作内容和定额项目名称中及附注中加以说明。

三、拟定定额的结构形式

定额的结构形式也就是通常所说的定额手册的结构形式。定额结构形式的主要内容包括以下几个方面。

1. 定额表格设计

设计定额表格是拟定定额方案的重要组成部分。设计表格可以采用横向表式,也可以采用竖向表式。究竟采取哪种表示,要取决于定额中的项目名称、定额编号、计量单位、人工、材料、机械台班等指标的内容具体要求。表格设计也应考虑定额表现形式的要求。

2. 定额手册中章、节的编排

合理编排定额手册中的章、节,关系到定额是否简明适用的问题,是拟定定额结构形式的核心内容。通常,可以按施工过程的先后顺序排列定额手册的章和节。

定额章的编排,取决于定额的编制任务和使用要求。章的划分方法通常有以下几种:

(1)按施工顺序划分。例如,公路工程施工定额的钢筋工程按施工顺序划分为下部构造、上部构造,下部构造又划分为墩台、台帽等。

(2)按不同材料划分。例如,公路工程施工定额按不同材料划分为砌筑工程、木作工程、钢筋工程、混凝土工程等。

(3)按不同设备类型划分。如设备安装定额中各章划分为切削设备安装、锻压设备安装、铸造设备安装、起重设备安装等。

(4)按不同部位划分。例如,装饰装修定额各章划分为楼地面工程、墙柱面工程、天棚工程等。

(5)按不同工种和施工工艺划分。例如,公路工程施工定额划分为材料运输、安装工程、路面工程、基础工程、打桩工程等。

实际编制定额的章时,章的划分并不采用某一种方法,而是采用几种方法综合在一起的方法。

定额节的划分,一般在上述章的划分基础上,再将各节内容按不同材料、不同工艺、不同构造、不同部位进行划分。例如,《施工定额》的混凝土及钢筋混凝土工程章,按材料和工艺划分为混凝土拌和、现浇混凝土、混凝土运输及养生等节,以及混凝土输送泵浇筑混凝土、人工浇筑混凝土等小节。

3. 定额手册中的文字说明

定额手册中的文字说明有三个层次。第一层次是总说明,放在定额的前面;第二层次是章说明,放在章的前面;第三层次是节说明,放在节的前面。

凡定额手册中属于共性的问题,放在定额手册的“总说明”中加以说明。每章中,若有两节以上关系到共性问题,放在“章说明”中加以说明。每节的说明,应放在定额表格上方适当位置或者用附注加以说明。

4. 定额手册中的附录

一般而言,每一专业定额手册,在其后面均编有附录。就其性质来说,附录是一种定额内容整体性的补充说明。另外,附录也为方便查阅定额手册,执行定额提供依据。就其内容而言,附录主要编录了有关名词解释、图示、各种系数表、材料损耗率表、半成品配合比表等,如

《施工定额》的附录爆破材料单位用量表、砌筑工程石料及砂浆消耗表、混凝土配合比表等。

●第五节 施工定额编制的方法●

一、编制施工定额的准备工作

编制施工定额是一项非常复杂的工作,必须做好充分准备和全面规划。准备工作主要有以下几点:

(1)明确编制任务和指导思想。编制施工定额首先要明确任务,是重新编制定额还是局部修订定额,要求在什么时间完成等,这些和编制工作量大小、收集资料的范围、编制工作的组织和安排关系很大,必须事先明确规定,以免加大工作量,劳而无功。同时也必须有明确的指导思想,以保证国家有关的经济政策和技术政策能在施工定额中得到贯彻,保证达到编制定额的预期效果。

(2)充实机构和集训人员。由于编制施工定额工作十分重要,工作量又很大,原有的机构和人员往往不能适应工作需要,所以编制工作开始之前,就要建立健全组织机构,明确领导归属,调集和培训编制人员,明确分工,明确各个编制小组和每个工作人员的工作任务、范围和目标。

(3)系统整理和分析研究日常积累的定额基础资料。这些资料主要有三类:一类是现行定额执行情况和存在问题的资料;另一类是企业和现场补充定额的资料;第三类是已采用新结构、新材料、新机械和新的操作方法的资料,通过整理和分析研究,为拟定定额编制方案提供依据。

(4)拟定定额的编制方案。编制方案的内容包括:①根据对已有资料的分析研究,提出对拟编定额的定额水平总的设想;②根据施工作业的连续性要求和专业分工的特点,拟定定额分章、分节、分项的目录;③根据便于组织施工、便于准确计算工程量、便于统计和核算的要求,选择产品和人工、材料、机械的计量单位;④设计定额表格的形式和内容,包括工作内容说明、施工人员编制、产品类型,以及人工、材料、机械的消耗量指标及其表现形式。

(5)确定技术测定工作计划,组织技术测定。大量采用技术测定法取得编制施工定额的基本数据,是保证编出的定额具有科学技术根据的关键,所以,要根据现有的技术力量、定额编制的时间和质量要求,编出计划采用技术测定法的定额项目一览表,并按照计划组织技术测定。对随机抽样得到的数据,经过必要数理分析,提供出编制施工定额的计算数据。

(6)就编制施工定额问题,和有关科室、施工队组做好协调工作,以便取得他们配合和帮助;同时,也要在工人和工程技术人员中做出必要的宣传,以帮助他们正确认识这项工作的意义,并做好必要的心理准备。

二、劳动定额的编制方法

1.拟定正常的施工条件

(1)拟定工作地点的组织。工作地点是工人施工活动场所。工作地点组织紊乱和不科学,往往是造成劳动效率不高甚至窝工的重要原因。拟定工作地点的组织时,除了应考虑有关原则外，还要特别注意使工人在操作时不受妨碍，所使用的工具和材料应按使用顺序放置于工人最便于取用的地方，以减少疲劳和提高工作效率；不用的工具和材料不应放置在工作地点。工作地点应保持清洁和秩序井然。

(2)拟定工作组成。拟定工作组成就是将工作过程按照劳动分工的可能划分为若干工序，以达到合理使用技术工人。可以采用两种基本方法。一种是把工作过程中个别简单的工序，划分给技术熟练程度较低的工人去完成；另一种是分出若干个技术程度较低的工人，去帮助技术程度较高的工人工作。采用后一种方法就把个人完成的工作过程，变成小组完成的工作过程。例如，在一个砌砖小组中，瓦工可以完成砌内、外砖，检查砌体质量等工作；辅助工人则可以进行搅拌运输灰浆、递砖、填心等一些技术上较简单的工作。

(3)拟定施工人员编制。拟定施工人员编制即确定小组人数、技术工人的配备，以及劳动的分工和协作。拟定施工人员编制的原则，是使每个工人都能充分发挥作用，均衡地担负工作。

以上列举的施工正常条件，应是产生平均先进水平的定额的基础。

2. 拟定时间定额和产量定额

时间定额和产量定额是劳动定额的两种表现形式。拟定出时间定额，也就可以计算出产量定额；反之亦然。

时间定额是在拟定基本工作时间、辅助工作时间、不可避免中断时间、准备与结束的工作时间，以及休息时间的基础上制定的。

基本工作时间在必需消耗的工作时间中占的比重最大。在确定基本工作时间时，必须细致、精确。基本工作时间消耗一般应根据计时观察资料来确定。其做法是，首先确定工作过程每一组成部分的工时消耗，然后再综合出工作过程的工时消耗。如果组成部分的产品计量单位和工作过程的产品计量单位不符，就需先求出不同计量单位的换算系数，进行产品计量单位的换算，然后再相加，求得工作过程的工时消耗。

辅助工作和准备与结束工作时间的确定方法与基本工作时间相同。但是，如果这两项工作时间在整个工作班工作时间消耗中所占比重不超过5%～6%，则可归纳为一项，以工作过程的计量单位表示，确定出工作过程的工时消耗，而不必再分别按各组成部分来确定。如果在计时观察时不能取得足够的测定资料，也可采用工时规范或经验数据来确定。如具有现行的工时规范，可以直接利用工时规范中规定的辅助工作和准备与结束工作时间的百分比来计算。例如，根据工时规范规定，各个工种工程的辅助和准备与结束工作、不可避免中断、休息等项，在工作日或作业时间中各占的百分比见表3-5。

木作工程工时规范 表3-5

工作项目	疲劳程度	规范时间占工作日(%)						合计
		准备与结束时间		休息时间		不可避免中断时间		
		范围	%	范围	%	范围	%	
门窗框扇安装、立木楞、吊水楞、铺地楞、钉立墙板条，及各式室内木装修的安钉工程	较轻	准备与收拾工具、领会任务单、研究工作、穿脱衣服、转移工作地及组长指导检查等	3.89	大小便、吸烟、喝水、擦汗、恢复体力的局部休息	6.25			10.14

续上表

工作项目	疲劳程度	规范时间占工作日(%)						合计
		准备与结束时间		休息时间		不可避免中断时间		
		范围	%	范围	%	范围	%	
桥梁预制模板安装	中等	同上	3.89	同上	8.33			12.2
安装桥梁现浇满堂支架,跨度14m以上	较重	准备工具、准备铁活、布置并清理工作地、领会任务单、看图纸、研究工作、临时整理架子、穿衣服、围裙、垫肩、收拾工具及组长指导检查等	7.82	同上	9.34	等加板、修榫等	2.11	19.27

附注:计算定额作业时间时,依照下表新列的辅助时间在各工序中相应增加。

工作项目	占工序作业时间(%)	工作项目	占工序作业时间(%)
磨刨刀	12.3	磨线刨	8.3
磨槽刨	5.9	锉锯	8.2
磨凿子	3.4		

利用工时规范计算时间定额公式:

$$工序作业时间 = 基本工作时间 \times (1 + 辅助时间\%) \tag{3-5}$$

【例3-3】 现假设测定制作门框刮料,规格$0.06 \times 0.12 \times 2.50$(m),每根立边的基本时间为6min,规范中磨刀时间为12.3%,其工序作业时间为:$6 \times (1 + 0.123) = 6.738$min。

$$定额时间 = 工序作业时间/(1 - 规范时间\%) \tag{3-6}$$

【例3-4】 又假设,工时规范中门框刮料的准备与结束时间占2.95%,休息时间占工作日8h的8.33%,其定额时间为:

$$\frac{6.738}{1-(2.95\% + 8.33\%)} = 7.65(\text{min})$$

在确定不可避免中断时间的定额时,必须注意区别两种不同的工作中断情况。一种是由于小组施工人员所担负的任务不均衡引起的,这种工作中断应该通过改善小组人员编制、合理进行劳动分工来克服;另一种情况是由工艺特点所引起的不可避免中断,此项工作消耗应列入工作过程的时间定额。

不可避免中断时间也需要根据测时资料通过整理分析获得。由于手动过程中不可避免中断发生较少,加之不易获得充足的资料,如前所述,也可以根据经验数据或工时规范,以占工作日的百分比表示此项工时消耗的时间定额。

休息时间是工人恢复体力所必需的时间,应列入工作过程时间定额。休息时间应根据工作班作息制度、经验资料、计时观察资料,以及对工作的疲劳程度作全面分析来确定。同时,应考虑尽可能利用不可避免中断时间作为休息时间。

从事不同工种、不同工作的工人,疲劳程度有很大差别。为了合理确定休息时间,往往要对从事各种工作的工人进行观察、测定,以及进行生理和心理方面的测试,以便确定其疲劳程度。国内外往往按工作轻重和工作条件好坏,将各种工作划分为不同的级别。有的划分成四类:轻便工作、中等工作、沉重工作、极重工作。也有的划分成六类:最沉重、沉重、较重、中等、较轻和轻便的体力劳动。

划分出疲劳程度的等级,就可以合理规定休息需要的时间。在上面引用的规范中,六个等级的休息时间见表3-6。

休息时间占工作日比重 表3-6

疲劳程度	轻 便	较 轻	中 等	较 重	沉 重	最沉重
等级	1	2	3	4	5	6
占工作日(%)	4.16	6.25	8.33	11.45	16.7	22.9

确定的基本工作时间、辅助工作时间、准备与结束工作时间、不可避免中断时间和休息时间之和,就是劳动定额的时间定额。

【例3-5】 人工挖土方,土壤系潮湿的黏性土,按土壤分类属二类土(普通土)。测时资料表明,挖$1m^3$需消耗基本工作时间60min,辅助工作时间占工作班延续时间2%,准备与结束工作时间占工作延续时间2%,不可避免中断时间占1%,休息时间占20%,可计算出各项定额时间之和为:

$$\frac{60}{100\% - (2\% + 2\% + 1\% + 20\%)} = \frac{60}{75\%} = 80(\text{min})$$

则时间定额为:80 ÷ 60 ÷ 8 = 0.166(工日/m^3)。

根据时间定额可以计算出产量定额:1/0.166 = 6.02 ≈ 6(m^3/工日)。

3.劳动定额测定的其他方法

劳动定额的测定方法除第二章叙述的计时观察法以外,尚有经验估计法和统计分析法,这两种方法可作为研究时间消耗的补充和比较方法。

1)经验估计法(亦称经验估工法)

该方法简单、速度快,但易受参加制定人员主观因素和局限性影响,使制定的定额出现偏高或偏低现象。经验估计法的数据选定方法如下。

设M为所需的平均时间,则:

$$M = \frac{a + 4c + b}{6} \tag{3-7}$$

式中:a——乐观时间;

b——保守时间;

c——两倍于a的可能性和b的可能性的时间。

相应的方差为:

$$\sigma^2 = \frac{1}{2}\left[\left(\frac{a + 4c + b}{6} - \frac{a + 2c}{3}\right)^2 + \left(\frac{a + 4c + b}{6} - \frac{2c + b}{3}\right)^2\right] = \left(\frac{b - a}{6}\right)^2 \tag{3-8}$$

所以标准偏差为:

$$\sigma = \frac{b - a}{6}$$

σ值越大,说明数据越分散;σ值越小,说明数据越集中。调整后的工时定额为T,则:

$$T = M + \sigma\lambda$$

$$\lambda = \frac{T-M}{\sigma}$$

λ 为标准离差系数,从正态分布表中(表2-8)可以查到对应于 λ 值的概率 $P(\lambda)$,$P(\lambda)$ 表示该项目在给定额工时消耗 T 的情况下完成的可能性程度。

【例3-6】 已知完成某项任务的乐观时间为6h,保守时间为14h,可能性最大的时间为7h,问:①如果要求在9.3h内完成该项任务,其可能性有多大?②要使完成任务的可能性为80%,即有80%的工人可达到这一水平,则下达工时定额应为多少?

【解】 ①由题意可得:

$$M = \frac{a+4c+b}{6} = \frac{6+4\times7+14}{6} = 8\text{h}$$

$$\sigma = \frac{b-a}{6} = \frac{14-6}{6} = 1.3(\text{h})$$

$$\lambda = \frac{T-M}{\sigma} = \frac{9.3-8}{1.3} = 1.0$$

查表2-8,如果要求9.3h内完成该任务,可能性为84%,即84%工人能达到定额。

②$P(\lambda)=0.8$,查表2-8,$\lambda=0.83$。

$$T = M+\sigma\lambda = 8+1.3\times0.83 = 9(\text{h})$$

所以要使完成任务可能性为80%,即有80%工人可以达到定额,应下达工时定额为9h。

如果实际收集的时间消耗数据有多个,可以首先把个别偏差很大的数据去掉,然后将留下的数据按大小排队,划分三个区间,再分别求出各区间中的算术平均值,作为三个估计数。

2)统计分析法

该法是以积累的大量统计资料为基本依据,这些资料提供数据的准确性和真实性直接影响到定额的精度。凡是施工条件比较正常,定额比较稳定,原始资料比较真实的单位,采用统计分析法比采用经验估计法科学和先进。

用统计分析法制定定额时,其工时消耗可按式(3-9)计算:

$$M = \frac{\sum_{i=1}^{n} t_i}{n} \tag{3-9}$$

式中:M——平均实耗工时;

t_i——统计资料所提供的完成单位合格产品的实耗时间;

n——提供数据中的数值个数。

可以用简便方法求出平均先进定额:

$$\text{平均先进定额} = \frac{\text{平均实耗工时}+\text{先进平均的实耗工时}}{2} \tag{3-10}$$

【例3-7】 某单位产品在12个月的实耗工时统计资料为:12,10,11,14,10.5,12,13,12.5,11.5,13,12,12.0(h),求产品的平均实耗工时和平均先进定额。

$$\text{平均实耗工时} = \frac{\sum_{i=1}^{n} t_i}{n} = 11.96(\text{h})$$

$$先进平均工时=\frac{10+11+10.5+11.5}{4}=10.75(h)$$

$$平均先进定额工时=\frac{11.96+10.75}{2}=11.36(h)$$

如果把统计分析法和经验估计法的概率估计方法结合起来，可以帮助我们更加科学地掌握定额水平，使之先进合理。

例如上题所举实例，可以用计算出来的平均实耗工时，计算出标准偏差σ：

$$\sigma=\sqrt{\frac{\sum_{i=1}^{n}(M-t_i)^2}{n}}=\sqrt{\frac{\sum_{i=1}^{n}(11.96-t_i)^2}{n}}=1.08$$

假设$P(\lambda)=0.50$，查表2-8得，$\lambda=0$，则：

$$T=M+\sigma\lambda=11.96+1.08\times0=11.96(h)$$

从概率角度理解，意味着按平均水平制定定额，若保持已有的劳动生产率水平，在执行定额初期有50%工人可以达到或超过定额，有50%工人达不到定额。但从经验看，由于劳动生产率不断提高，用平均水平制定定额，多数工人（超过60%～80%）还是能达到和超过的。

若$T=11.36$h，则：

$$\lambda=\frac{T-M}{\sigma}=\frac{11.36-11.96}{1.08}=-0.55$$

查表2-8得，$P(-0.55)=0.29$。

说明：把11.36h作为工时定额，按已有劳动生产率，有29%的工人可以达到或超过该定额，有71%工人达不到定额，证明该定额水平是平均先进的，大多数工人要经过努力才能达到。

三、机械消耗定额的编制方法

施工机械消耗定额，是施工机械生产率的反映。高质量的施工机械定额，是合理组织机械化施工，有效地利用施工机械，进一步提高机械生产率的必备条件。

编制施工机械定额，主要包括以下内容。

1. 拟定机械工作的正常条件

机械工作和人工操作相比，劳动生产率在更大的程度上要受到施工条件的影响。所以编制施工定额时，更应重视确定出机械工作的正常条件。拟定机械工作正常条件，主要是拟定工作地点的合理组织和合理的工人编制。

工作地点的合理组织，就是对施工地点机械和材料的放置位置、工人从事操作的场所，做出科学合理的平面布置和空间安排。它要求施工机械和操纵机械的工人在最小范围内移动，但又不阻碍机械运转和工人操作；应使机械的开关和操纵装置尽可能集中地装置在操纵工人的近旁，以节省工作时间和减轻劳动强度；应最大限度发挥机械的效能，减少工人的手工操作。

拟定合理的工人编制，就是根据施工机械的性能和设计能力，工人的专业分工和劳动工效，合理确定操纵机械的工人和直接参加机械化施工过程的工人的编制人数。确定操纵和维护机械的工人编制人数及配合机械施工的工人编制，如配合吊装机械工作的工人等。工人的编制往往要通过计时观察、理论计算和经验资料来合理确定。

拟定合理的工人编制，应要求保持机械的正常生产率和工人正常的劳动工效。

2. 确定机械纯工作1小时(简写1h)正常生产率

确定机械正常生产率时，必须首先确定出机械纯工作1h的正常生产效率。

机械纯工作时间，就是指机械的必需消耗时间，包括在满载和有根据地降低负荷下的工作时间、不可避免的无负荷工作时间和必要的中断时间。机械纯工作1h正常生产率，就是在正常施工组织条件下，由具有必需的知识和技能的技术工人操纵机械1h的生产率。

根据机械工作特点的不同，机械纯工作1h正常生产率的确定方法也有所不同。

对于按照同样次序，定期重复着固定的工作与非工作组成部分的循环动作机械，确定机械纯工作1h正常生产率的计算如式(3-11)~式(3-13)。

$$\text{机械1次循环的正常延续时间} = \sum(\text{循环各组成部分正常延续时间}) - \text{交叠时间} \quad (3\text{-}11)$$

$$\text{机械纯工作1h循环次数} = \frac{60 \times 60(\text{s})}{\text{1次循环的正常延续时间}} \quad (3\text{-}12)$$

$$\begin{matrix}\text{机械纯工作1h} \\ \text{正常生产率}\end{matrix} = \begin{matrix}\text{1次循环生产} \\ \text{的产品数量}\end{matrix} \times \begin{matrix}\text{机械纯工作1h} \\ \text{正常循环次数}\end{matrix} \quad (3\text{-}13)$$

从以上公式可以看到，计算循环机械纯工作1h正常生产率的步骤是：

(1)根据现场观察资料和机械说明书确定各循环组成部分的延续时间。

(2)将各循环组成部分的延续时间相加，减去各组成部分之间的交叠时间，求出循环过程的正常延续时间。

(3)计算机械纯工作1h的正常循环次数。

(4)计算循环机械纯工作1h的正常生产率。

对于连续动作机械，确定机械纯工作1h正常生产率时，要根据机械的类型和结构特征，以及工作过程的特点来进行。计算如式(3-14)：

$$\text{连续动作机械纯工作1h正常生产率} = \frac{\text{工作时间内生产的产品数量}}{\text{工作时间(h)}} \quad (3\text{-}14)$$

工作时间内的产品数量和工作时间的消耗，要通过多次现场观察和机械说明书来取得数据。

对于同一机械进行作业属于不同的工作过程，如挖掘机所挖土壤的类别不同，碎石机所破碎的石块硬度和粒径不同，均需分别确定其纯工作1h的正常生产率。

3. 确定施工机械的正常利用系数

施工机械的正常利用系数，是指机械在工作班内对工作时间的利用率。机械的利用系数和机械在工作班内的工作状况有着密切的关系。所以，要确定机械的正常利用系数，首先要拟定机械工作班的正常工作状况。

拟定机械工作班正常状况，关键是如何保证合理利用工时问题，主要有以下内容：

(1)注意尽量利用不可避免中断时间，或工作开始前与结束后的时间进行机械的维护和保养。

(2)尽量利用不可避免中断时间作为工人休息时间。

(3)根据机械工作的特点，对担负不同工作的工人规定不同的开始与结束时间。

(4)合理组织施工现场，排除由于施工管理不善造成的机械停歇。

确定机械正常利用系数，要计算工作班正常状况下，准备与结束工作，机械启动、机械维护等工作所必须消耗的时间，以及机械有效工作的开始与结束时间，从而进一步计算出机械在工作班内的纯工作时间和机械正常利用系数。

4. 计算施工机械定额

计算施工机械定额是编制机械定额工作的最后一步。在确定了机械工作正常条件、机械纯工作 1h 正常生产率和机械正常利用系数之后，采用式(3-15)或式(3-16)计算施工机械的产量定额：

$$\text{施工机械台班产量定额} = \text{机械纯工作 1h 正常生产率} \times \text{工作班工作时间} \tag{3-15}$$

或

$$\begin{matrix}\text{施工机械台班}\\ \text{产量定额}\end{matrix} = \begin{matrix}\text{机械纯工作 1h}\\ \text{正常生产率}\end{matrix} \times \begin{matrix}\text{工作班}\\ \text{延续时间}\end{matrix} \times \begin{matrix}\text{机械正常}\\ \text{利用系数}\end{matrix} \tag{3-16}$$

根据施工机械台班产量定额，通过式(3-17)，可以计算出施工机械时间定额：

$$\text{施工机械时间定额} = \frac{1}{\text{机械台班产量定额}} \tag{3-17}$$

四、材料消耗定额的编制方法

建筑材料，在建筑施工中用量大。合理地编制材料消耗定额，不仅能促使企业降低材料消耗，降低施工成本，而且对于合理利用有限资源也有很大意义。

1. 材料消耗的性质

合理确定材料消耗定额，必须研究和区分材料在施工过程中消耗的性质。

施工中材料的消耗，可分为必需的材料消耗和损失的材料两类性质。

必须消耗的材料，是指在合理用料的条件下，生产合格产品所需消耗的材料。它包括：

(1)直接用于建筑和安装工程的材料。

(2)不可避免的施工废料。

(3)不可避免的材料损耗。

必须消耗的材料属于施工正常消耗，是确定材料消耗定额的基本数据。其中：直接用于建筑和安装工程的材料，编制材料净用量定额；不可避免的施工废料和材料损耗，编制材料损耗定额。即

$$\begin{matrix}\text{材料必须消耗量}\\ \text{（材料消耗定额）}\end{matrix}\begin{cases}\text{材料净消耗量（材料净用量定额）}\\ \begin{matrix}\text{不可避免损耗量}\\ \text{（材料损耗定额）}\end{matrix}\begin{cases}\text{不可避免废料}\\ \text{不可避免材料损耗}\end{cases}\end{cases}$$

2. 材料消耗定额的测定方法

确定材料净用量定额和材料损耗定额的计算数据，是通过现场技术测定、试验室试验、现场统计和理论计算等方法获得的。

(1)利用现场技术测定法。主要是编制材料损耗定额。也可以提供编制材料净用量定额

的参考数据。其优点是能通过现场观察、测定,取得产品产量和材料消耗的情况,为编制材料定额提供技术根据。

(2)利用试验室试验法。主要是编制材料净用量定额。通过试验,能够对材料的结构、化学成分和物理性能以及按强度等级控制的混凝土、砂浆配比得出科学的结论,给编制材料消耗定额提供出有技术根据的、比较精确的计算数据。用于施工生产时,须加以必要的调整方可作为定额数据。

(3)采用现场统计法。是通过对现场进料、用料的大量统计资料进行分析计算,获得材料消耗的数据。这种方法由于不能分清材料消耗的性质,因而不能作为确定材料净用量定额和材料损耗定额的依据。

上述三种方法的选择必须符合国家有关标准规范,即材料的产品标准;计量要使用标准容器和称量设备;质量要符合施工验收规范要求,以保证获得可靠的定额编制依据。

(4)理论计算法。是运用一定的数学公式计算材料消耗定额,这是一般常用的方法。

这种理论计算必须在一定的建筑设备和一定的技术操作过程以及正确地组织施工过程和合理地使用建筑材料的条件下,根据施工详图或标准结构图进行计算。

理论计算中有以下三种具体方法,即:直数法、样板裁截法、统筹下料法。

①直数法:就是按照图纸直接数出来,它是确定构件的材料(如五金零件螺栓、垫板、风钩、插销、合页等,又如电气材料开关、灯头、闸刀等)消耗定额时所采取的一种方法。

②样板裁截法:就是确定不规则的板状产品,板材消耗定额的。这种方法就是先将产品尺寸按比例缩小制成纸样板,进行图上选取最合理的截料方式,或按产品尺寸用纸制成样板,然后在板材上进行排料选取最合理的截料方式。

③统筹下料法:又称组合选择法,就是线性规划下料问题求最优解。它是确定长尺寸材料和板状材料消耗定额的。这种方法具体来说,就是先要了解需要同规格的材料各种构件尺寸、数量和该规格的材料仓库现存数量,然后统一下料,下料前要进行截料方式选择,选择的方法就是将各种不同尺寸的构件(构件小于材料的)或长尺寸的板状的材料(构件大于材料的)排列组合成各种镶拼方式或各种截料方式,以选择总消耗量最小也就是损耗率最小的一种方法。

3. 在制定材料消耗定额时必须具有的资料

(1)施工图纸资料、定型图或临时绘制的施工草图,以此作为计算材料需要量的依据。

(2)材料试验数据。

(3)各种材料实际消耗的历史统计资料,了解它的来源渠道与准确性。

(4)施工技术规范和工艺规程等规定。

(5)各种材料的规格、性能与使用要求等有关资料和规定。

(6)有关新技术、新工艺、新设备、新材料等,以往推广使用的经验,以及今后可能应用的情况。

4. 主要材料消耗定额的编制

下面就在公路工程中使用最广泛而消耗量又大,同时,对在产品或工程的形成过程中又具有不同的特点的各种主要材料,分别介绍其消耗定额制定的原则和方法。

1)水泥消耗定额

水泥消耗定额的制定,是以试验室的试验资料作为主要计算依据的。而其理论基础,则是利用砂粒来填充石子的空隙,以水泥浆又来填充砂粒的空隙,从而达到拌制密实的混凝土。

(1)混凝土的水泥消耗。由于混凝土是由水泥、砂、石子、水按适当比例配合而成的混合物,所以,要制成质量优良的混凝土,除要特别慎重选用符合技术要求的组成材料外,通常还要求具有如下四个基本条件:

第一是要有高的强度;

第二是要有足够的耐久性;

第三是和易性要好;

第四是要合理使用材料,并应尽量节约水泥用量。

水灰比、用水量、砂率是混凝土配合比设计中的三个重要参数,在不改变其材料品质的情况下,改变它们相互之间的比例关系,都会影响混凝土的强度。

①混凝土配合比设计。目前一般都是采用计算和试验相结合的办法进行。它的前提条件是,根据结构物的施工技术要求,如设计的混凝土强度,人工施工还是机械施工以及所需的坍落度,使用材料的情况,如水泥的强度等级,砂与粗集料的粒径等,计算出初步的配合比,再按所计算的配合比称取一定量的材料进行试配试验,并经过调整,使达到符合设计要求的施工配合比。

混凝土配合比应按下列步骤进行计算:计算混凝土配置强度$f_{cu,0}$并求出相应的水灰比;选取每立方米混凝土的用水量,并计算出每立方米混凝土的水泥用量;选取砂率,计算粗集料和细集料的用量,并提出供试配用的计算配合比。

②混凝土配置强度的确定。混凝土配置强度可按式(3-18)计算:

$$f_{cu,0} \geqslant f_{cu,k} + 1.645\sigma \tag{3-18}$$

式中:$f_{cu,0}$——混凝土配置强度(MPa);

$f_{cu,k}$——混凝土立方体抗压强度标准值(MPa);

σ——混凝土强度标准差(MPa)。

当现场条件与试验室条件有显著差异或C30级及以上强度等级的混凝土采用非统计方法评定时,应提高混凝土的配置强度。

③水灰比的确定。水灰比是指在单位体积的混凝土中水的质量与水泥质量之比。水灰比愈小,则混凝土的强度愈大。但水灰比过小时,则会影响混凝土的和易性(坍落度)。故水灰比是决定混凝土强度的主要因素。适当选择水灰比,是混凝土配合比设计中的一项重要工作。当水灰比不变时,少加水就可少用水泥。由此可见,维持适当的坍落度而少加水,就能得到既经济而又优质的混凝土。

混凝土强度等级小于C60级时,混凝土水灰比可采用鲍罗米经验公式(3-19)计算:

$$W/C = \frac{\alpha_a \cdot f_{ce}}{f_{cu,0} + \alpha_a \cdot \alpha_b \cdot f_{ce}} \tag{3-19}$$

式中:W/C——水灰比;

α_a、α_b——回归系数;

f_{ce}——水泥28d抗压强度实测值(MPa)。

根据混凝土的耐久性与和易性的要求,通常规范规定了选用最大水灰比和最小水泥用量的限额,见表3-7。

桥涵工程混凝土的最大水灰比和最小水泥用量　　表 3-7

混凝土结构所处的环境	无筋混凝土		钢筋混凝土	
	最大水灰比	最小水泥用量（kg/m^3）	最大水灰比	最小水泥用量（kg/m^3）
温暖或寒冷地区，无侵蚀物质影响，与土直接接触	0.60	250	0.55	275
严寒地区或使用除冰盐的桥涵	0.55	275	0.50	300
受侵蚀性物质影响	0.45	300	0.40	325

注：1. 本表中的最小水泥用量包括外掺混合材料。

2. 表中最小水泥用量仅适用于机械振捣，如用人工捣实时，应增加 $25kg/m^3$；当掺用外加剂且能有效改善混凝土的和易性时，水泥用量可减少 $25kg/m^3$。

3. 严寒地区系指最冷月份平均气温 ≤ -10℃ 且日平均温度在 ≤5℃ 的天数 ≥145d 的地区。

④用水量的确定。在水灰比已经确定的前提下，根据混凝土的最低用水量可以确定最小水泥用量。而用水量直接关系到混凝土混合物的和易性，同时也会影响混凝土的密实性、抗渗性和抗冻性。所以，确定最低用水量不仅可以保证混凝土的质量和顺利施工，而且还可达到节约水泥、降低工程成本的目的。不过，若用水量过低，则混凝土的流动性就差，造成施工困难，难以捣实，质量也会受到影响。

因为水泥、集料变化范围大，用水量难以估计准确，但可根据各种不同粒料规格和需要的坍落度，按表 3-8 确定每立方米混凝土的加水量作为计算依据。

混凝土用水量参考表（单位：kg/m^3）　　表 3-8

拌和物稠度		卵石最大粒径（mm）						碎石最大粒径（mm）				
项目	指标	10	16	20	25	31.5	40	16	20	25	31.5	40
坍落度（mm）	10 ~ 30	190	180	170	160	165	150	200	165	180	175	160
	30 ~ 50	200	190	180	170	175	160	210	195	190	185	175
	55 ~ 70	210	200	190	180	185	170	220	205	200	195	185
	70 ~ 90	215	205	195	185	190	175	230	215	210	205	195

注：1. 本表用水量系采用中砂时的平均值，若采用细砂时，用水量可增加 5 ~ 10kg，若采用粗砂时，则可减少 5 ~ 10kg。

2. 掺用各种外加剂或掺和物时，用水量应相应调整。

3. 本表不适用水灰比小于 0.4 或大于 0.8 时的混凝土。

流动性和大流动性混凝土的用水量可按表 3-8 中坍落度为 90mm 的用水量为基础，按坍落度每增大 20mm 用水量增加 5kg 计算未掺外加剂时的混凝土用水量。掺外加剂时的混凝土用水量可按式（3-20）计算：

$$m_{wa} = m_{w0}(1 - \beta) \tag{3-20}$$

式中：m_{wa}——掺外加剂混凝土每立方米混凝土的用水量（kg）；

m_{w0}——未掺外加剂混凝土每立方米混凝土的用水量（kg）；

β——外加剂的减水率（%）。

⑤水泥用量的确定。在确定了水灰比、用水量之后，每立方米混凝土的水泥用量（m_{c0}）可按式（3-21）计算：

$$m_{c0} = \frac{m_{w0}}{W/C} \tag{3-21}$$

⑥砂率的确定。所谓砂率，就是指混凝土中砂质量占砂石总质量的百分率。砂率的大小对混凝土的流动性有很大的关系。要使混凝土有很好的流动性，必须使混凝土中砂的用量能够填充粗集料之间的空隙，并略有多余，这样就能使粗集料颗粒拨开。但砂率大，就要多耗水泥，不经济；若砂率过小，砂量就不足以填充粗集料之间的空隙，也难以捣实，势将使混凝土产生蜂窝、麻面。因此，一般可以根据表 3-9 数值资料进行试配，然后结合试拌试验结果的实际情况加以调整，从而确定一个经济合理的砂率。

混凝土最佳砂率(%)参考表　　表 3-9

水灰比（W/C）	卵石最大粒径(mm)				碎石最大粒径(mm)			
	10	20	31.5	40	16	20	31.5	40
0.40	26～32	25～31	24～30	24～30	30～35	29～34	28～33	27～32
0.50	30～35	28～34	28～33	28～33	33～38	32～37	31～36	30～35
0.60	33～38	32～37	31～36	31～36	36～41	35～40	34～39	33～38
0.70	36～41	35～40	35～39	34～39	39～44	38～43	31～42	36～41

注：本表数值系采用中砂的选用砂率；采用细砂或粗砂时可相应地减少或增大砂率。

⑦粗集料和细集料用量的确定。当采用质量法时，应按式(3-22)、式(3-23)计算：

$$m_{c0}+m_{g0}+m_{s0}+m_{w0}=m_{cp} \tag{3-22}$$

$$\beta_s=\frac{m_{s0}}{m_{g0}+m_{s0}}\times 100\% \tag{3-23}$$

式中：m_{c0}——每立方米混凝土的水泥用量(kg)；

m_{g0}——每立方米混凝土的粗集料用量(kg)；

m_{s0}——每立方米混凝土的细集料用量(kg)；

m_{w0}——每立方米混凝土的用水量(kg)；

m_{cp}——每立方米混凝土拌和物的假定质量(kg)，其值可取 2 350～2 450kg；

β_s——砂率(%)。

当采用体积法时，应按式(3-24)、式(3-25)计算：

$$\frac{m_{c0}}{\rho_c}+\frac{m_{g0}}{\rho_g}+\frac{m_{s0}}{\rho_s}+\frac{m_{w0}}{\rho_w}+0.01\alpha=1 \tag{3-24}$$

$$\beta_s=\frac{m_{s0}}{m_{g0}+m_{s0}}\times 100\% \tag{3-25}$$

式中：ρ_c——水泥的密度(kg/m³)，可取 2 900～3 100kg/m³；

ρ_g——粗集料的表观密度(kg/m³)；

ρ_s——细集料的表观密度(kg/m³)；

ρ_w——水的密度(kg/m³)，可取 1 000kg/m³；

α——混凝土的含气量(%)，在不使用引气型外加剂时，α 可取为 1。

⑧试配与调整。根据初步求得的配合比并依照试验操作规程，试拌 15L 混凝土，试验坍落度是否符合要求。如果不符，则无论坍落度是偏大还是偏小，均可在保持水灰比不变的情况下相应调整用水量和砂率，直至符合要求为止。然后提出供混凝土强度试验用的基准配合比。

根据试验得出的混凝土强度与其相对应的水灰比(W/C)的关系，用作图法或计算法求出与混凝土配置强度($f_{cu,0}$)相对应的水灰比,并按下列原则确定每立方米混凝土的材料用量。

用水量(m_w)应在基准配合比用水量的基础上,根据制作强度试件时测得的坍落度或维勃稠度进行调整确定。

水泥用量(m_c)应以用水量除以选定的水灰比计算确定。

集料用量(m_g 和 m_s)应在基准配合比的基础上,按选定的水灰比进行调整后确定。

按试配确定配合比后,尚应按下列步骤进行校正:

根据上述调整后的材料用量,按式(3-26)计算混凝土的表观密度计算值$\rho_{c,c}$:

$$\rho_{c,c} = m_c + m_g + m_s + m_w \tag{3-26}$$

按式(3-27)计算混凝土配合比校正系数:

$$\delta = \frac{\rho_{c,t}}{\rho_{c,c}} \tag{3-27}$$

式中:$\rho_{c,t}$——混凝土表观密度实测值(kg/m^3);

$\rho_{c,c}$——混凝土表观密度计算值(kg/m^3)。

当混凝土表观密度实测值与计算值之差的绝对值不超过计算值的2%时,按上述确定的配合比即为确定的设计配合比;当二者之差超过2%时,应将配合比中每项材料用量均乘以校正系数δ,即为确定的设计配合比。

⑨施工配合比。上述配合比在设计的全过程中都是假定砂石材料完全是干燥的,但在实际工作中,施工现场的砂石材料总是含有一定的水分,所以必须根据实测的砂石材料的含水率,求出砂石材料的含水量。然后从用水量中予以扣除,也就是扣减砂石材料所带入的水量,以保持水灰比不变。同时,应按所扣减的砂石材料的含水量的相应质量增加砂石材料的用量。这样,就得到了所需要的施工配合比。

(2)砂浆的水泥消耗。砂浆是由胶结材料、砂和水三者按适当的配合比所组成的混合物,是建筑工程中构成工程实体的重要组成部分。按其用途可以分为砌筑砂浆和抹面砂浆两大类。

砌筑砂浆的作用是填充砖石砌体的空隙,把一块块的砖石块料黏结成为一个整体,以传布其荷载。抹面砂浆则是对建筑物的表面进行装饰或用以防护,从而不仅美化了建筑物,而且还提高了建筑物的防侵蚀、防磨损、防潮、防水、隔热、隔音等性能。

砂浆中常用的胶结料,有水泥、石灰、黏土等。所以,因其拌制砂浆所用的胶结材料之不同,而分为水泥砂浆、混合砂浆(水泥石灰砂浆、水泥黏土砂浆等)、石灰砂浆、黏土砂浆四种。

砂浆的主要技术性能与混凝土是基本相似的,它们之间所存在的根本区别,仅仅在于组成砂浆的混合物中不含石子。对砂浆的技术性能要求,主要是应具有良好的流动性和保水性。

砂浆配合比的确定,应按下列步骤进行:计算砂浆试配强度$f_{m,0}$;计算出每立方米砂浆中的水泥用量Q_c;按水泥用量计算每立方米砂浆掺加料用量Q_d;确定每立方米砂浆砂用量Q_s;按砂浆稠度选用每立方米砂浆的用水量Q_w;进行砂浆试配;确定配合比。

①砂浆试配强度的确定。砂浆的试配强度可按式(3-28)计算:

$$f_{m,0} = f_2 + 0.645\sigma \tag{3-28}$$

式中:$f_{m,0}$——砂浆的试配强度(MPa),精确至0.1 MPa;

f_2——砂浆抗压强度平均值(MPa),精确至0.1 MPa;

σ——砂浆现场强度标准差(MPa),精确至0.01 MPa。可根据统计资料计算确定,也可按表3-10的参考值选用。

砂浆强度标准差 σ 选用值(MPa) 表3-10

施工质量水平 \ 砂浆强度等级	M2.5	M5	M7.5	M10	M15	M20
优良	0.5	1.00	1.50	2.00	3.00	4.00
一般	0.62	1.25	1.88	2.50	3.75	5.00
较差	0.75	1.50	2.25	3.00	4.50	6.00

②水泥用量的计算。每立方米砂浆的水泥用量,可按式(3-29)计算确定:

$$Q_c = \frac{1\,000(f_{m,0} - \beta)}{\alpha \cdot f_{ce}} \tag{3-29}$$

式中:Q_c——每立方米砂浆的水泥用量(kg),精确至1kg;

$f_{m,0}$——砂浆的试配强度(MPa),精确至0.1MPa;

f_{ce}——水泥的实测强度(MPa),精确至0.1MPa;

α、β——砂浆的特征系数,$\alpha = 3.03$,$\beta = -15.09$。

③水泥混合砂浆掺加料用量计算。在确定了水泥用量之后,可根据式(3-30)计算:

$$Q_d = Q_a - Q_c \tag{3-30}$$

式中:Q_d——每立方米砂浆的掺加料用量(kg),精确至1kg;

Q_a——每立方米砂浆水泥和掺加料的总量(kg),精确至1 kg,宜在300~350kg之间;

Q_c——每立方米砂浆的水泥用量(kg),精确至1kg。

④水泥砂浆材料用量的选用。水泥砂浆材料用量可按表3-11选用。

每立方米水泥砂浆材料用工 表3-11

强度等级	水泥用量(kg)	砂用量(kg)	用水量(kg)
M2.5~M5	200~230	1m³ 砂的堆积密度值	270~330
M7.5~M10	220~280		
M15	280~340		
M20	340~400		

注:1. 本表水泥强度等级为32.5级,大于32.5级水泥用量宜取下限。水泥用量应根据施工水平合理选择。
2. 当采用细砂或粗砂时,用水量分别取上限或下限。稠度小于70mm时,用水量可小于下限。施工现场气候炎热或干燥季节,可酌量增加用水量。

⑤试配、调整与确定。在砂浆配合比初步计算完成后,按计算或查表所得配合比进行试拌,并测定其拌和物的稠度和分层度。当不能满足要求时,调整材料用量,直至符合要求为止。然后确定为试配时的砂浆基准配合比。在此基础上,在保证稠度、分层度合格的条件下,可将用水量或掺加料用量作相应调整,据以制成试件测定砂浆的强度,并选定符合试配强度要求且水泥用量最低的配合比作为砂浆配合比。

2)石灰消耗定额

在公路工程施工中,石灰常用于以下几个方面:

一是用以配制成石灰土或在石灰土中掺入一定比例的碎(砾)石、天然级配砾石以及工业废渣等材料，作为各类路面的基层或垫层之用。

二是拌制成砂浆，作桥涵、挡土墙等砌筑工程之用。

三是用以配制成三合土作地坪等工程。此外，还可制成石灰乳作为粉刷墙面之用。

用于拌制砌筑砂浆的石灰，应先行制成石灰膏，加水量约为生石灰体积的 3 ~ 4 倍。

石灰膏的密度一般为 1 300 ~ 1 400kg/m³。每立方米石灰膏需生石灰 630kg 左右，根据石灰的不同块末比，每立方米石灰膏需生石灰的质量或体积换算见表 3-12。石灰的相对密度一般为 3.1，密度为 800 ~ 1 000kg/m³。

每立方米石灰膏需生石灰的质量或体积换算表　　表 3-12

块:末	生石灰		块:末	生石灰	
	kg	m^3		kg	m^3
10:0	606	0.412	4:6	637	0.502
9:1	611	0.426	3:7	640	0.516
8:2	616	0.441	2:8	645	0.531
7:3	620	0.455	1:9	650	0.547
6:4	625	0.470	0:10	656	0.564
5:5	630	0.485			

(1)石灰砂浆的材料消耗定额计算。

①计算石灰用量。若拟采用的石灰砂浆的体积比为 1: X，则可得下列计算公式：

$$D = \frac{1}{X} \tag{3-31}$$

$$m = Dq \tag{3-32}$$

式中：D——每立方米石灰砂浆所需石灰膏(m^3)；

X——砂的体积比项值；

m——每立方米石灰砂浆所需生石灰(kg)；

q——每立方米石灰膏所需生石灰(kg)。

②计算砂的用量。砂的用量可以按石灰砂浆的密度计算，依其内在的相应关系，可得到经验计算式(3-33)、式(3-34)：

$$S = \rho_m - D\rho_D \tag{3-33}$$

或

$$S = \left(1\,000 - W - \frac{m}{G_L}\right)G_s \tag{3-34}$$

式中：S——每立方米石灰砂浆中砂的用量(kg)；

ρ_m——石灰砂浆的密度(kg/m³)，一般可采用 2 000kg/m³；

ρ_D——石灰膏的密度(kg/m³)，一般采用 1 400kg/m³；

G_L——石灰的相对密度，一般采用 3.1；

G_s——砂的相对密度，一般采用 2.61；

W——每立方米石灰砂浆中计算的用水量(kg)。

上述石灰砂浆的用水量，可按经验式(3-35)来计算：

$$W = \frac{X_m}{A(1 + BX)} \tag{3-35}$$

式中：A、B——经验系数，可参考选用 $A = 1.42$，$B = 0.15$。

(2)石灰土。石灰土是石灰与土的混合物，经拌和压实后具有相当高的整体强度。因不耐磨，所以，在公路工程中，虽然作为路面结构已得到了广泛应用，但仍只适用于各类路面的基层或垫层。

石灰土中的石灰需要量，是以石灰中活性 CaO 和 MgO 的含量与土质情况而定，一般约为石灰土压实干密度的10%左右。

3)木材消耗定额

目前在公路工程建设中，木材除用于沿线房屋工程的门窗等之外，其他方面主要作为周转材料，如拱盔、支架及模板等。

在公路工程中，经过加工的、使用广泛的木材规格品种，有原木、板料、枋料等。

除杉木外，所有树种的原木材积都是按式(3-36)进行计算的：

$$V = \frac{L[(0.003\,89\,L + 0.898\,2)d^2 + (0.37L + 1)d + 10(L - 3)]}{4 \times 1\,000} \tag{3-36}$$

式中：V——原木材积(m^3)；

L——原木长度(m)；

d——小头直径(cm)。

杉原木材积的计算如式(3-37)：

$$V = \frac{\pi L[(0.025L + 2)d^2 + (0.37L + 1)d + 10(L - 3)]}{4 \times 1\,000} \tag{3-37}$$

在实际工作中，并不这样一一计算，而是以小头直径直接查阅材积表。原木的密度，一般采用750kg/m^3。

枋板料的密度，一般采用650kg/m^3。其材积均按其几何尺寸来计算。

在公路工程中，木材无论是用于工程结构，还是用于周转材料，都是按设计图纸尺寸所计算的数量，作为确定消耗定额的依据。因此，制定一项木材消耗定额的基本原则，通常是在图纸数量的基础上，增加一定比例的场内运输及操作损耗，然后折算成某一工程计量单位的消耗定额。

如有一钢筋混凝土预制构件，按设计图纸计算，其混凝土体积为 V(m^3)，采用木模施工，一套模板要求周转 n 次，根据木模施工图计算结果，需要原木为 A(m^3)、板料为 B(m^3)、枋料为 C(m^3)，原木及枋板料的场内运输及操作损耗为 k(%)。这样，每立方米钢筋混凝土的木材消耗定额可按式(3-38)~式(3-40)计算。

原木：
$$Q = \frac{A(1 + k)}{nV} \tag{3-38}$$

板料：
$$Q = \frac{B(1 + k)}{nV} \tag{3-39}$$

枋料：
$$Q = \frac{C(1 + k)}{nV} \tag{3-40}$$

式中：Q——每立方米钢筋混凝土的木材消耗量(m^3)；

k——木材的场内运输及操作损耗(%),通过施工实践测定。

4)钢材消耗定额

结合公路工程特点,对钢材的消耗定额,通常是按以下不同情况来计算的。

(1)钢筋的消耗定额。在公路工程中,钢筋主要用于钢筋混凝土和预应力钢筋混凝土结构中。为了简化计算和便于使用与定额管理,通常是将钢筋与混凝土分开制定定额,而钢筋则以 t 或 kg 作为定额的计量单位。

但是,这样制定的材料消耗定额,应将场内运输及操作损耗计入定额内。

(2)钢板、型钢及钢管的消耗定额。除钢梁等钢结构之外,钢板、型钢以及钢管等钢材,大都只用于预制构件的接头与连接等部位,即混凝土中的预埋件等钢材。如预制箱形拱圈的接头,预制 T 形梁的连接等。相对而言,其耗用量是不大的。

如预制一箱形拱圈或一根 T 形梁,按设计几何尺寸计得的混凝土体积为 $V(\mathrm{m}^3)$,钢板或型钢的用量为 $A(\mathrm{kg})$,其计算如式(3-41):

$$Q=\frac{A(1+k)}{nV} \tag{3-41}$$

式中:Q——每立方米混凝土中钢板或型钢的消耗量($\mathrm{kg/m^3}$);

k——场内运输及操作损耗(%),通过施工实践测定。

(3)在公路工程中,钢材及其制品用于周转材料方面的,有钢模、钢护筒、万能杆件、钢丝绳、铁件等,其消耗定额都是根据一项工程量一次性所需的上述钢材数量,以测定的周转次数或摊销次数计算确定,其计算如式(3-42)所述。这也是一个有关周转材料消耗定额的通用计算公式。

$$Q=\frac{A(1+k)}{nV} \tag{3-42}$$

式中:Q——每一计量单位工程所耗用的钢模等数量(kg/1 计量单位工程);

A——工程一次性需要的周转性钢材总数量(kg);

V——工程的设计实体数量(m^3、m^2、m、座、处等);

n——周转次数或摊销次数,通过施工实践测定;

k——场内运输及操作损耗(%),通过施工实践测定。

5)砂、石材料消耗定额

砂、石材料消耗定额的编制方法,常随使用对象之不同而异。如有些是根据实践经验资料确定,有些则是通过分析计算确定。其计量单位均按 m^3 计,砂、碎石、砾石按松方堆方计,片石、块石按松方堆码方计,而料石(包括粗料石、细料石、盖板石等)则按紧方计。至于混凝土和砂浆中耗用砂与石子的定额,在前面已作了分析和论述,现只对其他方面有关砂、石材料的消耗定额,作如下扼要介绍。

(1)路面工程的砂与石子的消耗定额。当路面为多种材料的混合结构时,其消耗定额,可按式(3-43)来计算:

$$Q=\frac{V\rho_{11}h}{\rho_1}\times(1+k) \tag{3-43}$$

式中:Q——每 1 000m^2 路面,其压实厚度为 h_1,需要耗用某种材料的数量(kg 或 m^3);

V——路面铺筑体积(m^3),$V=1\ 000h_1$;

ρ_{11}——路面压实混合料干密度(kg/m^3),通过施工实践或试验测定;

ρ_1——某种材料松方干密度(kg/m^3),通过施工实践或试验测定;

h——某种材料的含量(%);

k——场内运输及操作损耗(%),通过施工实践测定。

当路面为单一材料结构时,其消耗定额可按式(3-44)进行计算:

$$Q = Vk_1 \tag{3-44}$$

式中:k_1——某种材料的压实系数,通过施工实践或试验测定。

当路面为沥青混合料结构时,其消耗定额可按式(3-45)来计算:

$$Q = \frac{V(1+k_2)\rho_{11}k(1-k_3)}{\rho_1} \tag{3-45}$$

式中:k_2——沥青混合料拌和损耗,一般为1%,可通过施工实践或试验测定;

k_3——油石比(%),通过施工实践或试验测定。

(2)石料的消耗定额。片块石通常是按堆码方的体积计算数量的,而料石则是按每一块的实际几何尺寸来计算数量。

有关这方面的具体要求与规定,随不同的专业部门而有所不同,如公路、铁路、建筑等的专业定额就不尽一致。但基本上都是以石料与砂浆之间的实际经验资料来确定石料的消耗定额的。

6)沥青消耗定额

沥青混合料是石子、砂、矿粉(石粉)组成的不同矿物质集料与沥青经过合理选配而成的混合物。由于沥青混合料最能适应现代公路交通的技术要求和特点,所以,已广泛用于建筑干线公路和城市道路的路面。在公路路面工程建筑中,最常用的有沥青表面处治路面、沥青贯入式路面、沥青碎石路面和沥青混凝土路面四种。

至于沥青用量则按式(3-46)计算:

$$Q = V(1+k_2)\rho_{11}k_3 \tag{3-46}$$

式中:Q——每$1\ 000m^2$路面,其压实厚度为h_1,需要耗用沥青数量(kg);

V——路面铺筑体积(m^3),$V=1\ 000\ h_1$;

ρ_{11}——路面压实混合料干密度(kg/m^3),通过施工实践或试验测定;

k_2——沥青混合料拌和损耗,一般为1%,可通过施工实践或试验测定;

k_3——油石比(%),通过施工实践或试验测定。

按上述公式计算出来的路面材料消耗数量,不包括场内运输及操作损耗,其值应按规定另行计入。

7)电焊条消耗定额

电焊条的消耗定额主要包括应焊着的金属质量和在施焊过程中电焊条的损耗两方面。

(1)确定焊着的金属质量。焊着的金属质量以焊缝的断面积作为计算依据,随焊接接头类型和坡口形式的不同而不同。同时,因公路施工现场电弧焊工作都是手工操作,故实际焊缝的断面积往往比按焊缝断面的理论几何尺寸所求得的断面积要大,根据实践经验资料,一般要增大5%~25%。

①钢筋与钢筋焊接。钢筋与钢筋焊接的焊缝尺寸按《公路桥涵施工技术规范》的规定,计算的焊缝断面积和每米焊着的金属质量等数值见表3-13。表中焊缝断面积和焊着金属质量是一条焊缝的资料。

钢筋与钢筋焊接每米焊缝焊着的金属质量值参考表 表3-13

焊缝尺寸(mm)					焊缝的理论断面积(mm^2)	增大系数	焊缝的实际断面积(mm^2)	每米焊缝焊着的金属质量(kg)
d	$0.25d$	$0.7d$	a	h				
12	(4.0)	(10.0)	(0.6)	1.0	21	1.25	26	0.20
14	(4.1)	(10.6)	(1.1)	1.0	25	1.25	31	0.24
16	(4.2)	11.2	(1.6)	1.0	28	1.25	35	0.27
18	4.5	12.6	2.0	1.0	35	1.15	40	0.31
19	4.8	13.3	2.1	1.0	38	1.15	44	0.35
20	5.0	14.0	2.1	1.0	41	1.15	47	0.37
22	5.5	15.4	2.4	1.0	49	1.15	56	0.44
24	6.0	16.8	2.6	1.0	58	1.15	61	0.53
25	6.3	17.5	2.7	1.5	68	1.10	15	0.59
26	6.5	18.2	2.8	1.5	73	1.10	80	0.63
28	7.0	19.6	3.0	1.5	83	1.10	91	0.71
30	7.5	21.0	3.3	2.0	101	1.05	106	0.83
32	8.0	22.4	3.5	2.0	112	1.05	118	0.93
36	9.0	25.2	4.0	2.0	139	1.05	146	1.15

注:表中带有括号的数值,是根据《公路桥涵施工技术规范》:$0.25d$ 和 $0.7d$ 之值不得小于4mm和10mm的要求,作了相应的调整之后的数值。

②钢板与钢板焊接。钢板接头的种类较多,下面介绍较常用的"V"形对接和丁字形焊接的焊缝断面尺寸以及焊着的金属质量等数据。

"V"形对接焊的焊缝尺寸及其焊缝断面积与焊着的金属质量见表3-14。

钢板对接焊每米焊缝焊着的金属质量值参考表 表3-14

焊缝尺寸(mm)					焊缝的理论断面积(mm^2)	增大系数	焊缝的实际断面积(mm^2)	每米焊缝焊着的金属质量(kg)
δ	a	b	c	h				
4	1.5	10.0	1.5	2.0	25	1.25	31	0.24
6	1.5	12.5	1.5	2.0	42	1.25	53	0.42
8	2.0	15.0	2.0	2.0	63	1.25	79	0.62
10	2.0	18.5	2.0	2.5	101	1.15	116	0.91
12	2.0	21.0	3.0	2.5	124	1.15	143	1.12
14	2.5	23.5	3.0	2.5	164	1.15	189	1.48
16	2.5	26.0	3.0	2.5	206	1.15	237	1.86
18	2.5	29.5	4.0	3.0	256	1.15	294	2.31
20	2.5	31.5	4.0	3.0	302	1.15	347	2.72
22	3.0	34.5	4.0	3.0	370	1.10	407	3.20
24	3.0	37.0	4.0	3.0	432	1.10	475	3.73

丁字形焊接的焊缝尺寸及其焊缝断面积和焊着的金属质量等见表3-15。

钢板丁字形焊接每米焊缝焊着的金属质量值参考表 表3-15

焊缝尺寸(mm)				焊缝的理论断面积(mm^2)	增大系数	焊缝的实际断面积(mm^2)	每米焊缝焊着的金属质量(kg)
δ	a	b	h				
4	0.5	7	1.0	18	1.25	23	0.18
6	0.5	9	1.5	32	1.25	40	0.31
8	0.5	12	1.5	52	1.25	65	0.51
10	1.0	15	2.0	86	1.25	108	0.85
12	1.0	18	2.0	117	1.15	135	1.06
14	1.0	21	2.5	159	1.15	183	1.44
16	1.0	24	2.5	199	1.15	229	1.80
18	1.0	27	2.5	244	1.15	281	2.21
20	1.5	30	3.0	314	1.10	345	2.71
22	1.5	33	3.0	370	1.10	407	3.19
24	1.5	36	3.0	430	1.10	473	3.11

③钢筋与钢板焊接。钢筋与钢板焊接的焊缝尺寸按《公路桥涵施工技术规范》的规定，计算的焊缝断面积和焊着的金属质量等资料见表3-16。表中焊缝断面积和焊着金属质量是一条焊缝的资料。

钢筋与钢板焊接每米焊缝焊着的金属质量值参考表 表3-16

焊缝尺寸(mm)					焊缝的理论断面积(mm^2)	增大系数	焊缝的实际断面积(mm^2)	每米焊缝焊着的金属质量(kg)
d	$0.35d$	$0.5d$	a	h				
12	(6.0)	(8.0)	3.0	1.0	31	1.15	36	0.28
14	(6.1)	(8.2)	3.1	1.0	33	1.15	38	0.30
16	(6.2)	(8.5)	3.3	1.0	35	1.15	40	0.31
18	6.3	9.0	4.2	1.5	40	1.15	46	0.36
19	6.7	9.5	4.3	1.5	44	1.15	51	0.40
20	7.0	10.0	4.5	1.5	48	1.10	53	0.42
22	7.7	11.0	4.8	1.5	58	1.10	64	0.50
24	8.4	12.0	5.1	1.5	69	1.10	76	0.60
25	8.8	12.5	5.2	1.5	74	1.10	81	0.64
26	9.1	13.0	5.4	1.5	80	1.10	88	0.69
28	9.8	14.0	5.7	1.5	92	1.10	101	0.79
30	10.5	15.0	6.5	2.0	108	1.05	113	0.89
32	11.2	16.0	6.8	2.0	122	1.05	128	1.00
36	12.6	18.0	7.4	2.0	153	1.05	161	1.26

注：表中带有括号的数值，是根据现行《公路桥涵施工技术规范》中的规定“$0.35d$和$0.5d$之值不得小于6mm和8mm”的要求，作了相应的调整之后的数值。

(2)施焊过程中电焊条的损耗。在施焊过程中,电焊条的损耗应包括烧损和飞溅损耗及电焊条的残值两个方面。

①施焊时烧损和飞溅损耗 k_1。根据实践经验,电焊条的烧损和飞溅损耗一般要达到25%左右,可通过施工实践测定。

②电焊条的残值 k_2。电焊条的残值,就是残头剩余长度,一般约为电焊条的20%,可通过施工实践测定。

(3)电焊条的消耗定额。根据以上所述焊缝焊着的金属质量和施焊过程中的损耗资料,每米焊缝电焊条的消耗定额,可按式(3-47)进行计算:

$$Q = G(1 + k_1)(1 + k_2) \tag{3-47}$$

式中:Q——每米焊缝电焊条的消耗量(kg);

G——每米焊缝焊着的金属质量(kg),可参考表3-13～表3-16所列资料选用。

5.周转材料消耗定额的编制

周转材料,顾名思义,就是多次周而复始地重复进行使用的材料,如工程中的模板、脚手架等,它只在施工生产过程中参与工程的修建,而不构成工程的主要实体。但由于公路工程的结构形式不一,情况各异,所以能充分周转使用的次数也不尽相同,这是在实际工作中比较难以确定的一个参数。由于这样,通常是以实际施工生产经验资料,结合工程的具体情况,在适当留有余地的基础上,分别对各种周转材料预计可能达到的周转次数,作为计算确定周转材料的消耗定额。公路工程中各种材料的周转及摊销次数,一般通过施工实践测定。

综上所述,各种材料的周转及摊销定额,可按式(3-48)进行计算:

$$Q = \frac{A(1 + k)}{nV} \tag{3-48}$$

式中:Q——周转材料的单位定额用量(m^3 或 kg/m^3);

A——周转材料的图纸总用量,如一套模板等的总量(kg 或 m^3);

k——场内运输及操作损耗(%),可通过施工实践测定;

n——周转及摊销次数;

V——工程设计实体(m^3)。

所以,编制周转材料的消耗定额,基本上是以设计图纸或施工图纸为依据的。首先计算出建筑工程的体积和各种周转材料的图纸一次使用量,然后按实测的周转及摊销次数进行计算。

周转材料只包括木料、铁件、铁钉、铁丝、钢丝绳以及钢结构等几种材料。

•第六节　施工定额的贯彻、修订与补充•

一、贯彻施工定额的程序

施工定额的贯彻直接关系到对建筑安装工人劳动成果的评价及其切身的物质利益,也关系到对企业生产管理水平的评价。它在很大程度上影响着企业素质的提高和市场竞争能力。

贯彻新编施工定额应采取以下程序:

(1)在工人和技术人员中征询意见。将拟定好的施工定额草案拿到有关工人和工程技术人员中去，征求他们对于定额水平、定额项目划分、定额表现形式等方面的意见。同时讨论和研究如何改善施工组织和加强企业管理，以创造出贯彻定额和执行定额的良好条件。

(2)选点试验。在条件许可的情况下，尽可能就一些主要工种工程，选择一些施工队或班组，进行贯彻新编施工定额的试点，以验证新编定额的科学合理性，存在的问题及改进的意见和建议。

(3)根据来自工人和技术人员的意见及试点的情况，修正确实不合理的问题。

(4)配合施工定额的贯彻，采取必要的技术组织措施。如对定额员和工长进行新定额培训。

(5)全面贯彻施工定额前，必须在工人和技术人员中进行广泛的宣传和教育。宣传贯彻新编定额的必要性；解释新定额的各项具体规定和要求，以及执行新定额应注意的问题和工资报酬的关系。说明贯彻新定额对企业管理、经济效益的关系，同发展生产、节约资源消耗、推动社会生产力发展的意义。教育工人努力掌握新的操作方法，提高劳动技能，遵守工作班制度和劳动纪律，努力提高自己的劳动工效和节约原材料消耗。

(6)及时收集和系统积累贯彻定额的情况、改进的意见和建议。

二、贯彻施工定额，要求全面加强企业管理

施工定额管理是企业管理的一个环节，它和企业管理的各个环节都有密切联系，所以贯彻施工定额，直接关系到建筑企业员工劳动成果的评价及其切身的物质利益，也关系到对企业生产管理水平的评价。它在很大程度上影响企业素质的提高和市场竞争能力。施工定额的贯彻过程中必须要做好以下工作：

(1)全面贯彻施工定额前，必须在工人和技术人员中进行广泛的宣传和动员，增加大家对贯彻施工定额必要性的认识，详细说明定额的各项具体规定和要求，执行施工定额应注意的问题；说明劳动报酬等职工切身利益和施工定额的相互关系。

(2)生产管理与组织者更要认识贯彻新的施工定额对加强企业管理、提高经济效益、发展生产、降低资源消耗、推动社会生产力的发展的意义。

(3)配合施工定额的贯彻，必须采取有效的技术组织措施，培训工人努力掌握新的操作方法，提高劳动技能、遵守工作制度和劳动纪律，努力提高劳动工效和节约原材料消耗，以适应新的施工定额的要求，达到新的定额水平。

(4)不断征求施工人员对定额水平、定额项目划分、定额表现形式等方面的意见；加强对工长和定额员工作的指导，及时收集和系统地积累贯彻定额的情况。

(5)通过实践，不断提出对定额的修正与补充，以适应新的形势的需求。

三、贯彻施工定额的具体方法

因为贯彻施工定额是企业管理的一个环节，所以，贯彻施工定额必须和全面加强企业管理同步实施，尤其要和建立健全以下各项管理制度结合起来。

(1)健全和完善施工任务书和限额领料单制度。施工任务书(表3-17)和限额领料单(表3-18)是班组接受任务和执行任务的凭证，也是执行施工定额的主要技术文件。施工任务书的主要内容有：

①施工任务量、定额工日数、开竣工日期等计划指标；

②队组作业计划和实际完成情况的记录；

③完成情况的检查。限额领料单的内容主要有：a. 计划用料量；b. 队组领料记录；c. 余料退库记录；d. 材料消耗的节约与超支记录。

施 工 任 务 书 表

表 3-17

施工队组：　　　　　　　　　　　　　　　　　　　　　　编　　号：

工程名称：　　　　　　　　　　　　　　　　　　　　　　签发日期：

工程编号	工作项目	计量单位	计划指标					队组作业计划及实际完成记录							完成情况检查			
			工程量	工作量	定额工日数	开工日期	竣工日期	记录日期						合计	完成工程量（%）	按实际完成折合定额工日数	完成定额（%）	验收人签章
								计划完成量										
								实际	完成量									
									工日数									
								计划完成量										
								实际	完成量									
									工日数									
……																		
逐日按实际完成量折合定额工日数 逐日实际用工合计数 逐日完成定额															签发人： 批准人： 执行人：			

限 额 领 料 单

表 3-18

施工队组：　　　　　　　　施工任务书编号：　　　　　　　　编　　号：

工程名称：　　　　　　　　工作项目：　　　　　　　　　　　签发日期：

材料名称	规格	单价	计划单价	计划用量			队组领用			余料退库			实际耗量		按实际完成量的定额用料量		节约（－）超支（＋）	
				单位用量	总计用量	追加（＋）减少（－）	日期	数量	领料人签章	数量	新料○旧料×	收料员签章	数量	金额	数量	金额	数量	金额
分析说明																		

由此可见，施工定额正是需要根据施工任务书和限额领料单，通过定额工日数、计划用料数量、定额完成情况、实际用料的节约与超支等来贯彻的。

（2）建立和健全考勤制度和质量检验制度。考勤制度是严格企业劳动纪律，培养工人自觉的劳动态度，保证施工生产正常活动和按时完成施工任务的重要手段。施工定额的贯彻必须有严格的考勤制度作保证。施工定额中的各项消耗指标，并不只是数量概念，而是在保证产品质量的前提下的数量指标。如果产品不合格，即使工人完成定额的情况再好，材料使用再节约，也是对社会劳动的浪费。质量不合格是最大的浪费。因此，贯彻施工定额必须和执行严格的产品质量检验制度密切结合起来。

(3)建立和健全物质资源的保证体系。在施工生产中,物质资源按计划和需要适时地、定量地供应,是正常的施工组织条件中最重要的内容之一。材料供应不及时而引起的停工待料,材料品质低劣而导致的耗用量增大和工效降低,施工机械运行状态不好而引起的工作中断等,都是贯彻施工定额的严重障碍。因此,物质资源保证体系是贯彻施工定额的必要条件。

(4)完善劳动力调配和组织。劳动力是生产活动的主体,是形成生产力的三要素之一。在施工定额中,劳动定额的贯彻也是最重要的和具有决定性影响的一环。贯彻劳动定额必须在施工计划和施工作业计划中认真地进行劳动力平衡,编制出劳动力平衡计划。根据施工进度计划规定的各项工程的施工顺序和开竣工时间,合理地调配施工队、组,合理地分配施工任务,组织建筑安装工人进行协调地、均衡地生产活动,才能避免出现窝工、停工现象。

(5)正确贯彻按劳分配原则,选择更好的工资形式。贯彻按劳分配的原则,把劳动者为社会劳动的数量和质量,直接与他们的物质利益结合起来,就能够更好地调动群众的生产积极性,努力达到定额的要求。选择更能体现按劳分配原则的工资形式非常重要。例如,根据工种和工作的性质,可以选择计时工资形式,也可以选择计件工资形式。

(6)贯彻施工定额要和推广施工预算、加强班组核算结合起来。根据设计图纸,结合本企业和施工现场的实际情况编制施工预算,是加强企业计划管理、成本管理和经济核算的重要环节。施工预算是下达任务书和限额领料单的直接依据,它对于实行班组核算具有重要的作用。推广施工预算,可以促使班组有计划地、自觉地节约人工、材料和机械使用,可以加强成本的计划工作、控制成本支出和进行成本分析及考核。所以,推广施工预算、加强班组核算,是全面贯彻施工定额所必需的。表3-19为施工预算表。

施工预算表 表3-19

工程名称	部位层次	单位	工程数量	人工工日和工资				材料数量和金额							机械台班数量和金额			
				瓦工	钢筋工	单价	金额	钢材			水泥			合计金额	塔吊			合计金额
								数量	单价	金额	数量	单价	金额		数量	单价	金额	

四、施工定额的修订与补充

定额执行一段时间以后,由于施工中新结构、新材料的采用,由于新的施工方法推广和劳动生产率提高等原因,原先执行的施工定额逐渐地不再适应生产力发展的水平了,而成为落后、陈旧的定额,一般表现为以下三个方面:

(1)定额项目的水平明显落后于现有的生产力水平;

(2)缺少某些反映新结构、新材料和新的施工方法的定额项目;

(3)一些在实际工作中失去存在意义的定额项目仍未淘汰。

陈旧的、落后的定额不仅使定额应有的作用不能发挥出来,而如果长期允许这种情况存在,就会导致建设费用的增加,企业经营管理水平的下降,劳动纪律松弛、材料物质的浪费、机械利用率的降低等一系列不良的后果,当定额逐渐成为生产力进一步发展的障碍时,定额就应当重新修订。

例如:《广东省公路工程统一施工定额(试行本)　第二分册》就是根据广东省公路建设实践的估要,总结和拟定了大直径钻孔、钢壳沉井、悬浇预应力箱梁、大跨度(45～50m)预应力T梁等新工艺、新技术的施工定额。

定额需要一次又一次的修订,然而定额也必须有一个稳定的贯彻时期,相对稳定才能充分体现出定额的权威性。修订定额视需要可以是局部修订,也可以是全面修订。两者在方法上基本是相同的,仅在工作范围大小和工作量多少上不一样。

建国以后,公路工程概、预算定额在交通部领导下经过了多次修订,《公路工程施工定额》的修订,是经过广泛吸收各省(区)意见,注意各行业间、工种间、工序间的平衡,反复测算调整而成的。2007年交通部颁布了新的《公路工程预算定额》(JTG/T B06-02—2007)以后,新编定额的基础定额——新版的《公路工程施工定额》也已于2009年7月发布,并于2009年7月1日起实施。

在定额的贯彻执行过程中,应及时统计定额的完成情况,积累定额资料。分析工人完不成定额或大幅超定额的原因,研究劳动生产率水平变化状态和进一步提高劳动生产率的可能性。不断收集新工艺、新技术、新材料施工过程中的劳动力、材料、机械消耗情况,为修订、补充新的施工定额提供科学依据。

复习思考题

1. 施工定额的性质是什么?
2. 施工定额的作用包括哪些方面?
3. 施工定额的内容包括哪些?
4. 施工定额的编制原则是什么?
5. 工人工作时间消耗包括哪两类?其中必需消耗时间(定额的时间)包括哪些内容?
6. 机械的必需消耗的时间(定额的时间)包括哪些内容?
7. 影响工时消耗的因素包括哪些?
8. 扼要叙述计时观察资料的整理要考虑哪些方面?
9. 编制施工定额的准备工作主要有哪些?
10. 扼要叙述拟定时间定额的方法?
11. 什么是机械台班时间利用系数?
12. 材料消耗定额包括哪些内容?
13. 材料消耗定额测定方法有哪几种?
14. 混凝土配合比设计通常要求具有哪些基本条件?其配合比设计中的三个重要参数是什么?
15. 周转材料的含义是什么?在公路工程中用于周转的各种材料,其消耗定额是如何进行计算的?
16. 贯彻新编施工定额应采取哪些程序?
17. 贯彻施工定额要求全面加强企业管理,体现建立健全哪些制度和哪些措施?
18. 自行查阅《公路工程施工定额》,熟悉定额结构、表格的编排,阅读定额说明。

第四章

公路工程预算定额

知识目标

1. 阐述预算定额的概念和适用范围；
2. 描述预算定额的编制方法；
3. 描述预算定额的内容，阐释补充定额的编制方法；
4. 描述公路工程预算定额的内容与管理方法。

能力目标

1. 进行预算定额的编制操作；
2. 进行补充定额的编制计算；
3. 进行预算定额的管理。

●第一节　概　　述●

一、预算定额及其作用

1. 预算定额

预算定额是用于确定一定计量单位的分项工程或结构构件上的劳动力、材料和机械台班消耗量的数量标准，是在施工图设计阶段计算建筑安装产品价格的基础；是在施工定额的基础上，按照国家的方针、政策编制的，经过国家或授权机关批准的、具有权威性质的一种指标性文件；是一种具有广泛用途的计价定额。

预算定额反映在一定的施工方案和一定资源配置条件下施工企业在某个具体工程上的施工水平和管理水平，可作为施工中各项资源的直接消耗、编制施工计划和核算工程造价的依据。

2. 预算定额的作用

1）预算定额是国家对基本建设投资进行计划管理的重要依据

预算定额在定额体系中处于承上启下的位置。国家通过对预算定额的调节，达到对工程建设项目进行宏观控制，以实现基本建设投资的计划与管理。

2）预算定额是编制施工图预算、确定建筑安装工程预算造价、审查设计方案、考核设计水平的基础施工图设计一经确定,工程预算造价就取决于预算定额水平和人工、材料及机械台班的价格,从而确定工程项目的预算造价。预算定额起着控制劳动消耗、材料消耗和机械台班使用的作用,进而起着控制建筑产品价格水平的作用,成为上级单位审查设计方案,进行方案比选的依据,并依此来考核工程设计水平。

3)预算定额是编制施工组织设计,进行技术经济分析的依据

施工组织设计的重要任务之一,是确定施工中所需人力、物力的供求量,并做出最佳安排。施工单位在缺乏本企业的施工定额的情况下,根据预算定额,亦能够比较精确地计算出施工中各项资源的需要量,为有计划地组织材料采购和预制件加工、劳动力和施工机械的调配,提供了可靠的计算依据。目前,预算定额决定着施工单位的收入,施工单位就必须以预算定额作为评价企业管理工作的重要标准,作为努力实现的目标。

4)预算定额是进行工程拨款和办理工程结算的依据

工程结算是建设单位和施工单位按照工程进度对已完成的分部分项工程实现货币支付的行为。按进度支付工程款,需要根据预算定额将已完成分项工程的造价算出。单位工程验收后,再按已竣工工程量、预算定额和施工合同规定进行结算,以保证建设单位建设资金的合理使用和施工单位的经济收入。

5)预算定额是施工单位组织施工力量,编制施工计划及各种资源需要量计划、进行经济活动分析的依据

预算定额规定的物化劳动和劳动消耗指标,是施工单位在生产经营中允许消耗的最高标准。

施工单位可根据预算定额对施工中的劳动、材料、机械的消耗情况进行具体的分析,以便找出并克服低功效、高消耗的薄弱环节,提高竞争能力。只有在施工中尽量降低劳动消耗、采用新技术、提高劳动者素质、提高劳动生产率,才能取得较好的经济效果。

6)预算定额是编制概算定额的基础

概算定额是在预算定额基础上综合扩大编制的。利用预算定额作为编制依据,不但可以节省编制工作的大量人力、物力和时间,起到事半功倍的效果,还可以使概算定额在水平上与预算定额保持一致,以免造成执行中的不一致。

7)预算定额是合理编制招标标底、投标报价的基础

在社会主义市场经济不断深化的改革中,预算定额的指令性作用将日益削弱,而施工单位按照工程个别成本报价的指导性作用仍然存在,因此,预算定额作为业主编制标底的依据和施工企业投标报价的基础性作用仍将存在,这也是由于预算定额本身的科学性和权威性决定的。

二、预算定额的特点

1. 预算定额是一种计价性定额

预算定额对我国建设工程价格的计算确定以及建设工程价格的管理具有重要的指导意义,这是因为:

(1)建设工程预算定额本身就是国家建设行政主管部门编制、颁发的一项重要技术经济法规。它反映着现有生产力水平的条件下,工程建设产品生产和消费之间的客观数量关系;预算定额的各项指标代表着国家规定的施工企业在完成施工任务中的人工、材料、施工机械台班

消耗量的限度，这种限度决定了国家、建设工程投资者为最终完成建设工程能够对施工企业提供多少物质资料和生产资金。因此，从某种程度上看，预算定额是与建设工程产品生产有关的各部门、各单位之间建立经济关系的基础，与工程建设产品生产有关的经济单位——建设单位、施工单位、设计单位、咨询单位、物质生产与供应单位、银行等，都应该按照预算定额的指导来处理经济关系。

(2)由于工程产品具有单件性的特点，特别是公路工程建筑，每项工程产品不仅在实物形态上可能千差万别，而且在价值构成上也千变万化，对其价格进行合理的计算、确定与评价，远较一般的商品困难。预算定额作为国家给工程建设产品提供的统一的核算、评价尺度，把公路工程建设产品的价值以实物指标的形式反映出来，从而使有关单位能够据此合理地编制固定资产投资计划，正确地把握固定资产的投资规模，科学地对各地区、各部门的工程设计经济效果与施工管理水平进行统一的比较与考核，将各类工程建设的资源消耗控制在合理的水平上，按照预算定额的指导，有效地在工程建设领域内实行管理和经济监督等。

2. 预算定额科学地反映当前建筑业的劳动生产率水平

(1)预算定额的确定是以社会必要劳动量为依据的。预算定额的编制者是根据现实正常的施工生产条件、大多数企业的机械化水平、建筑行业平均的劳动熟练程度和强度，现行的质量评定标准、安全操作规程、施工及验收规范等情况，通过一系列必要的科学试验、理论计算，并在此基础上进行深入细致的调查研究、调整、修正，最终制定出来，用以具体计算、确定建筑安装工程预算定额中每个分项工程或结构构件的人工、材料、施工机械台班消耗指标的。

(2)预算定额消耗指标的确定不仅注意到及时反映科学研究、技术进步的成果，尽量采用已成熟并已推广的先进施工方法、管理方法以及新材料、新技术、新工艺等，同时，还注意到确保工程质量，确保大多数施工企业能够达到。因此，每一分项工程或结构构件的预算定额所反映的都是生产该种单位合格建筑安装产品所需要的社会平均的活劳动和物化劳动的消耗量——社会必要劳动时间，体现的是马克思所揭示的价值规律的客观要求。

3. 预算定额具有综合性

预算定额的综合性主要表现在以下两个方面：

(1)预算定额中每一分项工程或结构构件的人工、材料、施工机械台班的消耗指标，都是按照正常设计施工情况下，完成一定计量单位的假定合格工程产品所需要的全部工序来确定的。

(2)预算定额中消耗指标的确定既考虑了主要因素，又考虑了次要因素。例如，在确定桥梁工程的浆砌片石工作的人工消耗指标时，不仅考虑了砌体在桥梁的部位不同，如基础与护拱等部位在选、洗石料、搭拆脚手架、调制、运输砂浆、砌筑、勾缝、养生等工作所需主要用工的工日数，而且考虑了砌体高度不同，如实体式墩、台需要增加的工日数。

4. 预算定额中适当留有活口，体现了灵活性

由于建设工程具有产品单件性的特点，每一工程的设计和施工都难免会出现与预算定额中某些分项工程或结构构件不一致的情况。为了使预算定额在执行过程中能适应每一工程复杂的实际状况，使根据预算定额计算出的劳动耗费是完成一定量的合格工程产品所需的社会必要劳动耗费，以保证定额的适用性和使用的方便性，预算定额一般都明确规定：对于某些部分可以根据工程设计的具体情况，对定额中相应分项工程的有关实物消耗指标进行调整、换算和抽换。通常,我们将定额允许换算的部分称为“活口”。预算定额中适当留有活口,体现了其灵活性,这种灵活性是预算定额适用性的保证,有了灵活性,才便于预算定额更好地执行。

三、预算定额的种类

1. 按专业性质分类

按专业性质分,预算定额可分为建筑工程定额和安装工程定额两大类。建筑工程定额按专业对象分为公路工程预算定额、市政工程预算定额、铁路工程预算定额、建筑工程预算定额、房屋修缮工程预算定额、矿山井巷预算定额等。安装工程预算定额按专业对象分为电气设备安装工程预算定额、机械设备安装工程预算定额、通信设备安装工程预算定额、化学工业设备安装工程预算定额、工业管道安装工程预算定额、工艺金属结构安装工程预算定额、热力设备安装工程预算定额等。

2. 按管理权限和执行范围分类

从管理权限和执行范围划分,预算定额可以分为全国统一定额、行业统一定额和地区统一定额等。全国统一定额由国务院建设行政主管部门组织制定发行,行业统一定额由国务院行业主管部门制定,地区统一定额由省、自治区、直辖市建设行政主管部门制定。公路工程预算定额即是由交通部组织制定发行的,属于交通建设行业统一定额。

3. 按资源要素分类

预算定额按资源要素分为劳动定额、机械定额和材料消耗定额,但是它们是相互依存形成一个整体的,作为编制预算定额的依据,各自不具有独立性。

第二节　预算定额编制的原则、依据、程序与步骤

一、预算定额编制的原则

预算定额是确定某一项工程的人工、材料、机械费用的消耗水平的标准,又是确定直接费的依据,因而预算定额的编制是一项严肃的、科学的工作,既要坚持结合历史水平,又要照顾现实情况,还需考虑发展趋势。在编制预算定额时,要遵循下列原则。

1. 技术先进的原则

技术先进是指在编制过程中,结构选择、施工工艺、施工方法、经营管理和材料的确定等,要符合当前设计和施工技术与管理水平,使已经成熟并已推广的先进技术和先进管理经验能够得到进一步的推广和使用。

2. 按社会平均水平确定预算定额水平的原则

社会平均水平确定预算定额水平,就是说定额水平要符合社会必要劳动时间的中等水平,也就是要符合以经济合理为出发点来确定预算定额水平。

预算定额是确定和控制建设工程造价的主要依据,因此它必须遵照价值规律的客观要求,即按生产过程中所消耗的社会必要劳动时间来确定定额水平。所谓社会必要劳动时间,是指在现有的社会正常的生产条件下,在社会平均的劳动熟练程度和劳动强度下制造某种使用价值所需要的劳动时间。所以,预算定额的平均水平,是在正常的施工条件、合理的施工组织和

工艺条件、平均的劳动熟练程度和劳动强度下，完成单位分项工程基本构造要素所需的劳动时间。这里的平均水平是指大多数施工企业能够达到，少数施工企业可以超过，少数施工企业必须通过努力才能达到的水平。

预算定额的水平以施工定额水平为基础，两者有着密切的联系。但是，预算定额绝不是简单地套用施工定额的水平。首先，这里要考虑预算定额中包含了更多的可变因素，需要保留合理的幅度差。如人工幅度差、机械幅度差、材料的超运距、辅助用工及材料堆放、运输、操作损耗和由细到粗综合后的量差等。其次，预算定额是平均水平，施工定额是平均先进水平，所以两者相比预算定额水平要相对低一些。只有按平均水平的原则编制预算定额，才能使预算定额反映完成建筑安装工程单位合格产品所必需的社会劳动耗费，成为建设工程产品统一的核算尺度，预算定额才能发挥合理确定工程产品价格，正确编制固定资产投资计划，适度把握固定资产投资规模，恰当地补偿工程施工中的劳动耗费，促进施工企业搞好经济核算，提高投资经济效益等重要作用。

3. 简明适用的原则

在编制预算定额、划分其中分项工程项目时，必须坚持简明适用的原则。为此，编制预算定额时，对于那些主要的、常用的、价值量大的项目，分项工程划分宜细；次要的、不常用的、价值量相对较小的项目则可以放粗一些。

"简明"强调的是综合性，即在划分预算定额中的分项项目时，综合性一定要强，要在保证预算定额的分项项目相对准确的条件下，尽量使分项项目简明扼要，以尽可能地简化工程计价过程中的工程量计算工作。

"适用"则强调齐全性，指的是分项项目的划分在加强综合性的同时，必须注重实际情况，保证项目相对齐全，以利于预算定额的方便使用。

要体现简明适用的原则，就应在编制预算定额时采用"粗编细算"的方法。所谓"粗编"，是指分项项目的划分不能过多、过细，必须保持一定的步距，以体现综合性；所谓"细算"，是指在计算确定各分项工程的消耗指标时，必须全面细致、准确无误，既要进行理论计算和科学试验，又要进行大量深入、细致的调查研究及分析测算；既要考虑主要工序、主要因素，又要考虑次要工序、次要因素，使预算定额能满足"适用"的要求。简明适用，还要求合理确定预算定额的计量单位，简化工程量的计算，尽可能避免同一种材料用不同的计量单位和一量多用；尽量减少定额附注和换算系数。

4. 坚持统一性和差别性相结合的原则

所谓统一性，就是从培育全国统一市场、规范计价行为为出发点，计价定额的制定规划和组织实施由国务院建设行政主管部门归口，并负责全国统一定额制定或修订，颁发有关工程造价管理的规章制度等。这样就有利于通过定额和工程造价的管理实现建设工程价格的宏观调控。通过编制全国统一定额，使建设工程具有一个统一的计价依据，也使考核设计和施工的经济效果具有一个统一的尺度，避免分散编制预算定额可能产生的定额水平高低不一、地区和部门之间的建设工程产品缺乏可比性的状况，促进建筑业降低完成建筑安装产品的劳动耗费，提高投资效益。

所谓差别性，就是在统一性的基础上，各部门和省、自治区、直辖市主管部门可以在自己的管辖范围内，根据本部门和地区的具体情况，因地制宜地制定部门和地区性定额、补充性制度和管理办法。这是因为我国幅员辽阔,各地区、部门间的经济发展不平衡,在施工方法、技术水平、材料资源、交通运输、地理条件、自然气候等诸多条件上存在相当大的差别。所以,除了普遍性的定额项目由国家统一编制外,对地区性的定额项目、尚未在全国普遍推行的新定额项目等,必须交由地方解决。这样才能使各部门、各地区的工程价格计算能较好地体现工程的实际价值,才利于预算定额的执行。

二、预算定额编制的依据

编制预算定额应根据国家现行的基本建设有关规定、规范和标准。其主要依据如下。

1. 定额类的资料

定额类的资料主要包括现行劳动定额的施工定额。

由于施工定额主要用于企业内部的管理,因此,它所规定的实物消耗指标的水平是按"平均、先进"的原则确定的。预算定额中实物消耗指标的水平,要依据施工定额相应实物指标的水平稍做降低后再取定,以便使预算定额的消耗指标能保持平均水平。另外,预算定额分项工程的设置和计量单位的确定,也应参考施工定额,以保证两者的可比性,并简化预算定额的编制工作,缩短编制时间。

2. 历年颁布的预算定额及其编制的基础数据

过去颁布的预算定额,是修编预算定额的基础。如当前执行的《公路工程预算定额》(JTG/T B06-02—2007)(以下简称《预算定额》),是在交通部1992年《公路工程预算定额》的基础上修改、补充的。这是因为定额修编是一个继承和发展的过程,只要是仍然适用的部分,就应继续保留;而那些由于生产发展不再适用的部分,就应删去。另外,定额水平是提高还是降低了,也要用新旧定额进行对比分析才能知道。因此,每次修编定额,都离不开过去颁布的定额。

3. 有代表性的、质量较好的补充定额

在两次修编定额间隔期间,各地必然要编制一些补充定额,其中有代表性的、质量较好的补充定额,经过适当修订就可以纳入新定额项目中。

4. 现行设计规范、施工及验收规范、质量评定标准和安全操作规程

预算定额在确定人工、材料、机械台班消耗数量时,必须考虑各项规范的要求和规定。

5. 具有代表性的典型工程施工图及有关标准图

主要包括通用标准图集、定型设计图纸、具有代表性的典型工程图纸等。它们是编制预算定额时,选择施工方法,计算并综合取定各分项工程的工程量,进而计算、分析、确定预算定额中实物消耗指标的重要依据。

6. 新技术、新结构、新材料和先进的施工方法等

这类资料是调整定额水平和增加新的定额项目所必需的依据。

7. 有关科学试验、技术测定的统计、经验资料

这类资料是确定定额水平的重要依据。

8. 现行材料预算价格及有关文件规定等

主要包括现行的工资标准、材料预算价格、施工机械台班预算单价及有关文件规定等。

三、预算定额编制的程序

1. 根据需要选择划分工程量(分项工程)的标准,以明确定额的标定对象

划分工程量的标准可以是国家的统一标准(如我国基础定额的标准),也可以是某个行业协会制定的标准,还可以是招标单位为某个具体的工程所制定的标准。

2. 拟定工程的施工方案及相应的资源配置

不同的施工方案及资源配置情况会产生不同的资源消耗量。预算定额所规定的消耗量标准,是指在某一特定的施工方案及资源配置条件下的消耗量,所以在编制预算定额前,必须明确工程的施工方案及相应的资源配置。

3. 确定预算定额的消耗

根据拟定好的施工方案及相应的资源配置,设计分项工程施工的工艺流程,以明确分项工程施工中所包含的工作过程及各个工作过程之间的相互关系,并在此基础上,综合与此相关的施工定额消耗量形成预算定额的消耗量。

4. 编制预算定额项目表及相应的使用说明

定额项目表反映各个分项工程的定额消耗量,而有关定额的说明,主要是指对定额的编制原理、已包括的消耗内容、没包括的消耗内容以及有关附注等所作出的说明。定额项目表和相应的使用说明是预算定额不可缺少的组成部分,它们相辅相成,共同组成预算定额。

四、预算定额编制的步骤

预算定额的编制,大致可分为六个阶段。

1. 第一阶段:准备工作阶段

(1)拟定编制方案。

①编制目的和任务。

②编制范围及编制内容。

③编制原则和水平要求、项目划分和表现形式。

④编制依据。

⑤编制定额的单位及人员。

⑥编制地点及经费来源。

⑦工作的规划及时间安排。

(2)抽调人员成立编制组并根据专业需要划分编制小组和综合组。编制组一般可划分为:土建定额组、设备定额组、混凝土及木构件组、混凝土及砌筑砂浆配合比测算组和综合组等。

2. 第二阶段:收集编制资料阶段

(1)普遍收集资料。在已确定的编制范围内,采取用表格化收集定额编制基础资料,以统计资料为主,注明所需要的资料内容、填表要求和时间范围。其优点是统一口径,便于资料整理,并具有广泛性。

(2)专题座谈。邀请建设单位、设计单位、施工单位及管理单位的有经验的专业人员开座谈会,请他们从不同的角度就以往定额存在的问题谈各自的意见和建议,以便在编制新定额时改进。

(3)收集现行规定、规范和政策法规资料。主要包括以下内容:

①现行的定额及有关资料。

②现行的建筑安装工程施工及验收规范。

③安全技术操作规程和现行有关劳动保护的政策法令。

④国家设计标准规范。

⑤编制定额必须依据的其他有关资料。

(4)收集定额管理部门积累的资料。

①日常定额解释资料。

②补充定额资料。

③新结构、新工艺、新材料、新技术用于工程实践的资料。

(5)专项检查及试验。主要指混凝土配合比和砌筑砂浆试验资料。除收集试验试配资料外,还应收集一定数量的现场实际配合比资料。

3. 第三阶段:定额初级编制阶段

(1)确定编制细则。

①统一编制表格及编制方法。

②统一计算口径、计量单位和小数点位数的要求。

③统一名称、用字、专业用语、符号代码,文字简练明确。

(2)确定定额的项目划分和工程量计算规则。

(3)定额人工、材料、机械台班耗用量的计算、复核和测算。

4. 第四阶段:定额审核阶段

(1)审核初稿。定额初稿的审核工作是定额编制过程中必要的程序,是保证定额编制质量的措施之一。审稿工作的人选应由具备丰富经验、责任心强、多年从事定额工作的专业技术人员来承担。审稿主要内容如下:

①文字表达确切通顺,简明易懂。

②定额的数字准确无误。

③章节、项目之间有无矛盾。

(2)预算定额水平测算。在新定额编制成稿向上级机关报告以前,必须与原定额进行对比测算,分析水平升降原因。测算方法如下:

①按工程类别比例测算。首先在定额执行范围内,选择有代表性的各类工程,分别以新旧定额对比测算并按测算的年限,以工程所占比例加权以考察宏观影响。

②单项工程比较测算法。以典型工程分别用新旧定额对比测算,以考察定额水平升降及其原因。

5. 第五阶段:定稿报批整理资料阶段

(1)征求意见。定额编制初稿完成以后,需要组织征求各有关方面意见,通过反馈意见、分析研究,在统一意见基础上整理分类,制订修改、补充方案,形成审查意见。

(2)修改整理报批。根据审查意见修改方案,将初稿按照定额的顺序进行修改后,整理一套完整、字体清楚并经审核无误后形成报批稿,上报主管部门审批。

(3)撰写编制说明。定额批准后,为顺利地贯彻执行,需要撰写出新定额编制说明。主要包括以下内容:

①项目、子目数量。

②人工、材料、机械的内容范围。

③资料的依据和综合取定情况。

④定额中允许换算和不允许换算的规定和计算资料。

⑤人工、材料、机械单价的计算和资料。

⑥施工方法、工艺的选择及材料运距的考虑。

⑦各种材料损耗率的取定资料。

⑧调整系数的使用。

⑨其他应说明的事项与计算数据、资料。

(4)预算定额的资料整理、归档、成卷。定额编制资料是贯彻执行中需查对资料的唯一依据,也为修编定额提供历史资料数据,作为技术档案应予永久保存。

6. 第六阶段:预算定额的出版、发行

预算定额经批准后交付印刷、出版、发行,由定额主管部门颁布实施。

●第三节　预算定额编制的方法●

一、确定各项目的名称、工作内容及施工方法

为了计算不同的建筑产品的预算价格,首先必须将建筑产品,建筑物和构筑物划分为若干个单位工程,然后再划分为若干个分部、分项工程。对一个分项工程来说,影响其造价的因素还很多,预算定额则要根据它的施工方法、所使用的材料品种、型号、配合比等分为更小的项目,这些项目称为子项工程或工程细目。预算定额是以子项工程或工程细目为单元,来确定定额耗量的。把各子项、分项工程汇总起来,形成章、节,编成定额项目表,加上说明并装订成册,即成为预算定额手册。因此,预算定额编制首先要确定各项目的名称、工作内容及施工方法。

二、确定预算定额的计量单位

确定预算定额的计量单位应以满足计量单位与相应工程项目内容相适应,便于计算工程量,能反映分项工程最终产品形态和实物量,计量使用方便为原则。

1. 项目的计量单位取定

一般情况下,计量单位按下述方法取定:

(1)物体厚度一定时,以平方米(m^2)为单位,如路基垫层、基层、路面面层(沥青混凝土除外)等。

(2)物体截面积一定时,以延米(m)为单位,如管道、输电线、伸缩缝、栏杆等。

(3)形状为任意时,以立方米(m^3)为单位,如混凝土工程、砖石工程、土石方工程等。

(4)金属结构以质量(t 或 kg)为单位。如钢筋工程等。

(5)零星工程以个、套为单位,如泄水管等。

计量单位确定后，为便于定额的制定和使用，在定额项目表中，一般要把计量单位扩大10倍、100倍或1 000倍，作为预算定额的单位。

2. 人工、材料、机械计量单位及小数位数的确定

（1）人工：工日为单位，取一位小数（公路工程预算定额）或取两位小数（建筑工程预算定额）。

（2）基价：元为单位，取整数。

（3）主要材料及半成品：

木材：m^3，取3位小数；

钢筋、型钢：t，取3位小数；

小五金：kg，取1位小数；

水泥、石灰：t，取3位小数；

砂浆、混凝土：m^3，取2位小数；

砂、石料：m^3，取2位小数。

（4）其他材料费：元为单位，取一位小数。

（5）机械：台班为单位，取两位小数。

三、按典型设计图纸和资料计算工程量

预算定额的工程量采用典型的设计图纸和标准图来计算出分项工程的工程量，作为计算定额耗量的基础。

四、确定人工定额消耗量指标

1. 预算定额的人工消耗

预算定额中的人工消耗量是指在正常施工条件下，生产单位合格产品所必须消耗的人工工日数量。

由于预算定额是计价性定额，所以其人工工日消耗是指在施工现场为完成该分项工程的施工任务所必需的"所有"的消耗。具体地说，它应该包括为完成分项工程所综合的各个工作过程的施工任务而在施工现场开展的各种性质的工作所对应的人工消耗。按工作性质分，应包括基本性工作、现场水平运输、辅助性工作以及一些零星的很难单独计量的工作所对应的工时消耗。在把施工定额综合成预算定额的过程中，我们把上述几项工作所对应的人工消耗分别称为基本用工、超运距用工、辅助用工以及人工幅度差。

1）基本用工

基本用工是指完成单位合格分项工程所包括的各项工作过程的施工任务所必须消耗的技术工种的用工，是预算定额人工消耗量的主要组成部分。

由于预算定额是综合性定额，每个分项定额都综合了数个工序内容，各种工序用工等级均不一样。因此，完成定额单位产品的基本用工量又包括两部分，即该分项工程主体工程的用工量和附属于主体工程中各工程的加工而增加的用工量。例如，在墙体砌筑工程中，砌筑墙体、调制砂浆、运输砖和砂浆等为主要用工。由于预算定额具有较强的综合性，需考虑的因素较多，包括的内容较广，如现浇钢筋混凝土基础工程，包括：模板制作、安装、拆除、修理、涂脱模

剂,混凝土配料、拌和、运输、浇筑、捣固、养护等基本工作内容的基本用工。它综合了模板制作安装、浇筑混凝土两个施工过程。因此,应将这些用工数累计后,才是预算定额的基本用工数。

预算定额在规定人工消耗量时,必须予以反映,酌情增加用工量。这部分需增加的用工称为“加工用工”,需按相应的方法单独计算后,并入基本用工中。

基本用工的计算公式如下:

$$基本用工 = \sum(劳动定额 \times 综合取定的工程量) \tag{4-1}$$

2)超运距用工

超运距用工是指编制预算定额时,材料、半成品等在施工现场的合理运输距离超过劳动定额规定的运距时,应增加的运输用工量。劳动定额中材料运距的用工是按合理的施工组织规定的,实际上各类建设场地的条件很不一致,实际运距与劳动定额规定的运距往往有较大的出入。编制预算定额时,必须根据全国或本地区各施工现场的实际情况综合取定一个合理运距。

$$超运距 = 预算定额取定的运距 - 施工定额已包括的运距 \tag{4-2}$$

超运距用工量应按各种超运距的材料数量和相应的超运距时间定额进行计算。计算公式如下:

$$超运距用工 = \sum(时间定额 \times 超运距材料数量) \tag{4-3}$$

在预算定额中,超运距用工量列入其他用工量中。

3)辅助用工

辅助用工是指技术工种劳动定额内不包括而在预算定额内又必须考虑的用工。例如,机械土方工程配合用工、材料加工配合用工(如筛砂、洗石子)等。计算辅助用工量的计算公式如下:

$$辅助用工 = \sum(材料加工数量 \times 相应加工材料的劳动定额) \tag{4-4}$$

在预算定额中,辅助用工量列入其他用工量中。

4)人工幅度差

人工幅度差即预算定额与劳动定额的差额,主要是指劳动定额中未包括而在正常施工条件下不可避免但又很难准确计量的各种零星的人工消耗和各种工时损失。人工幅度差的内容包括以下内容:

(1)各种工种之间的工序搭接及交叉作业互相配合或相互影响所需停歇的时间。

(2)施工机械在单位工程之间转移及临时水电线路在施工过程中移动所发生的不可避免的工作间歇时间。

(3)工程质量检查与隐蔽工程验收而影响工人的操作时间。

(4)场内单位工程之间因操作地点转移而影响工人的操作时间。

(5)施工过程中工种之间交叉作业难免造成的损坏所必须增加的修理用工。

(6)施工中不可避免的少数零星用工。

人工幅度差的计算公式为:

$$人工幅度差 = (基本用工 + 超运距用工 + 辅助用工) \times 人工幅度差系数 \tag{4-5}$$

人工幅度差系数一般为10%~15%。在预算定额中,人工幅度差的用工量列入其他用工量中。

综上所述，预算定额中的人工消耗量为：

人工消耗量 =（基本用工 + 超运距用工 + 辅助用工）×（1 + 人工幅度差系数）　(4-6)

人工幅度差系数的取值因不同专业和不同分项工程而异。表 4-1 是《预算定额》制定时取用的人工幅度差系数的情况。

人工幅度差系数表　　表 4-1

预算定额工程项目	系　数
准备工作、土方、石方、安全设施、材料采集加工、材料运抬	1.04
路面、临时工程、纵向排水、整修路基、其他零星工程	1.06
砌筑、涵管、木作、支拱架、混凝土及钢筋混凝土、沿线房屋	1.08
隧道、基坑、围堰、打桩、造孔、沉井、安装、预应力、钢桥	1.10

《预算定额》的人工幅度差考虑了下述因素：

(1) 工序搭接及转移工作面的间断时间。

(2) 各工种交叉作业的相互影响。

(3) 工作开始及结束时由于放样交底及任务不饱满而影响产量。

(4) 配合机械施工及移动管线时发生的操作间歇。

(5) 检查质量及验收隐蔽工程时影响工时利用。

(6) 因雨雪或其他原因需排除故障。

(7) 其他零星工作。如临时交通指挥、安全警戒、现场挖沟排水、修路材料整理堆放、场地清扫等。

(8) 由于图纸或施工方法的差异需增加的工序及工作项目。

应当指出，上述人工幅度差系数与其他专业的取值的含义不同，如一般土建工程预算定额的人工幅度差系数是个小于 1 的百分数。如某分项工程的预算定额用工计算公式为：

预算定额用工数 =（基本用工 + 超运距用工 + 辅助用工）× 人工幅度差系数　(4-7)

2. 各种用工量的计算

(1) 基本用工工日数的计算。基本用工工日数按综合取定的工程量套用《公路工程施工定额》计算。

【例 4-1】　人工挖运土的预算定额，按陡坡土方 5%、槽内土方 15%、槽外土方 80% 取定，天然密实土；定额单位为 1 000m^3。试计算挖普通土、人工运输 20m 的基本用工工日及定额用工。

【解】　①挖陡坡土方的用工量。查《公路工程施工定额》11-2-1（页号-章号-表号），见表 4-2。则确定普通土的劳动定额为 0.14 工日/m^3。

人工挖陡坡土方 1m^3 的劳动定额　　表 4-2

项　目	松　土	普 通 土	硬　土
时间定额	0.085	0.14	0.21
每工产量	11.765	7.143	4.762
编号	1	2	3

$$用工量=1\,000\times5\%\times0.140=7(工日)$$

②挖槽内土方的用工量。查《公路工程施工定额》12-2-2,见表4-3。劳动定额为0.269工日/m^3。

人工挖运土每1m^3的劳动定额　　表4-3

项　目	第一个20m挖运						每增运10m		序号
	槽外			槽内					
	松土	普通土	硬土	松土	普通土	硬土	挑运	手推	
时间定额	0.158	0.231	0.33	0.177	0.269	0.379	0.025	0.01	—
每工产量	6.329	4.329	3.03	5.65	3.717	2.639	40	100	
编号	1	2	3	4	5	6	7	8	

$$用工量=1\,000\times15\%\times0.269=40.35(工日)$$

③挖槽外土方的用工量。查《公路工程施工定额》12-2-2,见表4-3。劳动定额为0.231工日/m^3。

$$用工量=1\,000\times80\%\times0.231=184.8(工日)$$

设工人等级与劳动定额规定的工人等级相同。

④本项目无超运距用工及辅助用工。

⑤基本用工:

$$基本用工=7+40.35+184.8=232.15(工日)$$

⑥定额用工。查人工幅度差系数表(表4-1)知:

$$幅度差系数=1.04$$

$$则定额用工=232.15\times1.04=241.44(工日)$$

(2)超运距用工量的计算。

$$超运距距离=预算定额规定的运距-施工定额规定的运距$$

$$超运距用工=\sum超运距材料数量\times时间定额$$

(3)辅助用工量的计算。

辅助用工量的计算方法与基本用工量的计算方法相同。

五、确定材料消耗量定额指标

1. 材料消耗量包含的内容

材料消耗量是指在正常施工和合理使用材料的条件下,完成单位合格产品所必须消耗的材料数量,它包括以下四种:

(1)主要材料。指直接构成工程实体的材料,其中也包括成品、半成品的材料。

(2)辅助材料。指构成工程实体除主要材料以外的其他材料,如垫木、钉子、铅丝等。

(3)周转性材料。指脚手架、模板等多次周转使用的不构成工程实体的摊销性材料。

(4)其他材料。指用量较少,难以计量的零星用量。如棉纱、编号用的油漆等。

2. 材料消耗量计算方法

在建设工程成本中,材料费一般约占70%左右,因此,正确确定材料消耗量,对合理使用材料,减少材料积压或浪费,正确计算、控制建设工程成本乃至建设工程产品价格等,都具有十分重要的意义。材料消耗量计算方法主要有以下几种:

(1)凡有标准规格的材料,按规范要求计算定额计量单位耗用量。

(2)凡设计图纸标注尺寸及下料要求的按设计图纸尺寸计算材料净用量。

(3)换算法。各种胶结、涂料等材料的配合比用料,可以根据要求条件换算,得出材料用量。

(4)测定法,包括试验室试验法和现场观察法。指各种强度等级的混凝土及砌筑砂浆配合比的耗用原材料数量的计算,需按照规范要求进行试配、试压合格后,经过必要的调整而得出的水泥、砂子、石子、水的用量。对新材料、新结构又不能用其他方法计算定额消耗用量时,需用现场测定法来确定,根据不同条件可以采用写实记录法和观察法,得出定额的消耗量。

(5)其他材料的确定。一般按工艺测算并在定额项目材料计算表内列出名称、数量,并依编制期价格以其他材料占主要材料的比率计算,列在定额材料栏之下,定额内可不列材料名称及耗用量。

预算定额的材料消耗量由材料的净用量和各种合理损耗组成,其中材料的净用量的计算在施工定额中已做介绍。

各种合理损耗是指场内运输损耗和操作损耗,而场外运输损耗和工地仓库保管损耗则纳入材料预算价格之中。

对于周转性的材料,在施工定额一章中已经做了介绍,这是要说明的是,《预算定额》中对周转性材料采用了多次使用、平均摊销的方法,即不考虑替换,也不考虑回收。原 1979 年的《建筑工程预算定额》是按周转回收计算的;1973 年以前的《公路工程预算定额》,对拱盔、支架、现浇混凝土模板等,按周转性材料计算,在定额中以分数形式表示,分子为摊销数量,分母为备料数量;在计算中,考虑其维修的替换材料,使用不同次数的回收量和回收折价率以及施工管理费等因素确定。

六、确定施工机械台班消耗量指标

预算定额中的机械台班消耗量指标,是根据其施工定额各分项工程的机械台班耗用量,再考虑机械的幅度差来确定。

1. 施工机械台班消耗量包含的内容

预算定额中的施工机械台班消耗量是指在施工机械正常施工条件下,完成单位合格产品(分部、分项工程或结构构件)所必须消耗的某种型号施工机械的台班数量。

预算定额中的施工机械台班消耗量由基本台班数量(即按机械台班确定的为完成定额计量单位建设工程产品所需的施工机械台班数量)和机械台班幅度差构成。

机械台班幅度差是指在编制预算定额时,在按照统一劳动定额计算施工机械台班的耗用量后,尚应考虑在合理的施工组织设计条件下机械停歇的因素而另外增加的机械台班消耗量。

机械台班幅度差一般包括正常施工组织条件下不可避免的机械空转时间,施工技术原因的中断及合理停滞时间,因供电供水故障及水电线路移动检修而发生的运转中断时间,因气候变化或机械本身故障影响工时利用的时间,施工机械转移及配套机械相互影响损失的时间,配合机械施工的工人因与其他工种交叉造成的间歇时间,因检查工程质量造成的机械停歇时间,工程收尾和工作量不饱满造成的机械停歇时间等。

《预算定额》的机械台班幅度差考虑了下列因素：

(1)正常施工组织情况下不可避免的机械空转、技术中断及合理停滞时间。

(2)必要的备用台数造成的闲置台班。

(3)由于气候关系或排除故障影响台班的利用。

(4)工地范围内机械转移的台班数，及非自行式机械转移时所需的运载牵引工具。

(5)配套机械相互影响所损失的时间，及停车场至工作地点超定额运距所需的时间。

(6)施工初期限于条件所造成的效率差，及结尾时工程量不饱满所损失的时间。

(7)因供电、供水故障，及水电路线的移动检修而发生的运转中断。

(8)不同厂牌机械的效率差、机械不配套造成的效率低。

(9)工程质量检查的影响。

2. 机械台班幅度差的计算

对不同的机械和不同的服务对象，其幅度差系数是不同的。施工机械幅度差的台班量，应以需要计算机械幅度差的施工机械台班耗用量为基数，乘以现行的相应机械的幅度差系数计算确定。

$$\text{预算定额机械幅度差} = \text{施工定额机械耗用台班} \times \text{机械幅度差系数} \tag{4-8}$$

一般而言，以台班产量计算机械消耗量的大型施工机械需要增加机械幅度差，而以小组产量计算机械消耗量的中小型施工机械则不另增加机械幅度差。其他分部工程中，如钢筋加工、木材等，各项专用机械的幅度差为10%。

公路工程预算定额的机械台班消耗量指标按下述方法确定。

(1)按施工定额的机械台班消耗量乘幅度差系数的方法确定预算定额。

(2)按劳动组织配备计算机械台班数量。

这时机械幅度差系数一律按1.05进行计算。

综上所述，预算定额的机械台班消耗量按公式(4-9)计算：

$$\text{预算定额机械耗用台班消耗量} = \text{施工定额机械耗用台班} \times (1 + \text{机械幅度差系数}) \tag{4-9}$$

七、预算定额基准价的确定

预算定额基准价即定额基价，是预算定额单位分项工程或结构件等所需全部人工费、材料费、施工机械使用费之和，是预算定额价格表现的具体形式。计算公式为：

$$\begin{aligned}\text{预算定额基准价} &= \text{预算定额单位人工费} + \text{预算定额单位材料费} \\ &\quad + \text{预算定额单位施工机械使用费} \\ &= \sum(\text{人工预算定额消耗量} \times \text{人工工资单价}) \\ &\quad + \sum(\text{材料预算定额消耗量} \times \text{材料预算价格}) \\ &\quad + \sum(\text{施工机械预算定额消耗量} \times \text{机械台班费用单价})\end{aligned} \tag{4-10}$$

预算定额基价的制定依据，是以编制期当年北京市或当地的省会城市的工资标准、材料预算价格和机械台班费用单价计算基准价。如《公路工程预算定额》(JTG/T B06-02—2007)是全国公路专业统一定额，因此是按北京市2007年人工工资、材料预算价格、机械使用费计算的；甘肃省的补充定额则是以兰州市的为准。同时在预算定额表中一般应列出定额基价所依据的单价，并且在附录中列出材料预算价格表。

●第四节　补充定额的编制●

一、补充定额编制的条件

当设计图纸上某项工程采用新材料、新结构、新工艺、新设备，而现行的计价定额资料又无近似的可资利用的工料消耗和机械台班定额来编制这类工程造价时，可以编制补充定额作为工程造价计价的依据。这是编制补充定额必须遵守的一条基本原则。凡有近似定额可以套用的，均不允许编制补充定额，但也不能随意套用工程内容不同和差异较大的定额作为计价依据。

二、补充定额编制的方法和原则

(1)补充定额的内容和表现形式，如定额的计量单位、工程内容等必须与现行的同类定额标准一致。

(2)编制补充定额要做到科学合理、严谨准确、简明适用、便于摘取工程量进行计价，同时要符合技术规范、施工安全操作规程和有关规定。

(3)要根据设计图纸按施工工序计算出全部工序的工程细目数量，以便将确定的定额子目折算成定额单位的工程含量，计算工料机消耗量。如无图纸资料，必须自行绘制草图，作为计算工程数量的依据。总之，要有依有据。

(4)人工、材料、施工机械的基本消耗定额资料，可参照《预算定额》附录中的各种计算基础资料、基本定额、材料的周转及摊销等，作为计算分析的依据。当没有资料可利用参考时，应在确定合理的劳动组合，安全可靠的施工方法和最大可能的工时利用的原则下，通过必要的调查研究确定各种消耗水平，作为编制定额的依据。

(5)在编制公路工程概预算时，若施工机械台班费用定额缺项，可以编制补充定额。但必须参照制定同类型号施工机械台班费用所采用的基础数据资料，包括使用总台班、年工作台班、时间利用系数、大修理费和经常修理费标准、油燃料消耗的计算原则以及人员配备等作为计算编制依据，不得随意提高或降低标准。同时，要确定相应的产量定额，以便与台班费用定额配套使用。至于购置新的或进口同类型施工机械设备的补充定额，其编制原则和方法应按照国家统一规定，取定各项计算数据。

(6)要按照制定概预算定额的方法和要求，编制人工、机械台班数量计算表，材料消耗数量计算表，其他材料费、小型机具使用费、设备摊销费计算表，基价及重量计算表，最后提出定额成果表并写出定额编制说明，作为公路工程造价文件的附件。同时，应抄送当地公路(交通)工程定额(造价管理)站备查。若有普遍使用和推广价值的，定额管理部门可以作为工程价格信息进行交流。

三、补充定额编制的步骤

编制一个补充定额，一般要经过以下步骤：

(1)确定补充定额的子目名称。

(2)确定补充定额的计量单位。

(3)确定补充定额项目的工作内容。

(4)根据子目划分原则和综合误差进行子目平衡。

(5)按典型设计图纸和资料,根据工程量计算规则计算补充定额项目的工程数量。

(6)计算补充定额项目的人工、机械台班消耗数量。

(7)计算补充定额项目的材料消耗数量。

(8)计算其他材料费、小型机具使用费、设备摊销费。

(9)计算定额基价及材料总重量。

(10)整理出补充定额成果表并写出编制说明。

四、补充定额编制示例

1. 花岗岩贴面补充预算定额的编制

【例 4-2】 已知:某桥梁结构物花岗岩贴面工程的定额测定资料如下:

(1)完成 $1m^2$ 花岗岩贴面消耗的基本工作时间为 240min,辅助工作时间占工作班连续时间的 2%,准备与结束工作时间占工作班连续时间的 2%,不可避免的中断时间占工作班连续时间的 1%,休息时间占工作班连续时间的 15%。

(2)每贴面 $100m^2$ 花岗岩需消耗 M7.5 级水泥砂浆 $5.55m^3$,花岗岩板 $102m^2$,白水泥 15kg,铁件 34.87kg,塑料薄膜 $28.05m^2$,水 $1.53m^3$(注:材料消耗量中均已包含场内运输及操作损耗量)。

(3)水泥砂浆用 200L 灰浆搅拌机拌和,劳动组合为 25 个生产工人/班组。

(4)人工幅度差系数为 1.1,机械幅度差系数为 1.05。

(5)该工程所在地的预算价格如下:

①人工工资单价:49.20 元/工日;

②花岗岩板预算价格:300.00 元/m^2;

③白水泥预算价格:450.00 元/t;

42.5 级普通硅酸盐水泥预算价格:350.00 元/t;

④铁件预算价格:5.33 元/kg;

⑤塑料薄膜预算价格:1.00 元/m^2;

⑥水预算价格:1.50 元/m^3;

⑦电预算价格:0.80 元/(kW·h);

⑧中(粗)砂预算价格:60.00 元/m^3;

⑨200L 砂浆搅拌机的台班价格为 97.96 元/台班。

试根据以上已知条件:

(1)计算完成 $1m^2$ 花岗岩贴面的劳动定额。

(2)编制花岗岩贴面的补充预算定额(定额计量单位为 $100m^2$)。

【解】 (1)计算完成 $1m^2$ 花岗岩贴面的劳动定额。

假定花岗岩贴面的工作班连续时间为 x,则

x = 基本工作时间 + 辅助工作时间 + 准备与结束工作时间 + 中断时间 + 休息时间

$x = 240 + 2\% x + 2\% x + 1\% x + 15\% x$

$x = 240 \div [1 - (2\% + 2\% + 1\% + 15\%)] = 300(\text{min/m}^2)$

桥涵工程每工日按 8h 计算，完成 1m^2 花岗岩贴面需要的时间定额和产量定额为：

时间定额 = 300(min) ÷ 60 ÷ 8 = 0.625(工日/m^2)

产量定额 = 1 ÷ 0.625 = 1.6(m^2/工日)

(2)编制花岗岩贴面的补充预算定额(计量单位为 100m^2)。

预算定额由人工、主要材料和施工机械的消耗量构成。人工消耗量由施工定额中劳动定额乘以幅度差系数确定；主要材料消耗量根据测定的数量确定；施工机械消耗量由施工定额中的机械定额乘以幅度差系数确定。

①人工消耗量：

由题意可知，由施工定额综合为预算定额的人工幅度差为 1.1，则

人工数量 = 0.625 × 1.1 × 100 = 68.75(工日/100m^2)

②材料消耗：

铁件数量：34.87 × 1 = 34.87(kg/100m^2)

白水泥数量：0.015 × 1 = 0.015(t/100m^2)

42.5 级水泥数量：0.261 × 5.55 = 1.449(t/100m^2)

水数量：1.53 × 1 = 1.53(m^3/100m^2)

花岗岩板数量：102 × 1 = 102(m^2/100m^2)

中(粗)砂数量：1.11 × 5.55 = 6.16(m^2/100m^2)

塑料薄膜数量：28.05 × 1 = 28.05(m^2/100m^2)

③机械消耗：

由题意可知，由施工定额综合为预算定额的机械幅度差系数为 1.05，则 200L 砂浆搅拌机数量为：0.625 × 100 ÷ 25 × 1.05 = 2.63(台班/100m^2)。

④定额基价：

定额基价 = ∑(工、料、机消耗量 × 统一的工、料、机的价格)

= 68.75 × 49.2 + 34.87 × 5.33 + 0.015 × 450 + 1.449 × 350 + 1.53 × 1.5 − 102 × 300 + 6.16 × 60 + 28.05 × 1 + 2.63 × 97.96

= 35 340(元)

2. 预应力锚索预算定额的编制

【例 4-3】 某工程锚索深度为 30m，直径为 110cm，土质为砂砾层。根据资料编制预应力锚索的缺项的人工、机械施工定额及预算定额。

【解】 (1)根据预应力锚索的作用、设计图纸和掌握的施工方法，制定施工工序及工作内容。

①钻孔：准备钻具，钻孔，清孔，测量孔深。

②编束：灌水泥浆上导向帽，在锚固段安放扩张环、定位片、箍环。

③浇筑混凝土锚垫墩，安放喇叭形套管、螺旋筋。

④穿束：检查预留孔道，穿钢绞线。

⑤压浆：对锚固段压浆，用沥青麻丝堵头，不能使水泥浆进入自由段；根据图纸需 M30 级水泥浆灌浆，长度为 8.8m。

⑥在自由段安放聚乙烯套管。

⑦安锚具，张拉，做好张拉记录。

(2)确定定额单位：孔。

①编制缺项的人工、机械施工定额及预算定额。

a. 用 MG—50 型钻机钻孔：孔深 30m，砂砾层。经调查为 4 人 12h 钻成一个孔，并配 $17m^3/min$的空压机。已知钻机和空压机由施工定额综合为预算定额的机械幅度差系数为 1.54，人工幅度差系数为 1.1，则

钻机及空压机：$1.5 \times 1.54 = 2.31$(台班/孔)

人工：$4 \times 1.5 \times 1.1 = 6.6$(工日/孔)

b. 编束。经调查为 4 人半天 1 孔，则

人工：$4 \times 0.5 \times 1.1 = 2.2$(工日/孔)

c. 穿束、压浆、穿聚乙烯套管、安放锚具、张拉。经调查为 6 人 1 天 1 孔，则

人工：$6 \times 1.1 = 6.6$(工日/孔)

根据施工定额：则

预应力拉伸机：$0.326 \times 0.8 \times 1.66 = 0.43$(台班/孔)

压浆机及灰浆搅拌机：$0.11 \times 3 \times 2.0 = 0.66$(台班/孔)

其中，预应力拉伸机的机械幅度差系数为 1.66，压浆机及灰浆搅拌机的机械幅度差系数为 2.0。

d. 混凝土锚垫墩。参照《预算定额》4-7-28-9 混凝土块件木模，则

人工：$(45.96/1.01 \times 1.1 \times 54.5/142)/10 = 1.92$(工日/孔)

(注：浇筑 $1m^3$ 成品构件需混凝土 1.01 m^3，人工幅度差系数为 1.1)

②计算每孔的材料数量。

根据图纸可知，142 个孔需钢绞线 19.616t，加工钢材 0.734t，直径 20mm 的压浆软管 4 374m，直径 70mm 聚乙烯套管 3 081m，C20 混凝土垫墩混凝土体积 $54.5m^3$，各种材料损耗率查预算定额附录，则

a. M30 级水泥砂浆：$(0.11/2)^2 \times 3.14 \times 8.8 \times 1.05 = 0.088(m^3)$

查砂浆配合比表，知每 $1m^3$ 的 M30 级水泥砂浆需水泥 0.731t，中(粗)砂 $0.95m^3$，水 $1.6m^3$，则

水泥：$0.731 \times 0.088 = 0.064$(t)

中(粗)砂：$0.95 \times 0.088 = 0.84(m^3)$

水：$1.6 \times 0.088 = 0.14(m^3)$

b. 钢绞线：$19.676/142 \times 1.04 = 0.144$(t)

c. 加工钢材：$(0.296 + 0.077 + 0.232 + 0.129)/142 \times 1.06 = 0.006$(t)

d. 螺旋筋：$5.385/142 \times 1.025 = 0.039$(t)

e. 直径 20mm 的压浆软管：$4\ 374/142 \times 1.04 = 32$(m)

f. 直径 70mm 聚乙烯套管：$3\ 081/142 \times 1.06 = 20$(m)

g. VSL6—4 锚具:142/142 ×1.02 =1.02(个)

h. C20 混凝土垫墩:54.5/142 =0.384(m^3)

锯材:0.611/10.1 ×1.02 ×0.384 =0.024(m^3)

铁钉:20.5/10.1 ×1.02 ×0.384 =0.795(kg)

水泥:3.434/10.1 ×1.02 ×0.384 =0.133(t)

中(粗)砂:4.95/10.1 ×1.02 ×0.384 =0.192(m^3)

2cm 碎石:8.28/10.1 ×1.02 ×0.384 =0.321(m^3)

水:16/10.1 ×1.02 ×0.384 =0.621(m^3)

其他材料费:7.6/10.1 ×1.02 ×0.384 =0.29(元)

小型机具使用费:10.2/10.1 ×1.02 ×0.384 =0.40(元)

③成果表。

工作内容:钻孔、编索、穿束、压浆、张拉、混凝土锚垫墩。部分定额项目见下表。

定额单位:10 孔

序 号	项 目	单 位	代 号	预应力锚索
1	人工	工日	1	173.2
2	锯材	m^3	11	0.24
3	钢筋	t	17	0.39
4	钢绞线	t	125	1.44
5	加工钢材	t	183	0.06
6	铁钉	kg	653	7.95
7	VSL6—4 锚具	个	新增	10.2
8	32.5 级水泥	t	832	1.97
9	水	m^3	866	7.61
10	中(粗)砂	m^3	899	2.76
11	2cm 碎石	m^3	951	3.21
12	420mm 压浆软管	m^3	新增	320
13	70mm 聚乙烯套管	m^3	新增	230
14	其他材料费	元	996	2.9
15	MC—50 钻机	台班	新增	23.0
16	灰浆搅拌机	台班	1280	6.6
17	压浆机	台班	1353	6.6
18	预应力拉伸机	台班	1343	4.3
19	17 m^3/min 空压机	台班	1838	23.1
20	小型机具使用费	元	1998	4
21	基价	元	1999	略

• 第五节　公路工程预算定额的内容与管理 •

一、公路工程预算定额手册

目前,公路行业执行的定额是2007年交通部公布的《公路工程预算定额》(JTG/T B06-02—2007),其就是以定额手册方式颁布发行的。

预算定额中一般除了各种工、料、机消耗指标外,还列有定额基价。新的公路工程定额基价是以北京市2007年的人工、材料预算价格计算的;机械使用费是按2007年交通部公布的《公路工程机械台班费用定额》(JTG/T B06-03—2007)计算的。在预算定额附录中还列有材料名称、规格、重量以及单价。

2007年版《预算定额》的内容包括说明部分(总说明、章说明、节说明)、定额表及附录。定额的总说明是涉及定额使用方面的全面性的规定和解释。它是非常重要的,需要真正理解、切实掌握,而且应当记住,稍有疏忽便会产生错误。

1. 说明部分

1)总说明

总说明是针对全套定额而言的说明,一般应包括以下内容:

(1)定额的适用范围,主要作用。

(2)定额的结构形式,计算方法。

(3)定额的编制顺序及主要内容。

(4)定额水平的确定标准及定额所依据的规范、规程、标准等。

(5)定额中每工日的含义。

(6)贯穿全套定额的工作内容的说明。

(7)人工、材料、机械消耗量指标的含义及内容。

(8)各种配合比的使用规定。

(9)定额的使用及换算规定。

(10)其他有关问题的说明及规定。

2)章说明

章说明是针对本章的规定及说明,一般包括以下内容:

(1)定额子目的划分依据。

(2)有关本章的工作内容的共同规定。

(3)定额的使用规定。

(4)工程量计算规则等。

3)节说明

节说明一般在本节定额表的左上端,是针对本节的工作内容、主要施工方法、工艺、工具的简要说明。

4)附注

附注是针对某一项定额的补充说明或规定。并非所有定额都有附注,附注仅在那些需要说明而定额表中又难以表示清楚的定额后才出现。附注一般放在需要注明的定额表的左下方。

2. 定额表

定额表是定额手册的主要组成部分，规定完成某定额单位的合格产品所需的人工消耗量指标、各种材料消耗量指标、各种型号的机械台班消耗量指标，以及根据定额手册取定的人工、材料、机械台班预算单价计算的该定额单位合格产品的基价等。表 4-4 为《预算定额》中第四章“桥涵工程”第五节“砌筑工程”“4-5-4　浆砌料石”的定额表式。

浆 砌 料 石　　表 4-4

工程内容：1）选、修、洗石料；2）搭、拆脚手架、踏步或井字架；3）配、拌、运砂浆；4）砌筑；5）勾缝；6）养生。

单位：$10m^3$

顺序号	项目	单位	代号	墩、台、墙粗料石镶面 高度（m）		轻型墩台拱上横墙墩上横墙	粗料石拱圈 跨径（m）		粗料石帽石、缘石	粗料石栏杆	细料石栏杆	细料石索塔立柱
				10 以内	20 以内		20 以内	50 以内				
				1	2	3	4	5	6	7	8	9
1	人工	工日	1	20.1	21.9	21.0	19.7	22.0	24.1	27.1	33.0	34.1
2	M7.5 水泥砂浆	m^3	66	(2.00)	(2.00)	(2.00)	(2.00)	(2.00)	(2.00)	(2.00)	(1.30)	—
3	M10 水泥砂浆	m^3	61	(0.09)	(0.09)	(0.07)	(0.07)	(0.05)	(0.13)	(0.12)	(0.12)	—
4	M12.5 水泥砂浆	m^3	68	—	—	—	—	—	—	—	—	(1.30)
5	M15 水泥砂浆	m^3	69	—	—	—	—	—	—	—	—	(0.13)
6	原木	m^3	101	0.011	0.010	0.015	0.012	0.025	—	—	—	0.304
7	锯材	m^3	102	0.049	0.009	0.040	0.016	0.019	—	—	—	0.090
8	钢管	t	191	0.011	0.010	0.006	—	—	—	—	—	—
9	铁钉	kg	653	0.3	0.1	0.2	0.1	0.1	—	—	—	0.5
10	8～12 号铁丝	kg	655	1.8	0.3	2.2	1.5	2.4	—	—	—	24.9
11	32.5 级水泥	t	832	0.559	0.559	0.553	0.554	0.548	0.573	0.569	0.383	0.587
12	水	m^3	866	11	11	10	15	15	15	15	15	11
13	中（粗）砂	m^3	899	2.27	2.27	2.25	2.26	2.23	2.32	2.31	1.54	1.49
14	粗料石	m^3	984	9.00	9.00	9.00	9.00	9.00	9.00	9.00	—	—
15	细料石	m^3	985	—	—	—	—	—	—	—	9.20	9.20
16	其他材料费	元	996	5.6	7	4.2	4.5	4.5	11.2	11.2	11.2	2.0
17	30kN 以内单筒慢动卷扬机	台班	1499	—	1.29	—	—	—	—	—	—	0.78
18	小型机具使用费	元	1998	4.2	4.2	4.2	4.2	4.2	4.2	4.2	2.8	—
19	基价	元	1999	2 581	2 712	2 586	2 451	2 585	2 639	2 185	3 424	4 212

3. 查用定额的方法

查用定额是根据编制概、预算的具体条件和目的，查得需要的、正确的定额的过程。公路工程预算定额项目多，内容复杂，查用定额的工作不仅量大，而且要十分细致。为了能够正确地运用定额，首先，必须反复学习定额，熟练地掌握定额。下面以《预算定额》为例说明其查用步骤。

1）确定定额种类

在查用定额时，应根据运用定额的目的，确定所用定额的种类，即是查概算定额，还是查预算定额。

2）确定定额编号（或定额表号）

定额编号一般采用[页-表-栏]的编号方法。如《预算定额》中的[140-2-2-8-2]，是指引用第140页的表2-2-8（第二章之第二节第8表）中的第2栏，即沥青贯入式路面压实厚度5cm的预算定额。定额编号也可采用[表-栏]的编号方法，如《预算定额》中浆砌细料石栏杆的定额编号为[4-5-4-8]。在利用计算机编制预算文件时，定额表号一般采用七位编码，从左到右，第1位为章次号，第2～3位为节次号，第4～5为表号，第6～7栏次号。如4050201表示表4-5-2（第二章之第五节第2表）中的第1栏，即浆砌片石基础的定额。不论是手工计算，还是计算机处理，都必须保证定额号的准确性。

确定定额编号，首先应根据概、预算项目表，依次按目、节确定欲查定额的项目名称；再据此在定额目录中找到其所在的页次，并找到所需定额表，从而确定定额的编号。但要注意核查定额的工作内容、作业方式是否与施工组织设计相符。如人工挖土这项作业，在路基工程中有1-1-6表，桥梁工程中有4-1-1表，等等。

3）查定额表

查到定额表后再进行：①看表上"工程内容"与设计要求、施工组织要求是否有出入，若无出入，则可在表中找到相应的细目，并进一步确定子目（栏号）。②检查定额表的计量单位与工程项目取定的计量单位是否一致、是否符合规定的工程量计算规则。③看定额的总说明、章说明、节说明以及表下的小注是否与所查子目的定额查定有关；若有关，则采取相应措施。④根据设计图纸和施工组织设计，检查一下子目中有无需要抽换的定额，是否允许抽换；若应抽换，则进行具体抽换计算。⑤依子目各序号确定各项定额值，可直接引用的就直接抄录，需计算的则在计算后抄录。⑥重新按上述步骤复核。

4）查另一项目的定额

该项目的该细目定额查完后，再查定该项目的另外细目的定额，依次完成后，再查另一项目的定额。

4. 运用定额应注意的问题

（1）计量单位要表与项目之间一致，特别是在抽换、数量计算时更应注意。

（2）当项目中任何项（工、料、机）定额值变化时，不要忘记其相应基价也要作相应的变化。

（3）当查定额时，首先要鉴别工程项目是属于哪类工程，以免盲目随意确定而在表中找不到栏目、无法计算或错误引用定额。如"汽车运土"与"汽车运输"（构件）就是如此，前者为路基工程，而后者为桥梁工程。

5. 定额抽换

所谓定额抽换，就是当设计所规定的内容与定额中的工作内容、子目或表中某序号所列的规格（如混凝土强度等级）不符时，则应查用相应定额或基本定额予以替换。例如设计要求用C35级混凝土，而定额中所列为C30级混凝土，此时即应查基本定额进行计算并予以替换。在抽换前,应仔细阅读定额的总说明和章节说明与注解,确定是否需要抽换,以及怎样抽换。

二、预算定额的管理

预算定额既是建筑行业的计价尺度,又是国家对建筑行业进行宏观调控的重要依据。因此,预算定额的管理就在整个定额体系的管理中占据着非常重要的地位。这样预算定额管理工作就成了定额管理工作的中心,具体应做好以下工作。

1. 建立预算定额管理机制,完善造价核算体系

在我国加入WTO,经济全球化的今天,作为公路工程建设行业,将面临更为严峻的挑战。作为公路建设的各方参与者,必须及早更新观念,提高竞争意识,在市场竞争中形成行业自己成熟有效的价格体系,才能在日趋激烈的国际、国内市场竞争中处于不败之地。因此,公路建设行业如何结合本行业特色和经营状况,编制自己的一套预算定额,已经成为当务之急。任何一个行业,都要按照市场经济规律,建立符合行业自身要求的造价核算体系,编制和拥有自己的预算定额,作为建设项目规划、投资决策,参与市场竞争的计价依据。同时,还要确定科学的计价方法和完善的信息数据库。

2. 正确执行预算定额

预算定额的执行,就是指将先进合理的预算定额贯彻到投资决策、工程设计和施工生产中去,并使预算定额指导社会经济的作用发挥出来。因此,在全面贯彻预算定额之前,必须在定额的执行者(包括工人和技术人员)中进行广泛的宣传和培训。宣传贯彻新编定额的必要性;说明贯彻新定额对提高行业经济效益的关系,对发展生产、节约资源和推动社会生产力发展的意义;解释新定额的各项具体规定和要求,以及执行新定额应注意的问题等规定。在工作地点上,建立好定额所要求的工作条件,全面了解和掌握定额的内涵,正确地使用预算定额。

3. 加强成本管理,提高经济效益

现在的社会,竞争更加激烈,公路行业应高度重视代表自身实力水准的预算定额的编制和管理应用,有效地控制工程造价,取得最大的经济效益。作为建筑企业,工程项目是企业利润的源泉,降低工程成本就成了增加利润的主要渠道。用预算定额对直接影响成本的资金因素、工期因素、质量因素、环境因素、技术因素、投标人对市场占有率因素等,做准确地测算、分析和评判,是提高企业管理水平的重要工作,也是企业科学地进行经营决策的依据。它对加强成本管理、挖掘企业降低成本潜力,提高经济效益具有重大意义。

4. 预算定额执行情况的统计检查与分析工作

按照预算定额规定水平,在工程项目建设的实施和施工生产过程中,检查监督对定额的执行情况,统计分析完成定额水平的资料,为修订定额积累真实的原始数据。这一项工作就是对预算定额在贯彻执行过程中的统计检查与分析工作。因此各个项目建设的参加者都应做好定额执行的资料记录。

5. 预算定额的修订工作

预算定额的修订工作,是指随着施工技术水平和施工设备更新等客观条件不断变化,施工生产水平会不断提高,从而对预算定额进行定期修订和补充的一项工作。预算定额在某一个时期社会劳动生产率条件下是相对稳定的,一旦社会劳动生产率水平随着科学技术进步而增长了,反映社会劳动生产率水平的定额水平也应及时调整。通过对预算定额执行情况的统计工作,就会积累大量相关的资料,经过对这些资料的汇总归纳、统计分析后,就会掌握实际生产水平与定额水平的差距。所以,预算定额的修订工作是一个长期的连续性的工作。

6. 加强预算定额管理的建议

(1)加强企业现代化管理,提高定额意识,以数字来说明情况,以预算定额作为提升企业行为质与量的重要方法。

(2)形成预算定额管理机制,确定领导、部门责任,制定定额统计考核方法。各级定额管理站是定额管理的主要执行机构,本地区、本行业的定额管理工作主要由它们具体完成,因此各级定额管理站就成了预算定额管理的主体。

(3)完善预算定额体系,形成预算定额消耗量、市场动态价格和企业费用定额等相互补充、科学分类、动态与市场相适应、静态与企业相适应的完整体系。

(4)推行企业内部定额和建设工程定额考核制度和运行机制。

复习思考题

1. 预算定额的概念。
2. 预算定额的特点。
3. 预算定额是怎样分类的?
4. 预算定额的作用及编制原则。
5. 预算定额编制依据有哪些?
6. 预算定额编制有哪些步骤?
7. 如何确定预算定额中的人工消耗量?
8. 怎样理解人工幅度差?
9. 如何确定预算定额中的材料消耗量?
10. 材料消耗量的计算方法有哪些?
11. 如何确定预算定额中的机械台班消耗量?
12. 什么情况下要进行补充定额的编制?
13. 预算定额管理的要点有哪些?
14. 自行查阅《公路工程预算定额》,熟悉定额结构、表格的编排,仔细阅读定额总说明和各章说明、附注等。

第五章

公路工程概算定额

知识目标

1. 解释概算定额的概念和适用范围；
2. 描述概算定额编制的原则、依据及方法；
3. 说明概算定额的内容。

能力目标

1. 进行概算定额编制的原则、依据及方法的确定；
2. 进行概算定额的编制操作。

第一节　概　述

一、概算定额的概念

概算定额，是指生产一定计量单位的扩大的建筑结构构件或分部分项工程所需要的人工、材料和机械台班的消耗及费用的数量标准。它是在预算定额的基础上，以主要分项工程为准，根据有代表性的通用设计图和标准图等资料，进行综合、扩大和合并而成的定额，又称扩大结构定额，它是介于预算定额和估算指标之间的一种定额。

概算定额表达的主要内容、表达的主要方式以及基本使用方法，都与综合预算定额相近。基准价按下列公式计算：

$$\begin{aligned}\text{定额基准价} &= \text{定额单位人工费} + \text{定额单位材料费} + \text{定额单位机械费}\\ &= \text{人工概算定额消耗量} \times \text{人工工资单价}\\ &\quad + \sum(\text{材料概算定额消耗量} \times \text{材料预算价格})\\ &\quad + \sum(\text{施工机械概算定额消耗量} \times \text{机械台班费用单价})\end{aligned} \tag{5-1}$$

概算定额的内容和深度是以预算定额为基础的综合与扩大。概算定额与预算定额的不同处在于项目划分和综合扩大程度上的差异，同时，概算定额主要用于设计概算的编制。由于概算定额综合了若干分项工程的预算定额，因此使概算工程量计算和概算表的编制都比编制施工图预算简化了很多。

编制概算定额时，应考虑到能适应规划、设计、施工各阶段的要求。概算定额与预算定额应保持一致水平，即在正常条件下，反映大多数企业的设计、生产及施工管理水平。

《公路工程概算定额》(JTG/T B06-01—2007)(以下简称《概算定额》)是全国公路专业统一定额,它是编制初步设计概算、修正概算的依据,也是编制建设项目投资估算指标的基础,适用于公路基本建设新建、改建工程。对于公路养护的大中修工程,可参考使用。《概算定额》是按照合理的施工组织和一般正常的资源消耗量标准,根据国家现行的公路工程施工技术及验收规范、质量评定标准及安全操作规程取定的,即在正常条件下,反映了公路行业建设的设计、生产及施工管理水平。

二、概算定额的特点

(1)《概算定额》增编了二级以上公路的新项目及技术复杂的特大型桥梁工程项目,并将近年来公路建设中采用的新技术、新工艺、新材料新的施工设备编入定额。定额比较齐全,可以适应当前和今后一段时期内公路建设编制概算需要。

(2)定额中采用的施工工艺机械化程度进一步提高。以机械为主进行施工的工程,增加了大机械施工项目,并按多种机械合理配合施工编制;能以机械配合施工的工程,增编了机械配合施工的项目,以适应现代施工的实际情况。同时考虑到我国劳动力比较丰富的特点,定额中保留了大量的人工施工的定额项目。这就要求设计单位在编制概算时,应根据具体情况合理使用定额。

(3)根据“以钢代木”的技术政策,在混凝土工程定额中大部分按采用钢模板编制;在构造工程定额中,大部分采用钢支架、钢脚手架及钢制施工设备,以节约木材。总的可减少木材用量的70%以上。

(4)根据近年来高等级公路路基设计土石方移挖作填的调配中,已考虑了压实方与天然密实方换算系数的情况,定额规定了各等级公路各类土压实方与天然密实方的换算系数。同时将运输损耗系数另行提出,这是一项较大的改进,对路基设计提出新的要求,同时也提高了概算的准确性。

(5)该定额基本上填补了旧定额的缺项,这些项目主要有:软土地基处理、沥青玛蹄脂混合料、碾压混凝土、消防设施安装、地下连续墙、悬索桥斜拉桥上部构造、钢管拱钢箱梁上部构造、监控收费系统通信系统、供电照明系统、光缆电缆敷设、配管配线及接地工程、绿化工程等。

三、概算定额的作用

(1)概算定额是编制初步设计概算和技术设计阶段修正概算的主要依据。

(2)概算定额是编制建设项目投资估算指标的基础。

(3)概算定额是进行设计方案和施工方案的经济比较和选择的必要依据。所谓设计方案比较,目的是选择出技术先进可靠、经济合理的方案,在满足使用功能的条件下,达到降低造价、减少资源消耗。概算定额为设计方案的比较提供了方便条件。

(4)概算定额中的涵洞扩大定额和小桥扩大定额为厂矿、林业道路不能提供具体工程数量时编制概算提供了依据。

(5)概算定额是编制主要材料需要量的计算基础。根据概算定额所列材料消耗指标计算工程用料数量,可在施工图设计之前提出供应计划,为材料的采购、供应以及做好施工准备,提供依靠和条件。

(6)概算定额在按初步设计招标的工程中是编制标底的基础。

(7)概算定额在实行建设项目投资包干时,是项目包干费的计算依据。

•第二节 概算定额编制的原则、依据及方法•

一、概算定额编制的原则

概算定额,是编制初步设计概算和技术设计修正概算的依据。初步设计概算或技术设计修正概算经批准后,是控制建设项目投资的依据。因此,概算定额要按以下原则编制。

1. 与设计深度相适应的原则

公路初步设计和技术设计的深度,是根据交通部颁发的《公路工程基本建设项目设计文件编制办法》(以下简称《设计文件编制方法》)确定的,包括设计提供的工程量深度和设计为建设项目计划提供人工、材料和机械台班数量的规定。初步设计或技术设计提供的工程设计的深度,决定概算定额的项目划分和定额单位的确定。

2. 满足概算能控制工程造价的原则

要使初步设计概算或技术设计修正概算能起到控制建设项目工程造价的作用,作为计价依据的概算定额,定额项目上应能覆盖建设项目的全部工程项目,并且设计概算或修正概算要能起到控制施工图预算的作用。因此,概算定额的编制,要注意取定的图纸、资料应有一定代表性,所综合的工程项目不漏项,工程数量准确、合理,在平衡、分析、确定水平时,留有余地。

3. 简明适用的原则

是指定额的项目名称要与初步设计或技术设计所能提供的工程量名称相一致,定额项目的工程内容界定明确、清楚,方便使用。适用还包括尽量不留缺口,即定额不要留有许多不完备的内容。如注明遇到某种情况时另计,而又没有说明如何计算,给使用者带来不便。

4. 贯彻国家政策、法规的原则

概算定额的编制,除在定额方面国家有关政策、法规必须严格贯彻外,对于工程造价控制方面国家有关指导精神,如"打足投资,不留缺口"、"改进概算管理办法,解决超概算问题"、"工程造价实行动态管理"等措施要求,亦应贯彻到概算定额编制中去。

5. 贯彻社会平均水平的原则

概算定额水平的确定与预算定额的水平基本一致,它必须反映在正常条件下,大多数施工企业的设计、生产、施工管理水平,应符合价值规律和反映现阶段社会生产力水平。

二、概算定额编制的依据

概算定额的适用范围不同于预算定额,因此其编制依据也略有区别,一般有以下几种:

(1)国家有关方针、政策及规定。

(2)现行的工程施工技术及验收规范、质量评定标准及安全操作规程。

(3)现行标准设计图纸或有代表性的设计图或施工详细图。

(4)现行预算定额。

(5)编制期的人工工资标准、材料预算价格、机械台班单价。

(6)施工方案、施工工艺及施工机械的选择

三、概算定额编制的步骤

概算定额的编制,一般分为五个阶段:准备工作、收集资料、编制概算定额、报批和整理资料立卷归档。

1. 准备工作阶段

准备工作阶段的主要任务如下:

(1)拟定编制工作大纲。主要内容包括:编制定额的目的和要求;编制的范围和内容;编制的原则;编制定额的依据;确定编制工作的步骤和方法;拟定编制工作的组织及领导机构。

(2)组织编制工作班子。概算定额是综合扩大定额,需根据图纸、资料结合目前及今后一段时间公路建设发展情况,以及编制工作人员的经验和阅历,来确定定额项目综合范围和施工方法,因此,确定编制人员十分重要。

2. 收集资料阶段

概算定额资料收集分为两类:一类是主要工程所综合的次要工程的含量,主要收集工程结构图纸,特别是施工详图;另一类是施工组织设计资料,包括施工场地布置,施工方法,施工设备的配置,施工进度安排等资料。

3. 编制概算定额阶段

(1)制定各项统一规定。对收集到的资料必须通过分析、整理制定出统一规定,对定额编制工作的标准化、规范化、系统化有着必不可少的重要作用。这些统一规定主要包括如下内容:

①概算定额材料名称的综合、其他材料费包括的材料名称,小型机具使用费包括的机械名称。

②统一的计算表格。

③桥梁工程上部构造施工方法及现场设施取定表。包括各种桥型的桥长,平整场地面积,预制场施工设备配置的种类、数量、使用时间,构件运输机械的种类、运距,预制模板的类型,现浇混凝土设备的配置种类、数量及使用时间,安装设备的配置种类、数量及使用时间等。

(2)确定概算定额项目。根据初步设计或技术设计能提供工程量的深度及为准确计算造价而要求增加深度,一般按工程类别、结构类型、主要结构部位、大型施工设施(如围堰、拱盔支架、临时工程等)划分项目。

(3)计算工程量,编制出定额成果。

①根据图纸和资料计算出主要工程及所含次要工程的工程量。

②根据子目划分的原则和综合误差划分子目。

③编制定额成果表(包括定额基价)。

(4)写出编制说明(包括各项数据的取定依据)。

(5)写出各章、节的使用说明和各项目的工程内容、工程量计算规则。

(6)整理各种表格,装订成册。

4. 报批阶段

(1)测算定额水平。测算的方法一般有两种:一种是按工程类别的权重进行测算,工程类别的权重要通过对大量的工程项目统计确定;另一种是用新定额对若干典型工程重算其造价,再与原造价比较。比较的范围包括纵向比较和横向比较:纵向比较,即与原公路定额比较,包括种类工程水平、总水平;横向比较,即与其他部委的定额比较,同时还要与预算定额的水平比较。

(2)编制送审报告,报送送审稿。送审稿内容包括定额编制概况,项目增减情况及对工程项目的覆盖面,定额水平测算结果等。

(3)根据审查意见修改、补充。

(4)编制报批报告,报送报批稿。报批稿的内容包括对审查意见的处理情况回馈等。

5. 整理资料,立卷归档阶段

定额编制过程中收集了大量资料,填写了大量计算表格,这些都要妥善整理和立档、成卷、保管,同时也要认真总结,编制总结报告。这一阶段的工作是下次定额修订与编制的基础,也是非常重要的。

四、概算定额编制的方法

1. 概算定额的项目划分

概算定额的项目,主要是根据初步设计或技术设计所能提供的工程量的深度加以划分。由于初步设计或技术设计的深度与施工图设计的深度不同,所以概算定额的项目划分与预算定额的项目划分有很大不同。概算定额只编列了初步设计或技术设计所能提供的主要工程项目,在主要工程项目中综合了在初步设计或技术设计中难以提供的次要工程项目和施工现场设施,以避免漏项。但考虑到概算要控制投资的要求,对某些定额项目适当加深,以提高计算的准确性。对这些在初步设计阶段或技术设计阶段一般难以提供工程量的项目,在定额中尽可能在章、节说明或附注中,按常用量列出,供编制概算时参考。现将各章、节中部分的项目划分和综合情况加以说明。

1)路基工程

由于各等级公路,尤其是高等级公路的填挖方数量、质量要求及机械化施工程度以及零星工程的含量等差距较大,现行《概算定额》分别对人工和机械、填方和挖方、不同机械化施工、碾压以及零星工程,划分土石类别、机械规格、公路等级编制了定额。其中零星工程综合为一个项目,以简化计算工作。这些零星工程包括:整修路拱、整修边坡、挖截水沟、挖土质台阶、修筑盲沟、挖淤泥、填前压实、零星回填土方等。

2)路面工程

在路面工程中,主要按路面结构类别和施工方法划分项目。在沥青混合料路面项目中,拌和设备和运输机械的种类很多,压实厚度档次较多。为了简化计算,将拌和及摊销与运输划分为两个项目,并将定额计量单位由 1 000m^2 改为 100m^3,使用更为方便。

3)隧道工程

(1)人工开挖、机械开挖轻轨斗车运输、机械开挖自卸汽车运输,都综合了洞内、洞外的出渣运输工程。

(2)机械开挖自卸汽车运输综合了钢支撑的工程。

(3)现浇混凝土衬砌按土质、软石、次坚石、坚石划分子目,综合了超挖回填、混凝土管沟及盖板的工程。

(4)石料、混凝土预制块衬砌的拱顶、边墙,综合了拱顶、边墙衬砌及超挖回填、混凝土管沟及盖板的工程。混凝土预制块衬砌还综合了预制的工程。

(5)隧道照明将洞口段、基本段进行了综合。

4)涵洞工程

涵洞工程在交通部颁发的《公路工程基本建设项目设计文件编制办法》中,初步设计阶段只要求列出涵洞类型、道数和涵长,但由于地区、地形、地质及公路等级的不同,使涵洞的涵台高度,基础类型,特别是进出口的铺筑长度等的工程量差别很大。为了合理确定造价的要求,将定额计量单位采用以构成涵洞的圬工数量为计量单位,加深了对设计工程量的要求。对这种要求,涵洞主要工程可通过查阅涵洞标准图取得,次要工程量要在外业测量时注意调查和收集资料予以补充。

为适应林业和工业建设项目配套的公路建设工程编制概算的需要,考虑到这些配套的公路工程在整个建设项目投资中占的比重很小,一般设计达不到公路专业部门的深度,为此专门编列了涵洞扩大定额,供这些配套工程项目使用。

5)桥梁工程

桥梁工程定额,分基础工程,下部构造,上部构造,钢筋及预应力钢筋、钢丝束、钢绞线,小桥扩大定额五节。

基础工程中,将灌注桩钻孔以灌注桩工程平台单列项目,是由于近年来大型工程水上施工平台的类型多、规模大,如综合在钻孔项目中将大量增加定额子目,且使用并不方便。

在桥梁工程中,将预制、安装和安装用的吊装设备都综合在预制安装上部构造中,并选择常用的安装方法划分子目,以适应初步设计或技术设计的深度和控制造价的需要。概算定额是在许多施工方法中选择公路施工单位广泛采用并较经济的方法和合理的工期进行编制的。

桥梁工程中单列了钢筋及预应力钢筋、钢丝束、钢绞线项目,是考虑到目前桥梁设计多样化,钢筋含量差别较大,综合在混凝土中经常需要调整,很不方便,在招标工程中钢筋都要单列项目,单列较为妥当。对在初步设计或技术设计时不能提供钢筋数量的,在定额说明中列出了各种结构的钢筋含量供参考。

小桥扩大定额也是为林业和工业建设项目中配套的公路工程设置的,公路交通建设项目应按桥梁分项工程进行编制概算。

2. 概算定额的子目划分和综合范围

1)子目划分综合误差控制的规定

(1)在一个建设项目中,工程量较大、对工程造价影响较大的定额项目,如路基土石方、路面、隧道、桥梁、涵洞等工程,子目之间的基价综合误差控制在10%以内。

(2)在一个建设项目中,工程量不大、对工程造价影响较小的定额项目,子目之间的基价综合误差控制在15%~20%的范围内。

(3)考虑到材料、机械台班的价格变动较大,因此在子目划分时,除了按基价综合误差控制外,还考虑了主要材料和主要机械台班消耗量的误差。

2)由预算定额综合为概算定额的幅度差

(1)概算定额是在预算定额的基础上扩大、综合而成的,它反映了更大范围的内容。因而在工程量取值、工程标准和施工方法等进行综合取定时,概、预算定额间将产生一定的幅度差。由预算定额综合为概算定额的幅度差主要考虑以下因素:

①由于概算定额是以主要工程结构部位的工程量与次要结构部位的工程量按一定的比例关系综合编制的,在工程标准、工程量、施工方法等进行综合取定时,必然有一定误差。为留有余地,需要考虑一定增加量。

②还有一些零星工程项目也难以一一计算,也需要适当增加一定度幅度的差额。

(2)人工幅度差。公路工程概算定额中,人工幅度差系数如表5-1所示。

人工幅度差系数表

表5-1

概算定额工程项目	系　数	概算定额工程项目	系　数
路基工程	1.01	涵洞工程	1.06
路面、其他工程及沿线设施、临时工程	1.03	隧道、桥梁工程	1.10

(3)机械幅度差系数一律为1.05。

(4)材料幅度差系数:桥涵、隧道按1.02计算。

为了稳定概算定额的水平,统一考核和简化计算工程量,并考虑到初步设计图的深度条件,概算定额的编制,应尽量不留活口或少留活口。概算定额一般应要求计算简单、项目齐全,便于使用。

3.概算定额编制的具体程序

(1)填写"定额编制说明书"。将确定的各项编制依据、编制方法、子目划分等填写好,主要是设计、施工图纸,施工方案,施工现场布置及施工现场设施安排,施工进度计划等。

(2)根据取定的各项依据和图纸、资料,在"工程量计算表"上计算各项目主要工程项目的工程量及所综合的次要工程项目的工程量,如桥梁工程应按不同荷载、跨径、净空、基础水深等分别计算出工程量,并列出所有工程项目所对应的预算定额表号及基价为进行子目平衡做准备。

(3)确定概算定额各工程项目的计量单位。

计量单位包括计量的名称(如混凝土实体)和数量单位(如$10m^3$)。

计量名称应取该定额中占造价比重最大的成分。如预制桥梁上部构造,则取构件为定额计量单位。

至于其数量单位要适中,要从对定额表中工料机数量的精确度、运用该定额时的工程量的精度以及占用定额表的篇幅综合考虑。

(4)在"概算定额子目划分平衡表"上划分子目。要按照综合误差率对各定额项目的基价进行综合平衡。超过最大误差率的就应划分子目。例如桥梁下部构造是否按墩高划分子目,要通过子目平衡表计算分析才能决定。所以子目平衡表是编制定额的重要环节。

(5)填写"概算定额数据准备表",包括各项目的工程内容,所综合的预算定额项目名称、项目名称的代号、工程量,交付电算。通过电算打印出概算定额成果表。成果表包括定额名称、单位、工程内容、工料机名称、代号及数量、定额基价等。

(6)写出各项定额编制说明(包括各项数据取定的依据)。写出各章、节的使用说明,包括工程量计算规则。

(7)整理各种表格,装订成册,编写目录。

五、概算定额基准价

概算定额基准价即概算定额基价,又称为扩大单价,是概算定额单位扩大分部分项工程或结构件等所需全部人工费、材料费、施工机械使用费之和,是概算定额价格表现的具体形式。计算公式为:

$$\begin{aligned}概算定额基准价 &= 概算定额单位人工费 + 概算定额单位材料费 \\ &\quad + 概算定额单位施工机械使用费 \\ &= \sum(人工概算定额消耗量 \times 人工工资单价) \\ &\quad + \sum(材料概算定额消耗量 \times 材料预算价格) \\ &\quad + \sum(施工机械概算定额消耗量 \times 机械台班费用单价)\end{aligned} \tag{5-2}$$

概算定额基准价的制定依据,一般是以北京市或当地的省会城市的工资标准、材料预算价格和机械台班费用单价计算基准价。如《概算定额》是全国公路专业统一定额,因此是按北京市2007年人工工资、材料预算价格、机械使用费计算的,各省、自治区编制补充定额时以省会城市为准,如甘肃省的补充定额则是以兰州市的为准。同时在概算定额表中一般应列出基准价所依据的单价,并且在附录中列出材料预算价格取定表。

●第三节　概算定额的表现形式●

一、概算定额的总说明及各章、节说明

1. 总说明的内容

(1)概算定额的适用范围及包括的内容。

(2)对各章、节都适用的统一规定。

(3)概算定额所采用的标准及抽换的统一规定。

(4)概算定额的材料名称在预算定额的基础上综合情况的说明,以及对应于预算定额材料名称的统一规定。

(5)概算定额中未包括的内容。

(6)概算定额中未包括的项目,须编制补充定额的规定。

2. 章、节说明

包括各章、节的工作内容、工作范围、工程项目的统一规定、工程量的计算规则等。

二、概算定额项目表

(1)工程项目名称及定额单位。

(2)工程项目包括的工程内容。

(3)完成定额单位工程的人工消耗量的单位、代号、数量。数量中包括预算定额综合为概算定额项目的人工幅度差。

(4)完成定额单位工程的材料消耗量的名称、单位、代号、数量。其中主要材料以定额消

耗量或周转使用量表示，主要材料中数量很小的材料及次要材料以其他材料费表示，吊装等金属设备的折旧费以设备摊销费表示。在桥涵及隧道工程中还包括预算定额综合为概算定额的材料幅度差。

(5)完成定额单位工程的机械消耗量的名称、单位、代号、数量。其中主要机械以台班消耗数量表示，数量中包括预算定额综合为概算定额的机械幅度差。次要机械以小型机械使用费的形式表示。概算定额中还将机械的数量以费用的形式表示为机械使用费，以了解机械费占定额基价的比例。

(6)完成定额单位工程的定额基价。定额基价是人工费、材料费、机械使用费的合计价值。定额基价可作为各项目间技术经济比较的参考，并作为计算其他直接费和现场经费的计算依据。

(7)附注。有些定额项目下还列有在章、节说明中未包括的使用本概算定额项目的注解。

复习思考题

1. 概算定额的含义是什么？

2. 概算定额的作用是什么？

3. 概算定额的编制原则是什么？

4. 概算定额的编制依据是什么？

5. 概算定额的项目划分原则是什么？

6. 概算定额子目划分综合误差的控制有哪些规定？

7. 由预算定额综合为概算定额的幅度差，主要考虑哪些因素？

8. 扼要叙述概算定额的编制步骤。

9. 你认为在概算定额编制方法中比较重要的有哪些方面？

10. 自行查阅《公路工程概算定额》，熟悉定额结构、表格的编排，仔细阅读定额总说明和各章说明、附注等，并且与《公路工程预算定额》进行比较，找出同类定额进行两者之间定额水平的分析。

第六章

公路工程机械台班费用定额

知识目标

1. 解释机械台班费用定额的概念及适用条件；
2. 阐释机械台班费用定额编制的原理及内容。

能力目标

1. 进行机械台班费用定额适用条件的确定；
2. 进行机械台班费用定额的编制操作。

•第一节　概　　述•

工程机械台班费用定额是在正常施工作业条件下，工程机械在一个工作班次正常消耗资源的多少，表现为台班的单价。其作用是计算机械台班的单价。

我国公路行业目前现行的机械台班费用定额是交通部2007年第33号公报中发布的《公路工程机械台班费用定额》(JTG/T B06-03—2007)(以下简称《机械台班费用定额》)，原来的交公路发[1996]610号发布的《公路工程机械台班费用定额》同时废止。

一、机械台班费用定额的内容说明

(1)《机械台班费用定额》是《公路工程预算定额》(JTC/T B06-02—2007)、《公路工程概算定额》(JTG/T B06-01—2007)的配套定额，是编制公路基本建设工程概算、预算的依据，公路养护大、中修工程，可参考使用。

(2)定额的内容包括：土石方工程机械，路面工程机械，混凝土及灰浆机械，水平运输机械，起重及垂直运输机械，打桩、钻孔机械，泵类机械，金属、木、石料加工机械，动力机械，工程船舶，其他机械等，共计11类746个子目。

(3)定额中各类机械(除潜水设备、变压器和配电设备外)每台(艘)班均按8h计算，潜水设备每台班按6h计算，变压器和配电设备每昼夜按一个台班计算。

(4)定额费用分为不变费用和可变费用两部分，其中不变费用由折旧费、大修理费、经常修理费、安装拆卸及辅助设施费等4项费用组成；可变费用由人工费、动力燃料费、养路费和车船使用税等3项费用组成，共7项费用。

①折旧费：指机械设备在规定的使用期限内陆续收回其原值的费用。

②大修理费:指机械设备按规定的大修理间隔台班必须进行大修理,以恢复其正常功能所需的费用。

③经常修理费:指机械设备除大修理以外的各级保养(包括一、二、三级保养)及为排除临时故障所需的费用;为保障机械正常运转所需替换设备、随机使用工具、附具摊销和维护的费用;机械运转与日常保养所需的润滑油脂、擦拭材料(布及棉纱等)费用和机械在规定年工作台班以外的维护、保养费用等。

④安装拆卸及辅助设施费:指机械在施工现场进行安装、拆卸所需的人工费、材料费、机械费、试运转费以及安装所需的辅助设施费。辅助设施费包括安置机械的基础、底座及固定锚桩等费用。打桩、钻孔机械在施工过程中的过墩、移位等所发生的安装及拆卸费包括在工程项目费之内;稳定土厂拌设备、沥青乳化设备、黑色粒料拌和机、沥青混合料拌和设备、混凝土搅拌站(楼)、塔式起重机、施工电梯的安装、拆卸以及拌和设备、混凝土搅拌站(楼)、大型发电机的混凝土基础、沉淀池、散热池等辅助设施和机械操作所需的轨道、工作台的设置费用,不在此项费用内,在工程项目中另行计算。

⑤人工费:指随机操作人员的工作日工资(包括基本工资、各类津贴、补贴、辅助工资、劳动保护费以及各类保险和住房公积金等)。

⑥动力燃料费:指机械在运转施工作业中所耗用的电力、固体燃料(煤、木柴)、液体燃料(汽油、柴油、重油)和水等。

⑦养路费和车船使用税:指按国家规定应缴纳的机械养路费(注:从2009年1月1日起由燃油税代替)和车船使用税等。

(5)机械自管理部门至工地或自某一工地至另一工地的运杂费,不包括在定额中。

(6)加油及油料过滤的损耗和由变电设备至机械之间的输电线路电力损失,均已包括在本定额中。

(7)定额中凡注明“××以内”者,均含“××”数本身。定额子目步距起点均由前项开始,如“30以内”、“60以内”、“80以内”等,其中“60以内”指“30以外至60以内”,“80以内”指“60以外至80以内”。

(8)本定额的计量单位均执行国家颁布的《中华人民共和国法定计量单位》。

(9)本定额中的基价是不变费用和可变费用的合计数,仅供参考比较之用,不作为编制公路工程基本建设项目概算、预算的依据。不变费用是按定额规定编制的,可变费用中的人工费、动力燃料费按表6-1的预算价格计算。

可变费用预算价格 表6-1

项目	工资(工日)	汽油(kg)	柴油(kg)	重油(kg)	煤(kg)	电(kW·h)	水(m^3)	木柴(kg)
预算价格(元)	49.20	5.20	4.90	2.80	0.265	0.55	0.5	0.49

二、机械台班费用定额的主要作用

1. 根据定额计算机械台班单价

由于不同地区的机械人工的工资、燃料、水和电的预算单价可能不尽相同,与概、预算定额中的基价会有较大的出入,所以在编制概、预算时,可以根据工程所在地的机械工人的工资、燃料、水和电的预算单价,按照《机械台班费用定额》来分析计算机械台班的单价。《公路工程预算定额》(JTG/T B06-02—2007)总说明中，明确规定：编制预算的台班单价，应按《机械台班费用定额》分析计算。

2. 计算台班消耗的人工、燃料等实物量

在编制施工组织设计时，需要统计计算人工、材料等实物量，其中有关机械所消耗的各种资源实物量，要根据台班费用定额分析计算确定。

3. 供编制施工组织方案(特别是机械化施工方案)进行经济比较之用

初步设计阶段中，施工方案需要经过经济比较来确定。此时《机械台班费用定额》可作为不同方案经济比较的计算依据。机械化施工方案中因为机械台班消耗占较大比例，往往成为可行或者最优方案的主要依据。

4. 有时可用《机械台班费用定额》中的基价作为概、预算台班单价

《机械台班费用定额》中的定额基价和概、预算台班单价因为可变费用随地区不同而不同，应该分别确定。但是，当省、市或地方有关部门规定可以直接引用时，则可用《机械台班费用定额》中的定额基价作为概、预算台班单价。

• 第二节　机械台班费用定额编制的原理及内容 •

一、机械台班折旧费的编制原理

1. 机械台班折旧费的组成及确定

机械台班折旧费是指施工机械在规定使用期限内，每一台班所摊的机械原值及支付贷款利息的费用。它是机械在耐用期限内投资价值的回收费用。计算公式如下：

台班折旧费 = [机械预算价格 ×(1 - 残值率) × 贷款利息系数]/耐用总台班　　(6-1)

1) 机械预算价格

机械预算价格是指机械出厂(或到岸完税)价格及机械以交货地点或口岸运至使用单位机械管理部门的全部运杂费计算。

国产机械出厂价格(或销售价格)的收集途径：①全国施工机械展销会上各厂家的订货合同价。②全国有关机械生产厂家函询或面询的价格。③组织有关大中型施工企业提供当前购入机械的账面实际价格。④建设部价格信息网络中的本期价格。

根据上述资料列表对比分析，合理取定。对于少量无法取到实际价格的机械，可用同类机械或相近机械的价格采用内插法和比例法取定。

进口机械预算价格是依据外贸、海关等部门的现行规定及企业购置机械设备发票中外币值乘以当期的外币汇计算。关税及增值税、外贸部门手续费、银行财务费按现行规定的标准计算。

2) 残值率

残值率是指机械报废时回收的残值占机械原值(机械预算价格)的比率。残值率按 1993 年有关文件规定执行：运输机械 2%，特大型机械 3%，中小型机械 4%，掘进机械 5%。

3) 贷款利息系数

为补偿企业贷款购置机械设备所支付的利息，从而合理反映资金的时间价值，以大于 1 的

贷款利息系数,将贷款利息(单利)分摊在台班折旧费中。其计算公式如下:

$$贷款利息系数 = 1 + \frac{(n+1)}{2}i \quad (6\text{-}2)$$

式中:n——国家有关文件规定的此类机械折旧年限;

i——当年银行贷款利率。

4)耐用总台班

耐用总台班即机械使用寿命,一般可分为机械技术使用寿命和经济使用寿命。

(1)机械技术使用寿命。指机械在不实行总成更换的条件下,经过修理无法达到规定性指标的使用限期。

(2)机械经济使用寿命。指从最佳经济效益的角度出发,机械使用投入费用(包括燃料动力费、润滑擦拭材料费、保养、修理费等)最低时的使用期限。超过经济使用寿命的机械,虽仍可使用,但由于机械技术性能不良,完好率下降,燃料、润滑料消耗增加,生产效率降低,导致生产成本增高(一般说寿命期修理费超过原值的一半的机械就不该使用)。

《全国统一施工机械台班费用定额》中的耐用总台班,是以经济使用寿命为基础,并依据国家有关固定资产折旧年限规定,结合施工机械工作对象和环境以及年能达到的工作台班确定。

机械耐用总台班的计算公式为:

$$\begin{aligned}耐用总台班 &= 折旧年限 \times 年工作台班 \\ &= 大修间隔台班 \times 大修周期数 \quad (6\text{-}3)\end{aligned}$$

年工作台班是根据有关部门对各类主要机械最近三年的统计资料分析确定。

大修间隔台班是指机械自投入使用起至第一次大修止,或自上一次大修后投入使用起至下一次大修止,应达到的使用台班数。

大修周期数是指机械正常的施工作业条件下,将其寿命期(即耐用总台班)按规定的大修理次数划分为若干周期的个数。其计算公式为:

$$大修周期数 = 寿命期大修理次数 + 1 \quad (6\text{-}4)$$

2. 大修理费的组成及确定

大修理费是指机械设备按规定的大修间隔台班必须进行大修理,以恢复机械正常功能所需的费用。台班大修费则是机械使用期限内全部大修理费之和在台班费用中的分摊额,它取决于一次大修理费用、大修理次数和耐用总台班的数量。其计算公式为:

$$台班大修理费 = (一次大修理费用 \times 寿命期内大修理次数)/耐用总台班 \quad (6\text{-}5)$$

(1)一次大修理费。按机械设备规定的大修理范围和工作内容,进行一次全面修理所需消耗的工时、配件、辅助材料、油燃料以及送修运输等全部费用计算。

(2)寿命期内大修理次数。为恢复原机功能按规定在寿命期内需要进行的大修理次数。

3. 经常维修费的组成及确定

经常修理费是指机械在寿命期内除大修理以外的各级保养(包括一、二、三级保养)以及临时故障排除和机械停置期间的维护等所需各项费用;为保障机械正常运转所需替换设备、随机工具、器具的摊销费用及机械日常保养所需润滑擦拭材料费之和,分摊到台班费中,即为台班维修费。其计算公式为:

$$台班经常修理费 = \frac{\sum(各级保养一次费用 \times 寿命期内各级保养总次数) + 临时故障排除费}{耐用总台班} + 替换设备台班摊销费 + 工具附具台班摊销费 + 例保辅料费 \tag{6-6}$$

也可用简化公式：

$$台班经常修理费 = 台班大修费 \times K \tag{6-7}$$

$$K = 机械台班经常修理费/机械台班大修理费用$$

(1)各级保养(一次)费用。分别指机械在各个使用周期内为保证机械处于完好状况，必须按规定的各级保养间隔周期、保养范围和内容进行的一、二、三级保养或定期保养所消耗的工时、配件、辅料、油燃料等费用。

(2)寿命期内各级保养总次数。分别指一、二、三级保养或定期保养在寿命期内各个使用周期中保养次数之和。

(3)机械临时故障排除费用、机械停置期间维护保养费。指机械除规定的大修理及各级保养以外，临时故障所需费用以及机械在工作日以外的保养维护所需润滑擦拭材料费，可按各级保养(不包括例保辅料费)费用之和的 ±3 %计算，即机械临时故障排除费及机械停置期间维护保养费。

(4)替换设备及工具附具台班摊销费。指轮胎、电缆、蓄电池、运输皮带、钢丝绳、胶皮带板等消耗性设备和按规定随机配备的全套工具附具的台班摊销费用。其计算公式为：

$$替换设备及工具附具台班摊销费用 = \sum[(各类替换设备数量 \times 单价/耐用台班) + (各类随机工具附具数量 \times 单价/耐用台班)] \tag{6-8}$$

(5)例保辅料费。即机械日常保养所需润滑擦拭材料的费用。

4. 安拆费及辅助设施费的组成和确定

(1)安拆费。指机械在施工现场进行安装、拆卸所需人工、材料、机械和试运转费用，包括机械辅助设施(如：基础、底座、固定锚桩、行走轨道、枕木)的折旧、搭设、拆除等费用。

(2)辅助设施费。指机械整体或分体自停置地点运至现场或某一工地运至现场或某一工地的运输、装卸、辅助材料以及架线等费用。

台班安拆费及辅助设施费，分别按不同机械型号、重量、外形体积以及不同的安拆和运输方式，测算其一次安拆费和一次场外运输费，以及年平均安拆、运输次数，作为计算依据。

5. 人工费的组成和确定

人工费指机上司机或副司机、司炉的基本工资和其他工资性津贴(年工作台班以外的机上人员基本工资和工资性津贴以增加系数的形式表示)。

$$台班人工费 = 定额机上人工工日 \times 日工资单价 \tag{6-9}$$

$$定额机上人工工日 = 机上定员工日 \times (1 + 增加工日系数) \tag{6-10}$$

$$增加工日系数 = (年日历天数 - 规定节假公休日 - 辅助工资中年非工作日 - 机械年工作台班) \div 机械年工作台班 \tag{6-11}$$

增加工日系数取定 0.25 。

6. 燃料动力费的组成和确定

燃料动力费是指机械在运转或施工作业中所耗用的固体燃料(煤炭、木柴)、液体燃料(汽油、柴油)、电力、水和风力等费用。定额机械燃料动力消耗量，以实测的消耗量为主，以现行定额消耗量调查的消耗量为辅的方法确定。计算公式如下：

$$台班燃料动力消耗量=(实测数\times4+定额平均值+调查平均值)/6 \quad (6\text{-}12)$$

$$台班燃料动力费=台班燃料动力消耗量\times燃料动力相应基价 \quad (6\text{-}13)$$

燃料动力相应基价由本定额第十一条的可变费用预算价格表计算。

7. 养路费及车船使用税

指机械按国家有关规定应交纳的养路费及车船使用税，在机械台班费用定额基价中不含此费用。

在机械台班费用计算时，按各省、自治区、直辖市规定标准计算后列入。计算公式如下：

$$养路费及车船使用税=载重量\times[养路费标准元/(t\cdot月)\times12+车船使用税标准元/(t\cdot年)]\div年工作台班 \quad (6\text{-}14)$$

二、机械台班费用定额的主要内容

《机械台班费用定额》的主要内容包括说明和台班费用定额表两大部分。

机械台班费用定额表是《机械台班费用定额》的主要组成部分，在定额表前面，用文字对编制《机械台班费用定额》的作用、机械分类、费用组成、依据和某些规定作了说明。

现以《机械台班费用定额》第22～25页路面机械的组成栏目介绍于下（表6-2）。

1. 类和序号

本定额所列各种施工机械工分为11类，共746种。表6-2所示为第二类路面工程机械。表中列出的最左第一列为序号，第二列代号代表收入定额中的机械的代号，例如：序号为189为YD80Q—1型机动路面清扫机。序号192为CZL5061TYH型道路养护机。

2. 代号

是指每种规格的机械在用电子计算机编制概、预算时对机械的识别符号，也就是该项机械在计算机编制程序时的代号。该定额中所示的代号与《概算定额》、《预算定额》中所代表的机械的代号是相同的。如序号1240代表TZ219A型电动混凝土整平机。在各类机械之间留有一些空号，如表6-2所示中混凝土及灰浆机械和路面工程机械之间留有空置代号十个1261～1270，以备补充之用。

3. 子目

每个代号为一个子目，表示一种规格的机械。如子目代号为1234，表示摊铺宽度3.0～9m滑模式水泥混凝土摊铺机；子目代号1251表示水泥混凝土路缘石铺筑机。

4. 不变费用

由第(1)～(4)项费用（折旧费、大修理费、经常修理费、安装拆卸及辅助设施费）组成。编制机械台班单价时，除青海、新疆、西藏等边远地区外，应直接采用。至于边远地区因维修工资、配件材料等价差较大而需调整不变费用时，可根据具体情况，由省、自治区交通厅制定系数并报交通部公路司备案后执行。

5. 可变费用

由第(5)～(7)项费用（人工费、动力燃料费、养路费及车船使用税）组成。编制机械台班单价时，随机操作人员数量及动力物资消耗量应以本定额中的数值为准。工资标准按《公路工程基本建设项目概算预算编制办法》（JTG B06—2007）的规定执行。工程船舶和潜水设备

路面工程机械 表6-2

序号	代号	机械名称	主机型号	不变费用 折旧费	大修理费	经常修理费	安拆及辅助设施费	小计	可变费用 人工	汽油	柴油	重油	煤	电	水	木柴	养路费及车船使用税	定额基价
				元					工日	kg				kW·h	m^3	kg	元	
159	1218	振动压路机 双钢轮 机械自身质量(t) 10以内	YZC—10	188.18	73.72	227.06		488.96	2	—	54.86	—	—	—	—	—	—	856.17
160	1219	振动压路机 双钢轮 机械自身质量(t) 12以内	YZC—12	226.98	88.92	273.87		589.77	2	—	63.77	—	—	—	—	—	—	1 000.64
161	1220	振动压路机 双钢轮 机械自身质量(t) 15以内	YZC—15	300.70	117.80	362.82		781.32	2	—	80.92	—	—	—	—	—	—	1 276.23
162	1223	轮胎式压路机 机械自身质量(t) 9~16	YL16	87.30	45.00	179.55		311.85	1	—	33.71	—	—	—	—	—	—	526.23
163	1224	轮胎式压路机 机械自身质量(t) 16~20	Y120	101.41	52.27	208.56		362.24	1	—	42.29	—	—	—	—	—	—	618.66
164	1225	轮胎式压路机 机械自身质量(t) 20~25	Y127	130.07	61.05	267.53		464.65	1	—	50.29	—	—	—	—	—	—	760.27
165	1227	热熔标线设备 含热熔釜标线车BJ—130、油涂抹器动力等		102.82	16.07	56.25		175.14	2	45.43	—	—	—	—	—	—	—	509.78
166	1229	路面画线车 手扶自行式 功率(kW) 2.2以内	SH3	21.00	3.92	15.68		40.60	1	3.21	—	—	—	—	—	—	—	106.49
167	1230	路面画线车 手扶自行式 功率(kW) 5.0以内	ZH6	32.63	5.44	21.16		59.83	1	4.99	—	—	—	—	—	—	—	134.98
168	1232	汽车式画线车(车载式)		55.72	12.22	42.77		110.71	2	35.81	—	—	—	—	—	—	—	395.32
169	1234	水泥混凝土摊铺机 滑模式 摊铺宽度(m) 3.0~9.0	SF30	1 368.76	134.05	268.10	17.06	1 787.97	3	—	83.66	—	—	—	—	—	—	2 345.50
170	1235	水泥混凝土摊铺机 轨道式 摊铺宽度(m) 2.5~4.5	HTG4500 含模轨400m	417.12	66.65	199.95	11.78	695.50	3	—	48.00	—	—	—	—	—	—	1 078.30
171	1237	排式振捣机	ZD500	38.61	6.2	21.84		66.75	1	—	—	—	——	31.50	—	—	—	133.28
172	1239	混凝土真空吸水机组 电动	含吸垫5m×5m	10.75	3.42	10.26		24.43	1	—	—	—	—	15.42	—	—	—	82.11
173	1240	混凝土整平机 电动	TZ219A	28.00	8.20	20.09		56.29	1	—	—	—	—	15.42	—	—	—	113.97
174	1241	混凝土抹光机 电动	JM90	6.00	1.16	4.31		12.07	1	—	—	—	—	8.48	—	—	—	65.93
175	1242	混凝土抹光机 机动	QJM90	10.27	3.01	7.37		20.65	1	—	—	—	—	11.56	—	—	—	76.21
176	1243	混凝土刻纹机 电动	RQF180	29.33	7.64	91.68		128.65	1	—	—	—	—	37.80	—	—	—	198.64
177	1244	混凝土刻纹机 机动	RQF280	37.33	9.72	116.64		163.69	1	—	8.55	—	—	—	—	—	—	254.79
178	1245	混凝土切缝机(含锯片摊销费用) 电动	SLF	7.47	1.94	71.82		81.23	1	—	—	—	—	20.16	—	—	—	141.52
179	1246	混凝土切缝机(含锯片摊销费用) 风冷汽油机	SLF	13.07	3.35	95.07		111.49	1	6.24	—	—	—	—	—	—	—	193.14
180	1248	高压清洗机 机动		1.47	0.43	1.05		2.95	1	—	4.19	—	—	—	—	—	—	72.68
181	1249	路缘石开沟机 机动	LK—180	25.60	5.20	15.60		46.40	1	—	14.96	—	—	—	—	—	—	168.90
182	1250	沥青路缘石铺筑机 机动	LCI(2~3m/min)	28.80	5.85	17.55		52.20	1	—	9.97	—	—	—	—	—	—	150.25
183	1251	混凝土路缘石铺筑机 机动	机动	23.04	4.63	13.89		41.56	1	—	9.97	—	—	—	—	—	—	139.61
184	1252	沥青灌缝机 燃气加热	TLC—1	13.44	2.73	8.19		24.36	1	—	9.41	—	—	—	—	—	—	119.67
185	1253	路面铣刨机 铣刨宽度(mm) 500以内	LXZY500	161.61	30.17	111.63		303.47	1	—	28.91	—	—	—	—	—	—	494.33
186	1254	路面铣刨机 铣刨宽度(mm) 1 000以内	RG100	310.40	57.92	214.30		583.62	1	—	72.29	—	—	—	—	—	—	986.04
187	1255	路面铣刨机 铣刨宽度(mm) 2 000以内	LX200	1 519.61	283.57	1 049.2		2 852.45	1	—	190.48	—	—	—	—	—	—	3 835.00
188	1256	破路机 机动	LPR300	11.20	2.28	6.16		19.64	1	—	9.97	—	—	—	—	—	—	117.69
189	1257	路面清扫机 机动	YD80Q—1	43.52	8.84	41.55		93.91	1	—	16.66	—	—	—	—	—	—	224.74
190	1258	路面清扫车	东风底盘	188.61	70.00	329.00		587.61	1	—	60.34	—	—	—	—	—	—	932.48
191	1259	扫雪机 机动		15.60	3.58	16.83		36.01	1	—	5.10	—	—	—	—	—	—	110.20
192	1260	道路养护车	CZL5061TYH	118.56	44.00	140.80		303.36	1	—	46.10	—	—	—	—	—	—	578.45

的工日单价，按当地有关部门规定计算。动力燃料费按当地的动力物资的工地预算价格计算。养路费及车船使用税，如需缴纳时，应按各省、自治区、直辖市及国务院有关部门规定的标准，按机械的年工作台班（表6-3）计入台班费中。

机械的年工作台班　　表6-3

机械项目	沥青洒布车、汽车式画线车	平板拖车组	液态沥青运输车、散装水泥运输车、混凝土搅拌运输车、混凝土输送泵车、自卸汽车、运油汽车、加油汽车、洒水汽车、拖拉机、汽车式起重机、轮胎式起重机、汽车式钻孔机、内燃拖轮、起重船	载货汽车、机动翻斗车	工程驳船、抛锚船、机动艇、泥浆船
年工作台班	150	160	200	220	230

6. 基价

基价是不变费用和可变费用之合计数。《机械台班费用定额》表中列出的基价只作参考，不作为编制工程概、预算的依据。不变费用是按定额规定编制的，可变费用按《机械台班费用定额》说明中给出的预算价格计算，如表6-1所列。

复习思考题

1. 编制机械台班费用定额时，施工机械的选型原则是什么？
2. 编制机械台班费用定额时，机械预算价格（原值）的取定原则是什么？
3. 机械台班费用定额的费用项目内容包括哪些？
4. 施工机械年工作台班、耐用总台班、大修理间隔台班、大修理周期、折旧费的含义是什么？并用公式表示出来。
5. 机械预算价格的组成包括哪些部分？
6. 机械大修理费的含义是什么？并用公式表示出计算方法。
7. 机械台班费用定额中的动力燃料费消耗量按哪些方法确定？
8. 机械台班费用定额中的养路费及车船使用税的含义及其计算公式是什么？

第七章

公路基本建设工程费用定额

知识目标

1. 描述工程建设费用定额的概念与作用；
2. 分析公路工程造价的费用构成；
3. 阐述费用定额编制的原则、依据和方法。

能力目标

1. 进行工程建设费用定额的分析；
2. 进行工程建设费用定额的编制操作；
3. 进行费率和费用计算基数的确定。

●第一节　概　　述●

一、公路工程基本建设费用定额的概念

公路工程基本建设费用定额（或称公路工程费用定额）是公路工程建设项目在编制工程造价中，除人工、材料、机械消耗以外的其他费用需要量计算的标准，即工程造价计价依据除工程定额以外各项费用计算的主要内容，用于工程项目管理、施工生产管理及企业生产经营管理活动中所必需发生的各项费用开支的标准。根据交通主管部门规定，现行公路工程费用定额包括其他工程费定额、间接费定额、办公和生活用家具购置费定额以及工程建设其他费用中各项指标和定额等。

在公路工程建设施工生产过程中，除了直接耗用在工程实体上的人工、材料、施工机械等费用之外，还会发生一些虽然没有包括在预算定额项目之内，但又与工程施工生产和维持企业的生产经营管理活动有关的费用，例如检验试验费、夜间施工增加费、冬季、雨季、行车干扰施工增加费、安全文明施工措施费、生产企业管理人员工资、劳动保险费、营业税、规费、利润等。这些费用内容多、性质复杂，对工程造价的影响也很大。为了理顺参建各方的经济关系，保证建设资金的合理使用，也为了方便计算，在全面深入的调查研究基础上，经过认真的分析测算，按照一定的计算基础，以百分比的形式，分别制定出上述各项费用的取费标准。

公路工程费用定额在公路工程计价依据体系中占有很重要的地位，是编制新建或改建公路基本建设工程投资估算、设计概算及施工图预算配套使用的一种定额，也是正确计算建筑安

装工程费,确定工程总造价不可缺少的标准。就其作用来说主要有以下几点:

(1)是合理确定工程造价的依据。公路工程基本建设项目的造价是由建筑安装工程费、设备及工器具购置费、工程建设其他费用、建设期间贷款利息、固定资产投资方向调节税、预备费等所组成,其中建筑安装工程费又是由直接费(直接工程费、措施费)、间接费(规费、企业管理费)、利润和税金所组成(图7-1)。在上述费用中,除了直接工程费以外,其余各项费用都属于建设工程费用定额范畴之内的,都必须通过制定费用标准(即定额),按照直接费或人工费为基础计取。因此,公路工程建设费用定额是合理确定工程造价必不可少的重要依据之一。

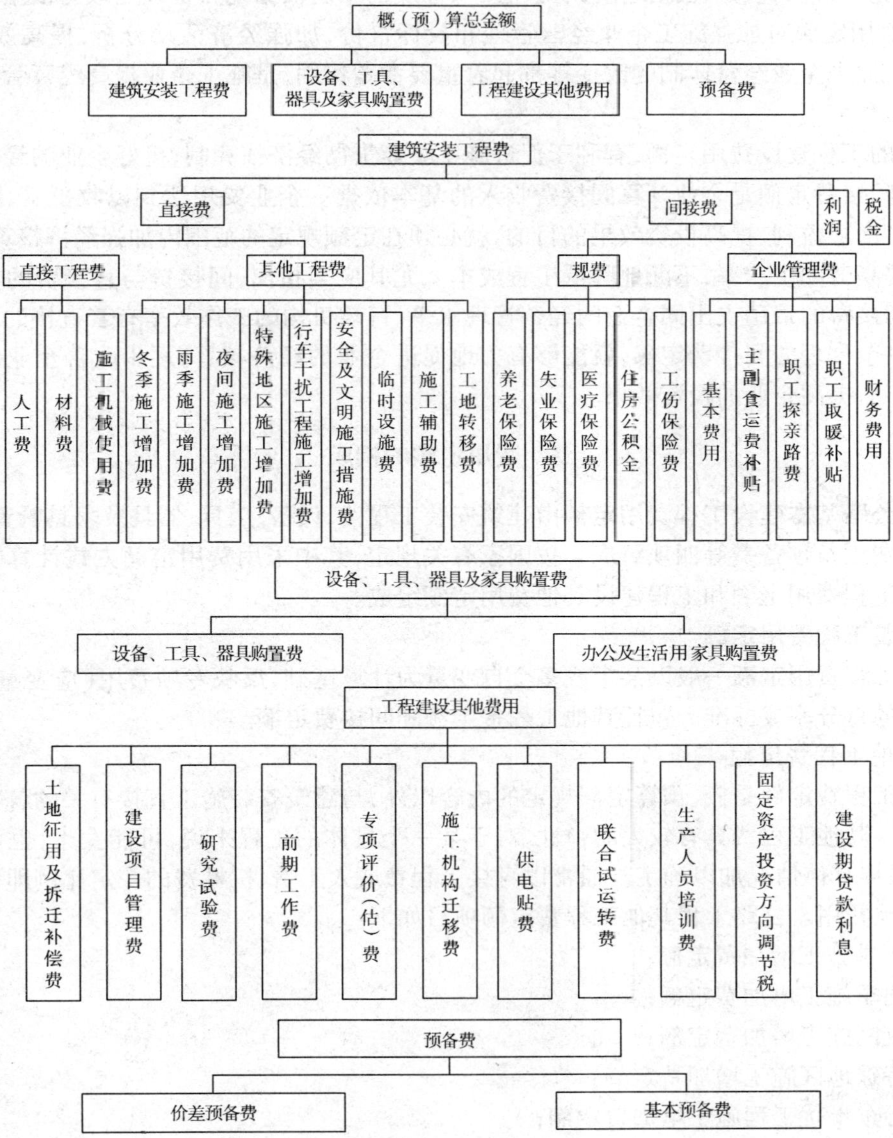

图7-1 公路基本建设工程造价的费用组成

(2)是编制公路基本建设项目建议书、可行性研究报告投资估算的重要依据。公路工程基本建设项目的投资组成中除建筑安装工程费外,工程建设其他费用也占有很大比例,如设备购置费和土地征用及拆迁补偿费;在有的情况下甚至成为项目投资的主要组成,因此这部分费用是不可忽视。

(3)是编制公路基本建设项目初步设计概算(或技术设计修正概算)和施工图预算的重要依据。

(4)对施工招投标的工程,是编制工程标底的重要依据。虽然公路工程基本建设已经引入了市场竞争机制,但是在施工招投标过程中,标底的编制依据仍然是以定额为依据的。

(5)费用定额对加强施工企业经营管理和投标报价,加强经济活动分析,提高效益,降低工程成本,促进企业经营体制的改变等都起着重要参考作用,是施工企业提高经营管理水平的重要工具。

合理的工程建设费用定额,有利于促进施工企业贯彻经济核算制,搞好企业的经营。费用定额中的间接费定额是企业计算间接费收入的基本依据。企业要想达到以收抵支、降低非生产性开支、增加盈利、提高投资效果的目的,就必须在定额规定的范围内加强经济核算,改善经营管理,提高劳动生产率,不断地降低工程成本。尤其应当指出,间接费与直接费的重要区别就在于:间接费的费用支出同企业的经营管理水平、行政机构的工作效率有着直接的联系。所以,制定一个合理的间接费定额,就能够有力地促进企业的经济核算,逐步改善企业的经营管理水平,不断提高企业的投资效果。

二、费用定额的构成

现行公路基本建设工程费用定额由建筑安装工程费,设备、工具、器具及家具购置费,工程建设其他费用及预备费等四项组成。按国家有关规定,其中采用费用定额方式计算的主要有建筑安装工程费用定额和工程建设其他费用定额组成。

1. 安装工程费用定额

公路工程费用定额一般以某个或多个自变量为计算基础,反映专项费用(应变量)社会必要劳动量的百分率或标准。包括其他工程费定额和间接费定额。

1)其他工程费定额

其他工程费定额是概、预算定额规定的内容以外,与建筑安装施工直接有关的各项费用的开支标准。其他工程费具有较大的弹性,对于某一个具体的工程来说,可能发生,也可能不发生,需要根据具体情况加以确定。通常以直接工程费或人工费、机械费的一定比例即费率的形式计算此项费用。公路工程其他工程费定额项目如下:

(1)冬季施工增加费定额;

(2)雨季施工增加费定额;

(3)夜间施工增加费定额;

(4)特殊地区施工增加费定额;

(5)行车干扰工程施工增加费定额;

(6)安全及文明施工措施费;

(7)临时设施费;

(8)施工辅助费定额；

(9)工地转移费。

由于建筑安装施工生产的特点所决定，这些费用不能以消耗量的形式列入预算定额分项之内，而是以费率作为定额的表现形式。

其他工程费与施工现场的施工条件有关，也和施工的工作量直接有关。当施工条件发生变化时，它就可能少发生或不发生，对于某一个具体工程来说，具体情况会很不相同。

其他工程费定额除包括各项费用的内容、计费规定和规定的费率外，还包括以下三点：

(1)冬季施工增加费定额还包括冬季气温区的划分，以及如何根据全国气温资料进行对气温区的划分。

(2)雨季施工增加费定额还包括雨量区和雨季期的划分内容，以及如何根据全国的降雨资料进行的雨量区和雨季期的划分。

(3)特殊地区施工增加费还包括对风沙情况、海拔高度及沿海地区的划分内容，以及它们的划分方式的确定。

2)间接费定额

间接费定额是与建筑安装生产的个别产品无关，但又是企业生产全部产品所必需，或为维持企业的经营管理活动所必须发生的各项费用开支的标准。间接费定额包括规费与企业管理费两项。

规费包括养老、失业、医疗、工伤四项保险费和住房公积金，简称“五金”。

企业管理费包括基本管理费定额和主副食运费补贴、职工探亲路费、职工取暖补贴和财务费用五项单项费用定额。

公路基本建设工程造价的费用组成见图 7-1。

2. 工程建设其他费用定额

工程建设其他费用定额是指从工程筹建开始至工程竣工验收交付使用的整个建设期间，除建筑安装工程费、设备及工具器具购置费以外的，为保证工程建设顺利完成和交付使用后能正常发挥效用而发生的各项费用开支的标准。现行的定额方式是采用定性与定量相结合的方式，由相关主管部门制定工程建设其他费用标准的编制办法，为合理确定工程造价提供依据。

工程建设其他费用包括：土地、青苗等补偿费和安置补助费、建设项目管理费定额(建设项目管理费包括建设单位管理费、工程质量监督费、工程监理费、定额编制管理费和设计文件审查费)、建设项目前期工作费、研究试验费、建设项目前期工作费、专项评价(估)费、施工机构迁移费、供电贴费、联合试运转费、生产人员培训费、固定资产投资方向调节税、建设期贷款利息等组成。

工程建设其他费用的发生主要取决于工程建设的技术经济特征，例如，公路工程必须附着于一定地点的地面上，占用一定数量的土地，因此必然要为此而支付相应的费用；由于公路工程施工的流动性，施工设施会随着建设地点的变动而迁移，为此也付出相应的费用等。工程建设其他费用的内容和费用的多少，与经济管理体制以及国家在一定时期所制定的政策也有密切的关系。

工程建设其他费用的发生也有较大的弹性，在不同的建设项目中有些费用可能发生，也可能不发生；同一费用项目在不同的建设项目中发生的数额也有差异。不同的行业、不同的建设规模、不同的建设方案和工艺流程,都会对工程建设其他费用的开支产生影响。

加强对工程建设其他费用的管理有非常重要的意义。首先,在工程项目总投资中,其他费用占的比例较大。目前,由于土地、青苗补偿和安置补助费等费用的迅速增加,而使其他费用所占的比例有增加的趋势,进而引起总投资的加大和工程造价的上升。所以加强对其他费用的管理,对于合理使用资金、提高投资效益十分重要。

其次,其他费用涉及方方面面的利益。例如,土地等补偿费涉及工农关系、全民和集体的利益等;供电贴费涉及电力部门的经济利益;固定资产投资方向调节税涉及国家对固定资产投资的宏观调控等。所以,各项费用的确定和计算非常重要,具有很强的政策性。加强对其他费用的管理,对体现与贯彻国家一定时期的经济方针、政策,保证工程建设顺利完成,理顺经济关系都颇有益处。

第三,目前,在新旧管理体制交替的过程中,在工程建设其他费用中反映出的矛盾十分突出,解决的难度也非常大。在实践中取费混乱和不合理收费的现象普遍存在。因此,加强对其他费用的合理化研究和认真管理具有非常重要的现实意义。

• 第二节　费用定额编制的原则、依据和方法 •

一、费用定额编制的原则

确定公路工程费用定额,应在尽可能地反映实际消耗水平的情况下,做到形式简明,方便使用。制定费用定额要从目前我们基本建设施工单位的主体是以企业为主的特点,充分考虑到我国以国有经济为基础,多种所有制并存,地区条件不同,以及为适应建立社会主义市场经济体制的需要等因素,结合工程建设的技术经济特点,认真分析各项费用的属性,理顺费用定额的项目划分,制订相应的费率。费率的划分应以不同的工程类别和不同地区及自然条件为依据进行,实行同一工程,同一地区,同一费率的原则。

公路工程费用定额是计算建筑工程费用、编制工程造价文件的重要依据,它的合理性和准确性直接关系到工程造价确定的准确性。为此,编制建筑工程费用定额时,必须贯彻下述原则。

1. 按照社会必要劳动量确定定额水平的原则

根据社会必要劳动量规律的要求,按照中等企业开支水平编制公路工程费用定额,保证大多数建设工程企业在生产经营、组织和管理生产中所必需的各种费用。合理地确定定额水平,关系到定额能否在生产组织管理中发挥作用。在确定公路工程费用定额时,必须及时准确地反映企业的施工管理水平,同时也应考虑材料预算价格上涨、定额人工费的变化对建设工程费用定额中有关费用支出的影响因素。各项费用开支标准应符合国务院,财政部,劳动人事部,各省、自治区、直辖市人民政府的有关规定。

2. 贯彻“简明、适用”的原则

确定公路工程费用定额,应在尽可能地反映实际消耗水平的前提下,做到形式简明,方便适用。要结合工程建设的技术经济特点,在认真分析各项费用属性的基础上,理顺费用定额的项目划分,有关部门可以按照统一的费用项目划分,制订相应的费率。费率的划分应与不同类型的工程和不同企业等级承担工程的范围相适应，按工程类型划分费率，实行同一工程，同一费率。运用定额计取各项费用的方法应力求简单易行。

3. 贯彻灵活性和准确性原则

公路工程费用定额在编制过程中，一定要充分考虑可能影响工程造价的各种因素。在编制其他直接费定额时，要充分对施工现场中的各种因素进行定性、定量的分析，从而在研究后制定出合理的费用标准。在编制间接费用定额时，要本着增产节约的原则，在满足施工生产和经营管理的基础上，尽量压缩非生产人员和非生产用工，以节约企业管理费的有关费用支出。

除此以外，还要坚持以下原则：

(1)遵守国家有关法律、法规和技术经济政策。

(2)确切反映建筑安装工程费用性质和内容，以促进企业转换经营机制，创造公平竞争的市场环境。

(3)要结合和参照新的财务制度和国际惯例，以适应社会主义市场经济体制发展的需要。

(4)要体现公路建设的特点，适应公路建设的管理水平，并有利于促进管理水平的提高。

(5)费用项目内容明确，界线清楚，方便使用。

二、费用定额编制的依据

制定费用定额的依据主要为国家在每个社会发展阶段对基本建设管理的有关方针政策，以及具有对建筑安装工程费用项目组成或划分的若干规定等。从 1985 年到现在，随着改革开放不断深入和为逐步建立社会主义市场经济体制的需要，国家在这段时期内颁发的有关基本建设方面的文件有许多，关于概预算及费用定额方面主要有以下四个文件：

(1)国家计委、中国人民建设银行计标(1985)352 号文“关于印发《关于改进工程建设概预算定额管理工作的若干规定》等三个文件的通知”。

(2)国家计委计标(1986)1313 号文《关于建筑安装工程间接费定额制订修订工作的几点意见》的通知。

(3)建设部、中国人民建设银行(89)建标字第 248 号文“关于印发《关于改进建筑安装工程费用项目划分的若干规定》的通知”。

(4)建设部、中国人民建设银行建标(1993)894 号文“关于印发《关于调整建筑安装工程费用项目组成的若干规定》的通知”。

公路基本建设工程概预算编制办法制订或修订的工作大纲，也是制订费用定额的重要依据。为体现国家对基本建设管理的有关方针政策，修订工作大纲一般包括以下内容：

(1)制订或修订工作(包括费用定额的制订或修订)的指导思想和基本原则。

(2)制订或修订工作的重点部分。

(3)有关费用的组成及项目划分。

(4)各项费率的取定。

(5)需要调研和解决的某些问题。

(6)修订工作的组织领导和工作进度安排。

(7)有关的附件部分，包括新的概预算费用组成及项目划分和有关费用定额所需的调查表格等。

公路工程费用定额的制定依据，除要遵循贯彻国家有关方针政策以外，来源于全国公路施工企业的有关费用支出的实际情况，也是制定费用定额的依据，主要包括以下内容：

(1)施工企业基本情况。

(2)施工企业费用收支情况，即管理费和其他费用收支情况。

(3)生产工人人工费情况。

(4)临时设施搭设数量和费用支出情况。

(5)劳动保护用品配备情况。

(6)属于施工管理费内的固定资产配备情况。

(7)其他方面的有关情况等。

三、费用定额编制或修订的工作步骤

公路工程费用定额已随着国家建设的不断发展和施工管理水平的提高，做过多次修订。每次修订费用定额都严格遵循当时国家基本建设的方针和政策，并结合公路建设的具体情况而制定。费用定额的编制工作步骤如下：

(1)根据国家有关规定，制定费用定额编制或修订工作大纲。

(2)召集全国有关单位对费用定额编制的工作大纲及费用项目划分进行座谈讨论，并提出有关改进意见。

(3)印发国家针对费用定额的有关文件，要求各省、自治区、直辖市交通厅(局)，做好对《施工企业基本情况调查表》和《施工企业费用收支情况调查表》及其他有关调查表的填报工作。

(4)根据各省、自治区、直辖市交通厅(局)填报的调查资料和反馈的有关情况，编制或修订费用定额初稿，并测算其定额水平。

(5)再次召集全国有关单位，对费用定额修改稿及有关问题进行讨论，提出意见。

(6)根据提出的意见，对费用定额进行修改，并调整费用定额水平，完成征求意见稿，然后发全国各有关单位广泛征求意见。

(7)汇总全国公路部门意见并及时调整，准备费用定额送审稿和说明；将费用定额送审稿及有关说明，水平测算资料等一并报请上级主管部门审查批准，公布施行。

四、费用定额编制或修订的调查内容

公路工程费用定额作为公路工程概、预算编制办法和投资估算编制办法的一部分，经历过多次修改，每次修改一般要进行广泛调查，以掌握情况。调查的内容主要根据国家关于改进建筑安装工程费用项目划分规定而确定，有些费用定额在项目划分中不发生变动且水平符合实际的，可不做调查或不做修改。一般对费用定额的调查内容如下。

1. 施工企业基本情况

(1)人员编制情况(年末在册全员人数和全年平均人数)。

(2)生产工人数，如建筑安装工人，机械驾驶工人，机械维修工人。

(3)非生产人员，如管理费开支的管理人员和服务人员、福利费开支的人员，材料供应人员，其他人员。

(4)全年平均施工天数，包括有效施工天数和非有效施工天数。非有效施工天数包括节假日、非生产工日、探亲假日等。

(5)享受探亲人数，如探夫妻的人数，每年探父母的人数，四年一次探父母的人数。

(6)全年工资总额，如职工月平均工资，生产工人月平均工资，包括建安工人、机械驾驶工人、机械保修工人的月平均工资，非生产人员月平均工资，包括辅助生产人员、管理人员、服务人员、福利人员、材料供应人员等。

(7)外包工平均人数。

(8)年完成建安工作量，包括其中外包工完成的工作量。

(9)全员劳动生产率和生产工人劳动生产率等。

2. 施工企业费用收支情况

主要包括近三年施工企业自行完成的建安工作量，包括各年度的预算收入和实际支出。

(1)直接工程费，如人工费、材料费、机械费。

(2)其他工程费，包括冬、雨季施工增加费、夜间施工增加费等费用。

(3)间接费，如企业管理基本费、主副食运费补贴、职工探亲路费、职工取暖补贴和财务费用等。

3. 人工费方面的调查

主要了解施工企业中直接从事建筑安装工程施工的生产工人的基本工资，工资性补贴及属于生产工人开支范围的各项费用实际发生情况，内容如下：

(1)生产工人的基本工资，工资性补贴(包括物价补贴、煤、燃气补贴、交通补贴、住房补贴、地区津贴等)。

(2)生产工人的辅助工资，如开会、执行必要的社会义务时间的工资，职工学习、培训期间的工资，调动工作、探亲休假期间的工资，因气候影响停工期间的工资，女工哺乳时间的工资，病假(6个月内)及产、婚、丧假期的工资等。

(3)生产工人工资附加费，如按国家规定计算的支付生产工人的职工福利费。

(4)生产工人福利费，如按国家有关部门规定标准发放的劳动保护用品的购置费、修理费和保健费、防暑降温费等。

4. 生产、生活房屋实际搭设数量调查

主要了解施工企业在某工程从开工到竣工交验期间，平均每一在册职工需建盖生产用房和生活用房的面积，包括其他一些公共设施等，不包括外包工所需的生活用房屋，内容如下：

(1)工地办公室、宿舍、食堂(礼堂、电视娱乐室)、洗澡房、托儿所、厕所、医疗室、招待房、探亲房等。

(2)料库(材料、半成品、成品库房)、工具房、加工房及工作台架(金属加工、木材加工及沥青加热等用房及工作棚等)。

(3)配电、通信站房、预制场工具房、工作棚(如顶推施工)、施工机械的盖棚、机修间等。

5. 劳保用品配备情况调查

主要了解施工企业在工程施工时，劳动保护用品配备情况和要求使用年限，以及每年每一工种工人劳动保护费用开支情况和保健费、防暑降温费发放标准。

6. 属于施工管理费内开支的固定资产配备情况调查

内容主要包括房屋、车辆、测量、试验仪器以及属于固定资产的其他设备，以及这些资产的数量、购买单价、使用年限、每年摊销费用等。

7. 其他调查内容

指有关施工企业在具体执行现行费用定额当中有哪些意见和有关资料等。

五、公路工程费用定额的编制

公路工程费用定额的水平应按照社会必要劳动量来确定。公路工程费用定额的编制或修订，是一项政策性很强的技术经济工作，要兼顾国家或投资者和企业的利益，尤其是间接费定额的制定，关系更为密切。制定间接费定额，首先要合理地确定间接费定额的基础数据和指标，如人员劳动生产率、年完成建安工程量、非生产人员比例、全年有效施工天数、工资标准、固定工（或合同工）、临时工及学徒工的比例和各项费用的年开支额等。确定这些指标时，既要根据国家现行有关规定标准，又要调查收集统计企业财务报表的数据资料，剔除开支中的不合理部分；结合本地区、本部门公路工程和施工企业的具体情况，既要考虑企业费用开支得到必要补偿，又要合理地考虑企业经营机制、管理水平的提高，降低费用开支的可能性等因素，才能合理的确定。

工程造价的确定既不能“高估冒算”，也不能“低估压价”。这就要求在公路工程费用定额的编制过程中，一定要充分考虑可能对工程造价造成影响的各种因素。在编制其他工程费定额时，要充分考虑现场的施工条件对某个具体工程的影响，要对各种因素进行定性、定量的分析研究，制定出合理的费用标准。在编制间接费定额时，要贯彻勤俭节约的原则，在满足施工生产和经营管理需要的同时，尽量压缩非生产人员的数量，以节约企业管理费的开支。

1. 其他工程费定额

1）冬雨季施工增加费定额

冬雨季施工增加费是指工程在冬雨季施工期间为确保工程质量和进度，采取的各种措施（保温、防寒、防雨、防潮、排水等）费用以及增加工序、机械使用和材料消耗等所需的补偿费用。此项费用是季节性施工增加的费用，费用开支与此期间完成的工作量有关，不同的工程采取的措施也不相同。

此项费用计算，可以采取两种方法。一种是按工程的具体情况和实际需要计算，例如，冬雨季施工增加费可按照冬雨季施工天数和需要搭设、拆除防寒、防雨设施等确定的人工、材料消耗量和摊销量，逐项计算所需费用。这种方法比较准确，也比较合理，但计算烦琐，操作起来有一定的难度；另一种方法是按年平均需要以费率形式常年计取，包干使用。这种方法计算方便，便于企业统筹和包干使用，是现行费用定额编制采用的方法。其计算公式为：

$$\text{冬雨季施工增加费费率} = \frac{\text{建筑安装生产工人人年均冬雨季施工增加费}}{\text{全年有效施工天数} \times \text{日平均工资}} \times \frac{\text{人工费}}{\text{直接工程费}} \times 100\% \tag{7-1}$$

2）夜间施工增加费定额

夜间施工增加费是指由于设计和施工技术要求，必须连续施工而发生的夜间施工增加的费用,或根据建设单位对建设工期的要求而需组织夜间施工增加的费用。费用内容包括:照明设施的安装、拆除和摊销费;电力消耗费用;夜间施工工效降低及夜餐补助费等。夜间施工增加费一般按照实际参加夜间施工人员数量计算。人均夜间施工增加费计算公式为:

$$夜间施工增加费=\frac{夜间施工增加开支额}{夜间施工人数} \tag{7-2}$$

为简化计算,也可以按费率形式常年计取,费率计算公式同冬雨季施工增加费定额。

3)特殊地区及行车干扰工程施工增加费定额

高原地区工程施工增加费是指在不同海拔高度地区施工,由于气候、气压的影响,致使人工、机械效率降低而增加的费用;沿海地区工程施工增加费是指在沿海地区施工受海风、海浪和潮汐的影响,致使人工、机械效率降低而增加的费用;行车干扰工程施工增加费是指由于边施工边维护通车,受行车干扰的影响,致使人工、机械效率降低而增加的费用;风沙地区施工增加费系指西部沙漠地区施工时,由于受风沙影响,按照施工及验收规范的要求,为保证工程质量和安全生产而增加的有关费用。内容包括防风、防沙及气候影响的措施费,材料费,人工、机械效率降低增加的费用,以及积沙、风蚀的清理修复等费用。

此类费用定额可采用两种方法编制:一种是根据受影响的程度,直接列出人工、机械增加的消耗量;一种是采用以费率的形式常年计取,费率计算公式同冬雨季施工增加费定额。

4)临时设施费定额

临时设施费系指施工企业为进行建筑安装工程施工所必需的生活和生产用临时建筑物、构造物和其他临床设施的费用等,但不包括概、预算定额中临时工程在内。费用包括临时设施的搭建、维修、拆除和摊销方面的开支额。

临时设施费定额按以下公式计算:

$$临时设施费率=\frac{生产工人人年均摊销临时设施费开支额}{全年有效施工天数\times日平均工资}\times\frac{人工费}{直接工程费}\times100\% \tag{7-3}$$

5)施工辅助费定额

施工辅助费包括生产工具用具使用费、检验试验费和工程定位复测、工程点交、场地清理等费用。

(1)生产工具用具使用费是指施工生产所需不属于固定资产的生产工具及检验用具等的购置、摊销和维修费用,以及支付给工人自备工具的补贴费。其计算公式可参照冬雨季施工增加费费率的计算。

(2)检验试验费是指对建筑材料、构件和建筑安装物进行一般鉴定、检查所发生的费用,包括自设试验室进行试验所耗用的材料和化学药品等费用,以及技术革新和研究试制试验费。该项费用以及工程定位复测、工程点交、场地清理等费用,一般也采用综合费率的形式包干计取。

2. 间接费定额

间接费是规费和企业管理费两项组成,间接费定额是由这两项费用的综合费率来计的。

1)规费定额

规费系指法律、法规、规章、规程规定施工企业必须缴纳的费用(简称规费),包括养老保险费、失业保险费、医疗保费、住房公积金、工伤保险费等五项,是按国家或工程所在地法律、法规、规章、规程规定的标准或费率计算。规费定额的计算公式如下：

$$规费费率 = \frac{生产工人人年均规费开支额}{全年有效施工天数 \times 日平均工资} \times \frac{人工费}{直接费} \times 100\% \quad (7\text{-}4)$$

2）企业管理费定额

（1）基本数据的确定。企业管理费是由基本费用、主副食运费补贴、职工探亲路费、职工取暖补贴和财务费用五项组成。企业管理费的各项费用支出受许多因素的影响，首先要合理地确定企业管理费定额的基础数据指标，这些数据指标包括以下几部分：

①全员劳动生产率。是指施工企业的每个成员每年平均完成的建筑安装工程的货币工作量。

在确定全员劳动生产率指标时，要对各类企业或公司的有关资料进行分析整理，既要考虑施工企业过去2～3年的实际完成水平，又要考虑价格变动因素对完成建筑安装工作量的影响，重点分析自行完成建筑安装工作量和企业全员人数，以便把劳动生产率切实建立在可靠的基础上。全员劳动生产率的计算公式为：

$$全员劳动生产率 = \frac{年度自行完成建筑安装工程工作量}{年平均在册人数} \quad (7\text{-}5)$$

②非生产人员的比例。指非生产人员占施工企业职工总数的比例。非生产人员的比例一般应控制在职工总数的20%。非生产人员由以下三部分人员组成：第一部分是在企业管理费项目开支的人员，主要有企业的政工、经济、技术、警卫、后勤人员，这部分人员占企业职工总数的16%左右；第二部分是在职工福利费项目开支的医务、理发和保育人员，这部分人员占企业职工总数的1%左右；第三部分是在材料采购及保管费项目开支的材料采购、保管、管理人员，这部分人员占企业职工总数的3%左右。

③全年有效施工天数。指在施工年度内能够用于施工的天数。通常按全年日历天数扣除法定节假日、双休日天数、气候影响平均停工天数、学习开会和执行社会义务天数、婚丧、病假天数后的净施工天数计取。各地区的全年有效天数由于气候因素的影响而略有不同，原则上全年有效施工天数不应低于现行定额测算时采用的天数。

④工资标准。指施工企业建筑安装生产工人的日平均标准工资和工资性质的津贴与非生产人员的日平均标准工资和工资性津贴。工资性津贴主要指住房补贴、副食补贴、冬煤补贴和交通补贴等。

⑤建筑安装生产工人人年均企业管理费开支额。该项费用要按规定的费用项目和开支标准逐项测算；同时要考虑足够数量的有代表性的近三年施工企业管理费用收支情况表或会计报表中的管理费实际开支，剔除其不合理的部分，还应扣除按规定应由企业自有资金开支的部分，以合理确定企业全员人均年管理费开支额。

（2）企业管理费定额的计算公式如下：

$$企业管理费费率 = \frac{生产工人人年均企业管理费开支额}{全年有效施工天数 \times 日平均工资} \times \frac{人工费}{直接费} \times 100\% \quad (7\text{-}6)$$

3）间接费费率

间接费费率计算公式如下：

$$间接费费率 = \frac{生产工人人年均间接费开支额}{全年有效施工天数 \times 日平均工资} \times 人工费占直接费的比率 \times 100\% \quad (7\text{-}7)$$

由于人工费、直接费可按以下公式计算：

$$人工费 = 日平均工资 \times 全年有效施工天数 \times 企业建安生产工人总数$$

$$直接费 = 工人年人均直接费 \times 企业建安生产工人总数$$

式(7-7)可以简化为：

$$间接费费率 = \frac{生产工人人年均间接费开支额}{工人年人均直接费} \times 100\% \tag{7-8}$$

【例7-1】 某路面工程施工企业职工总数为250人，其中建筑安装生产工人数为220人，工程队定额内非生产人员30人；建筑安装生产工人人均年直接工程费为145 000元；生产工人日工资为47.80元，年有效施工天数为240天。企业管理费的各项开支如下：

1. 基本数据统计

(1)管理人员工资如下：

①基本工资：人均每月1 568元(包括各种工资性补贴)，全年工资为：1 568×30×12 = 564 480(元)。

②职工福利费：工资总额×14% = 564 480×14% = 79 027(元)。

③劳动保护费：人均每月50元。

企业管理人员工资总额为：564 480 + 79 027 + 50×12×30 = 661 507(元)。

(2)工作人员办公费。经综合测算，企业年平均办公经费为15 433元。

(3)差旅交通费。经综合测算，企业年平均差旅交通费为17 904元。

(4)固定资产折旧、修理费。经综合测算，企业年平均固定资产使用费为18 554元。

(5)工具用具使用费。经综合测算，企业年平均工具用具使用费为15 120元。

(6)工会经费。工会经费按职工工资总额包括奖金(4个月)的2%计算。

职工工资总额 = 生产工人工资总额 + 企业管理人员工资总额 + 4个月奖金

= 47.80×220×240 + 661 507 + 1 568×30×4

= 3 373 507元。

工会经费 = 3 373 507×2% = 67 470元。

(7)职工教育经费。职工教育经费指按财政部有关规定在工资总额1.5%范围内掌握开支的职工教育经费。

职工教育经费 = (47.80×220×240 + 661 507)×1.5% = 47 780元。

(8)劳动保险费。经综合测算，企业年平均劳动保险费为14 060元。

(9)保险费。经综合测算，建筑安装生产工人年均分摊的保险费为140元。

(10)税金。经综合测算，建筑安装生产工人年均分摊的税金为19元。

(11)其他。经综合测算，建筑安装生产工人年均分摊的其他费用为22元。

(12)主副食运费补贴。经综合测算，建筑安装生产工人年均分摊的主副食运费补贴为120元。

(13)职工探亲路费。经综合测算，建筑安装生产工人年均职工探亲路费为70元。

(14)职工取暖费。经综合测算，建筑安装生产工人年均职工取暖费为22元。

(15)财务费用。经综合测算，建筑安装生产工人年均分摊的财务费用为150元。

(16)职工养老保险及失业保险费。按现行规定，职工养老保险按职工工资总额的3%；失业保险按职工工资总额的6%计取。

养老保险费 =(47.80 ×220 ×240 +661 507)×3% =95 560元。

失业保险费 =(47.80 ×220 ×240 +661 507)×6% =191 120元。

(17)医疗、工伤保险费。经综合测算,建筑安装生产工人年均分摊的医疗、工伤保险费为120元。

(18)住房公积金。经综合测算,建筑安装生产工人年均分摊的住房公积金为80元。

2. 分项定额计算

以上(1)~(15)项合计,建筑安装生产工人年均分摊企业管理费为:

(661 507 +15 433 +17 904 +18 554 +15 120 +67 470 +47 780 +14 060)÷220 +140 +19 +22 +120 +70 +22 +150 =4 442(元)。

代入计算公式可得路面工程企业管理费定额为:

4 442 ÷145 000 ×100% =3.06%

以上(16)~(18)项合计,并计算规费定额为:

[(95 560 +191 120)÷220 +120 +80]÷145 000 ×100% =1.04%

3. 间接费定额

规费定额 + 企业管理费定额 =3.06% +1.04% =4.1%

六、工程建设其他费用定额的编制

工程建设其他费用包括土地征用及拆迁补偿费、建设项目管理费、研究试验费等十四项费用组成。

工程建设其他费用定额是由国家或主管部门、省(自治区、直辖市)规定的确定和开支各项其他费用的定额。它是管理和控制工程建设中其他费用开支的基本依据和重要手段,是编制工程建设概算、预算时计算工程建设其他费用的直接基础。

工程建设其他费用中的每一项都是独立的费用项目,标准的编制和表现形式也都不尽相同。应该按照国家统一规定的编制原则、费用内容、项目划分和计算方法,依照行业特点和工程的具体情况,具体问题具体分析,细算粗编。在具体编制概算、预算时,应按照"发生的计列,不发生的不计列"的原则进行编制和管理。

• 第三节 公路工程费用定额的计算基数及费用计算程序 •

一、费用的计算基数

由于公路工程建设项目中按费用定额计算的费用,是采用分摊的方法,不能以消耗量的绝对值来表示,这就决定了费用定额必然以费率的形式作为定额的度量标准。因此,费率的计算基础,既要反映施工对象所需增加投入的物质消耗量和管理工作的劳动量,又要使费用定额具有相对的稳定性,不因具体工程的某种具体情况而变动。

费用定额的计算基数一般有两种,一种是直接工程费,即人工费、材料费、机械使用费;另一种是建筑安装工人的人工费,或者以人工费加施工机械使用费作为计算基数。至于以哪一

种作为确定费用定额的计算基数,要考虑以下因素:

(1)能否正确反映施工费用支出的水平变化规律;

(2)是否具有相对稳定的性质;

(3)使用起来是否方便。

应该看到,以直接工程费为取费基础所可能带来的主要弊病是:由于材料费往往在某些工程如路面、构造物工程中占预算直接费的绝大部分,这就使得建筑安装企业费用收入的多少与施工对象的材料费的大小紧密相连。材料费越大,费用的收入就越多,反之收入就越小。以致形成某些材料费大的工程,能比较容易地降低费用,而成为"肥活儿";而某些材料费小的工程则费用收入少,很难降低费用而成为"瘦活儿"。这样就使得各项费用的取得不尽合理。因而,在以直接工程费为各项费用定额取费基础时,要尽量按施工对象不同,予以分门别类地确定各项费用定额,尤其是施工管理费定额,以尽量减少上述弊病。

公路建设项目根据自身的特点和多少年来不断总结经验,目前仍以直接工程费为计算基础,按不同施工对象、不同企业资质、不同地区确定费率,符合国家的政策和国际上通行的惯例。

二、定额、指标基价的含义

定额、指标基价是指公路工程概预算定额、估算指标以定额附录规定的人工、材料、机械台班单价计算的费用,即各项定额、指标中的人工、材料、机械使用费之和。

三、公路工程建设各项费用计算程序及计算方式

公路工程建设各项费用的计算程序及计算方式见表7-1。

公路工程建设各项费用的计算程序及计算方式　　表7-1

代　号	项　　目	说明及计算
(一)	直接工程费(即工、料、机费)	按编制年工程所在地的预算价格计算
(二)	其他工程费	(一)×其他工程费综合费率或各类工程人工费和机械费之和×其他工程费综合费率
(三)	直接费	(一)+(二)
(四)	间接费	各类工程人工费×规费综合费率+(三)×企业管理费综合费率
(五)	利润	[(三)+(四)-规费]×利润率
(六)	税金	[(三)+(四)+(五)]×综合税率
(七)	建筑安装工程费	(三)+(四)+(五)+(六)
(八)	设备、工具、器具购置费(包括备品备件) 办公及生活用家具购置费	∑(设备、工具、器具购置数量×单价+运杂费)×(1+采购保管费率) 按有关规定计算
(九)	工程建设其他费用 土地征用及拆迁补偿费	 按有关规定计算

续上表

代　号	项　　目	说明及计算
（九）	建设单位（业主）管理费	（七）×费率
	工程质量监督费	（七）×费率
	工程监理费	（七）×费率
	工程定额测定费	（七）×费率
	设计文件审查费	（七）×费率
	竣（交）工验收试验检测费	按有关规定计算
	研究试验费	按批准的计划编制
	前期工作费	按有关规定计算
	专项评价（估）费	按有关规定计算
	施工机构迁移费	按实计算
	供电贴费	按有关规定计算
	联合试运转费	（七）×费率
	生产人员培训费	按有关规定计算
	固定资产投资方向调节税	按有关规定计算
	建设期贷款利息	按实际贷款数及利率计算
（十）	预备费	包括价差预备费和基本预备费两项
	价差预备费	按规定的公式计算
	基本预备费	[（七）+（八）+（九）－固定资产投资方向调节税－建设期贷款利息]×费率
	预备费中施工图预算包干系数	[（三）+（四）]×费率
（十一）	建设项目总费用	（七）+（八）+（九）+（十）

复习思考题

1. 费用定额的含义是什么？
2. 费用定额的作用主要是哪些方面？
3. 公路工程的“其他工程费”包括哪些？其费用一般是如何计算的？
4. 间接费的含义是什么？其特点有哪些方面？
5. 公路工程“工程建设其他费用”包括哪些内容？
6. 制定费用定额的原则是什么？
7. 间接费定额现行规定分为哪两项？

第八章

公路工程估算指标

知识目标

1. 描述估算指标的概念和特点；
2. 说明公路工程估算指标体系编制的过程；
3. 阐述公路估算指标的内容。

能力目标

1. 进行估算指标的编制操作；
2. 进行估算指标的计算。

●第一节　估算指标概述●

一、估算指标的概念

估算指标是固定资产投资管理和控制的重要手段，它为完成建设项目决策阶段的定价提供可靠的依据和科学的手段，其准确与否将直接影响到建设项目决策的科学化、规范化和准确度。

目前现行的《公路工程估算指标》（以下简称《指标》）和《公路基本建设工程投资估算编制办法》（以下简称《估算编制方法》）由中华人民共和国交通部颁发（交公路发[1996]611 号文），自 1996 年 7 月 1 日起施行，是全国公路专业工程估算指标，适用于公路基本建设新建、改建、扩建工程。随着 2007 年新的《公路工程基本建设项目概算预算编制办法》（JTG B06—2007）的颁布，为配合新的定额体系，预计不久将颁布新的估算指标。但在新的指标出台以前我们目前应仍然执行原有指标为准。

《指标》根据基本建设前期工作的深度和要求，分为综合指标和分项指标两类。综合指标是编制建设项目项目建议书投资估算的依据，主要用于从经济角度研究建设项目的选择，研究某条公路或某座桥梁建设的合理性，研究全国公路网布局的合理性，以及研究建设规模和编制长远发展规划等。分项指标是编制建设项目可行性研究报告投资估算的依据，也可作为技术方案比较的参考。

二、估算指标的特点

《指标》是根据交通部对公路建设项目建议书和可行性研究报告的工作深度要求，在交通部1993年原《指标》(交工发[1993]785号通知公布的《公路工程估算指标》)的基础上,以原《公路工程技术标准》(JTJ 001—88)、现行技术规范、《公路工程概算定额》、各项费用定额以及近几年来公路建设项目的设计、竣工资料为依据调整而编制的,反映了我国当前公路建设的实际情况。

《指标》是以主要工程项目的人工、主要材料、其他材料费、机械使用的消耗量、指标基价为表现形式的指标。

《指标》中有关费用的标准、计算方法的内容放在《估算编制办法》中。

《指标》中的指标基价是按1996年的价格计算得到的。

估算指标与概、预算定额比较,估算指标是以独立的建设项目、单项工程或单位工程为对象,综合项目全过程投资和建设中各类成本和费用,反映出其扩大的技术经济指标,既是定额的一种表现形式,但又不同于其他的计价定额。估算指标作为项目前期服务的一种扩大的技术经济指标,具有较强的综合性、概括性。

估算指标仅包括主要工程项目的建筑安装工程费中的人工费、材料费和机械使用费,至于其他工程和各项费用指标中均不包括。其他工程的费用以主要工程费为基数按规定的费率计算,不列工、料、机消耗量。各项费用分别按《估算编制办法》中的规定计算。

根据适用阶段及设计深度的不同,综合指标包括建设项目的路基、路面、桥涵、交叉、安全设施、服务、管理设施等主要工程,但不包括全长1 000m以上(含1 000m)特大桥工程、隧道工程、辅道工程、支线工程以及城市进出口处大型互通式立体交叉等主要工程,其综合程度比分项指标要高。分项指标则分别按路基、路面、隧道、涵洞、小桥、大(中)桥、交叉工程及沿线设施等主要工程项目编制。

三、估算指标的作用

《指标》是编制和确定项目建议书和可行性研究报告投资估算的基础和依据。与概、预算定额比较,估算指标是一种扩大的技术经济指标,具有较强的综合性、概括性。其作用可以概括为:

(1)在编制项目建议书和可行性研究报告阶段,它是多方案比选、设计方案优化、正确编制投资估算、合理确定项目投资额的重要基础。

(2)在建设项目评价、决策过程中,它是评价建设项目投资可行性、分析投资效益的主要经济指标。

(3)在实施阶段,它是限额设计和工程造价编制与控制的依据。

在我国计划经济时期,绝大部分建设项目是由国家投资的,国家在控制固定资产投资规模、引导投资方向,制订中长期投资计划中,制定的各类建设项目投资指标曾发挥了重要作用。随着我国社会主义市场经济体制的逐步建立,固定资产投资体制改革的深化,建设项目投资主体已趋于多元化,投资风险责任已趋分散。因此,在项目投资决策和实施阶段,利用估算指标强化投资项目的管理更受到各类业主的普遍重视。加强对估算指标性质、表现形式、编制方法等方面的研究和实践,以更好地适应新的形势需要,在实际工作中运用好估算指标就显得更为重要。

四、估算指标的表现形式

估算指标与概算定额、预算定额一样，是以人工、主要材料、其他材料费、机械使用费、基价等实物指标为表现形式。实物指标作为计算具体建设项目造价和提供人工、主要材料数量使用。估算指标也是一种扩大的定额。

根据公路工程的特点，选择对公路工程造价的变化影响较大的因素，指标中人工列生产工人的工日数；主要材料列原木、锯材、光圆（Ⅰ级）钢筋、带肋（Ⅱ级）钢筋、预应力粗钢筋、高强钢丝、钢绞线、钢材、加工钢材、波形钢板及型钢立柱、钢梁、钢板标志、铝合金标志、钢板网及铁丝编织网、水泥、石油沥青、生石灰、砂、砂砾、片石、碎（砾）石、块石、粉煤灰、矿渣等二十三种材料；其他材料费包括除上述主要材料以外的其他材料的费用以及概算定额内的“其他材料费”和“设备摊销费”，以“元”表示；机械使用费按规定的《公路工程机械台班费用定额》计算，以“元”表示。

指标表头载明了指标名称、工程内容、计量单位、子目划分等内容。因此，编制投资估算时，应按指标的说明及附注（包括允许换算说明）正确使用指标，不要随意抽换指标内容，以免造成重算或漏算的失误。

对指标中缺少的项目可以编制地区补充指标。地区补充指标应按照指标的编制原则、方法进行编制，由各省、自治区、直辖市交通厅（局）批准执行，抄送交通部公路工程定额站备案。

当项目建议书阶段的工作深度已达到可行性研究报告的深度时，可采用指标中的分项指标编制项目建议书投资估算。当可行性研究报告的工作深度已达到初步设计的深度时，可采用《公路工程概算定额》编制可行性研究报告投资估算。

● 第二节　公路工程估算指标的编制 ●

一、估算指标编制的原则

估算指标是以能独立发挥投资效益的建设项目或单项工程为对象的扩大的技术经济指标。它既是定额的一种表现形式，但又不同于其他的计价定额。由于它要与前期估算投资的要求相适应，从项目决策直至竣工交付使用，从项目建设的全过程出发估算全部投资额，这就要求比其他各种计价定额具有更大的综合性、概括性。由于这些特点所决定，估算指标的编制工作除应遵守一般的定额编制原则外，还必须坚持以下原则：

（1）估算指标的编制要与项目建议书、可行性研究报告等基本建设前期工作各阶段的编制深度和要求相适应，为分析、评价建设项目的经济合理性、制订长期计划、编制项目建议书和可行性研究报告提供科学依据。这是因为投资估算的编制也和其他因素多、综合性强的工作一样，要经历一个由浅入深，由对项目认识不够全面到逐步得到全面认识的过程，其间要受到许多内、外部条件的制约，如从技术方案上设想的一些定性的概念尚难以作出定量的判断，大量模糊性、随机性的不确定因素要靠人的判断能力和经验来估计确定。随着分析的深化，工作越深入，准确度就越高，从而越接近实际。而这些大量的不确定因素就需要在编制估算指标的过程中，运用统计理论，定性分析和定量分析相结合的方法，在个别事物中找出带有规律性的东西来加以概括、综合或列入不同条件下的调整办法和参考数值，以保证估算指标的完整、确切、可靠。

(2)估算指标的编制内容，典型工程的选取，必须遵循党和国家的技术经济政策，符合国家的技术发展方向。对建设项目的建设规模、工艺水平、建筑标准等的确定，既要尽可能地采用代表科技发展方向的最新成果，提高生产能力和使用功能，又要从我国的实际国情出发，同时还应充分考虑指标编制时期公路设计、施工的实际能力，坚持技术上的先进、可行和经济上的低耗、合理，力争以较少的投入求得最大的效益。

(3)估算指标的编制要充分考虑到由于建设条件、实施时间、建设期限等的不同，导致指标的量差、价差、费用差等诸多“动态”因素对投资估算的影响。由于公路基本建设的特殊性，建设条件完全相同的工程是不存在的，对众多动态因素给予必要的调整办法和调整参数，是提高估算指标的覆盖面，使其适应性更强的必不可少的条件。

(4)由于估算指标所反映的是建设项目从决策阶段直至竣工交付使用全过程所需的投资，这就决定了其编制采用的原始资料也必须是全过程所发生和实际支付的数量，因此，应当以竣工资料作为估算编制的第一手资料，如没有竣工资料，可用设计资料来代替。但在实际应用时，要求对这些资料和数据进行必要的定性、定量分析和整理，做到去伪存真，源于实践而又不消极地反映实践，而是通过分析加工之后，才能用于指导以后的同类工程项目。

(5)由于投资估算指标是国家对固定资产投资由直接控制转变为间接控制的一项重要经济指标，具有宏观指导作用；另一方面，它又为编制项目建议书投资估算提供依据，具有实用性。因此，要求它能合能分、有粗有细、细算粗编，既有能反映一个建设项目的全部投资及其构成（建筑安装工程费、设备、工器具购置费和工程建设其他费用），又要有组成建设项目投资的各个单位工程的数量；既能综合使用，也能个别分解使用。占投资比重大的建筑安装工程要做到有量、有价，根据不同等级公路列出每公里的主要工程量，便于由于设计方案、地理条件、建设实施期等变化而引起的工程量的必要调整、换算。

(6)指标的项目划分和表现形式应准确、简化、方便使用，少留缺口，同时还应考虑采用电子计算机的方便，以进一步推动投资估算编制工作的电算化。

(7)指标的章、节说明和指标项目的工程内容应简明、准确，要有工程量计算规则，避免因含糊不清为日后的应用引起的不必要的纠纷。

二、估算指标编制的依据

估算指标的编制工作，是一项涉及面广、情况复杂而又十分具体细致的技术经济基础工作，具有较强的政策性。其编制工作必须依据国家关于基本建设的方针、政策和各项管理制度进行。主要有以下几方面：

(1)国家对基本建设的有关方针、政策。

(2)国家和交通部制定颁发的技术标准、规范：《公路工程技术标准》、设计、施工及验收技术规范等。

(3)交通部颁发的《水运、公路建设项目可行性研究报告编制办法》。

(4)指标编制年度交通部颁发的《公路工程概算定额》和《公路工程基本建设项目概算预算编制办法》，以及建设项目用地定额、建设项目工期定额资料等。概算定额缺少的项目可按

《公路工程预算定额》分析计算。

(5)编制年度的各类工资标准、材料预算价格及施工机械台班单价,应以北京地区标准为准。

(6)采用的图纸或资料:一般一种结构类型应有两种以上资料经过分析,提出一份具有代表性的图纸或资料,作为编制指标的依据。如经比较确因条件不同影响造价较大时,可以分别按不同因素划分子目编制。

(7)施工方案:一般应选用经济合理、有代表性、多数施工企业能做到的施工方案,作为编制指标的依据。如因施工条件不同影响造价较大时,可以分别按不同因素划分子目编制。

三、估算指标编制的组织工作

估算指标的编制工作,是一项涉及面广,情况复杂而又十分具体、细致的技术经济基础工作,具有较强的政策性,既要考虑到现阶段技术状况,又要展望近期技术发展趋势和设计动向,才能用以指导以后建设项目的实践。估算指标是建筑标准、施工工艺、工程结构、施工设备及技术经济等各个专业共同协作的成果。因此,指标编制工作一开始就必须成立起专业齐全、具有较高层次的专业技术人员参加的编制小组,通力协作才能保证估算指标的编制质量。编制小组一般根据工作需要可分为若干个专业工作小组和一个综合组。

从一定意义上讲,估算指标的编制也是一个系统工程。编制小组在主编单位的领导下,工作之初应制定一份包括基础资料调查提纲及调查表格、指标编制原则、编制依据、指标的内容、指标表现形式、指标的层次及相互衔接、指标的项目和子目划分、指标综合范围、计量单位、指标的编制程序、分析计算方法及各种分析计算表格、工作制度和质量要求以及所有参加指标编制工作的人员应有的职责等内容的“指标编制工作大纲”或“指标编制工作细则”,以及一套完整的、可操作性强的指标编制计划,以便整个指标编制工作有章可循。

四、估算指标的项目划分和综合范围

估算指标的项目是以不同的公路工程技术等级、不同的地形、不同的结构物类型和不同的施工方法来划分的。为了提高指标的准确性和使用上的方便,各项目范围内还必须划分子目。指标的项目和子目划分必须与设计深度相对应,指标项目划分过粗,势必降低指标的准确度,难以准确地估算投资;指标项目划分过细,由于设计深度不够,难以提出所需要的较准确的工程量,同样也达不到准确估算投资的目的。

1. 指标项目划分的原则

1)综合指标的项目划分

综合指标是公路建设项目建议书阶段编制投资估算的依据,根据项目建议书阶段的工作深度,仅通过踏勘和调查研究,提出建设项目的规模、技术标准。考虑到该阶段对工程部分所附图表不作详细的工程量计算,因此,综合指标的项目一般按以下原则划分:

(1)按不同的公路工程技术等级分高速公路、一级公路、二级公路、三级公路、四级公路编制。

(2)分新建工程和改建工程编制。

(3)按不同的地形分平原微丘区和山岭重丘区编制。

(4)考虑到综合指标包括的工程项目较多,同具体建设项目会有不同程度的差异,因此应编制对工程造价影响较大的主要工程项目调整指标,并将指标中综合的主要工程项目的工程量作为附录列出,以供设计深度能够提出主要工程项目的工程量时,抽换指标。

2)分项指标的项目划分

分项指标是公路建设可行性研究报告阶段编制投资估算的依据,可行性研究报告阶段是通过必要的测量(高等级公路必须做)、地质勘探(大桥、隧道和不良地质地段),在认真调查研究,占有必要资料的基础上,对不同建设方案从经济上、技术上进行综合论证,提出推荐建设方案,所附图表中对主要工程项目都有工程量估算表。根据以上可行性研究报告阶段的工作深度和确保投资估算能控制投资,因此,分项指标的项目一般按以下原则划分:

(1)按不同的单项工程(路线、隧道、桥梁等工程)、单位工程(路基、路面等工程)和分部工程(路基土方、路基石方、路面垫层、路面面层等工程)编制。

(2)按不同的结构形式(空心板、T形梁、连续梁、斜拉桥等)、不同的构成材料(普通钢筋混凝土圬工、预应力混凝土圬工、砌石圬工等)编制。

(3)按不同的地形分平原微丘区和山岭重丘区编制。

2. 指标子目的划分原则

1)综合指标的子目划分

综合指标的子目一般按行政区域(省、自治区、直辖市)划分,根据对调查资料的分析情况,如果一个省(自治区、直辖市)内由于地区条件不同,工程项目和工程量相差较大时,也可再划分地区编制。综合指标中的调整指标一般按主要工程项目划分子目编制。

2)分项指标的子目划分

由于路基、路面、隧道、桥涵、交叉、安全设施、服务、管理设施等分项指标的综合范围不一,因此子目划分的主要因素各有其本身的特点,但子目划分的原则是一致的,都必须同可行性研究报告阶段的工作深度及工程量提供的可能性结合起来考虑,然后在造价允许误差幅度之内,经分析后划分子目。一般划分子目的主要因素有以下几个方面:

(1)按不同的公路工程技术等级分高速公路、一级公路、二级公路、三级公路、四级公路编制。

(2)分新建工程和改建工程编制。

(3)按不同的地形分平原微丘区和山岭重丘区编制。

(4)按不同的地区(片区或省、区)编制。

(5)按不同的施工方法(人工施工、机械施工;新奥法、矿山法等)编制。

(6)按不同的地质情况(土质、石质等)编制。

(7)按不同的圬工类型(混凝土、砌石)编制。

(8)按不同的结构形式(沉井基础、钻孔桩基础等)、跨径、高度、水深编制。

3. 子目划分的允许误差

根据工程项目和工程量的计算数据,以《公路工程概算定额》基价为准,分析求得不同因素的指标基价,其各子目的算术平均综合基价与子目基价比较,一般以正负误差15%为划分子目的界限,误差在±15%以内的合并为一个子目,误差在±15%以外的则划分子目编制。但对工程量较大的工程项目(如土、石方等),其允许误差幅度应降低一些(如10%左右),具体要求在编制指标时,应根据不同的工程项目在“指标编制工作细则”中加以规定。

4. 指标综合范围

由于估算指标是一种比概算定额、预算定额更综合、更扩大,所以它适用于基本建设项目前期工作阶段估算工程投资的计价依据。但对于一个建设项目而言,所涉及的工程项目甚多,则并不是所有的工程项目对工程投资都产生重大的影响,因此就需要确定出对工程造价变化影响较大的主要工程项目和对工程造价变化影响不大的次要工程项目,在估算指标中仅综合主要工程项目,将次要工程项目综合在其他工程指标内,不列工、料、机消耗量,以主要工程费的百分率计算。

其他工程包括清除场地、拆除建筑物和构造物、绿化工程、公路交工前养护费、临时轨道铺设、便桥、便道、临时电力线路、临时电讯线路、临时码头、改河土方、其他零星工程等。

五、估算指标编制的步骤

估算指标的编制工作与其他定额的编制工作一样,一般分为如下三个大阶段:基础资料调查阶段(也称准备工作阶段)、集中编制阶段和审查、测算、定稿、报批、出版阶段。

1. 基础资料的调查与搜集

基础资料是指标编制工作的基础,资料收集的越多,反映出的问题就越多,编制工作考虑的各方因素也就越全面,有利于提高指标的实用性和覆盖面。

1)基础资料的调查内容和要求

(1)资料来源应以与指标编制内容有关的已经建成的建设项目的竣工资料、决算资料或正在建设的建设项目的工程设计图纸资料、施工资料、概预算资料,特别是高等级公路和特大型桥梁项目的资料。

(2)建设项目的选择应具有一定的代表性。也就是说,所选定的建设项目能充分体现本地区公路建设的实际情况,不能为了图简单、方便、减少工程量,而选用工程结构简单、工程项目含量单一的建设项目资料。对于一条路线项目,在资料中应尽可能包括路基、路面、隧道、桥涵、交叉、安全设施、服务、管理设施等工程项目。

(3)调查资料应以一个完整的建设项目为调查对象:路线工程或独立大(中)桥工程。

2)基础资料的调查方法

一般有两种:一是抽调有经验的专业人员组成专门的调查小组进行重点工程的专题资料收集或专项查定;另外一种是普遍收集资料,也就是说,在已确定的编制范围内,采取用表格化的方法,以主要的统计资料为主,注明所需要的资料内容,填表要求和时间范围。其优点是统一表格,以便更好地整理资料,并具有广泛性和全面性。

在公路工程指标、定额的编制或修订工作中,其基础资料的调查通常将上述两种方法结合起来进行,互为补充。

3)资料调查表格

公路工程估算指标基础资料调查表格一般分为三类十五种。第一类为工程项目总表,按路线工程和独立大(中)桥工程分为两种;第二类为分项工程表,按路基工程,路面工程,隧道工程,涵洞工程,小桥工程,大(中)桥工程,互通式立体交叉,分离式立体交叉,平面交叉,通道,安全设施,服务、管理设施分为十二种;第三类为工程建设第二、三部分费用调查表,共一种。

4)建立资料积累制度并使之经常化

估算指标的编制工作,有赖于充分地、完整地、确切地占有基础资料,并对这些资料进行规范化的整理,没有这个条件是难以奏效的。而基础资料的积累要靠平时的日积月累,在新技术、新工艺、新材料、新结构不断发展并大量应用于工程实践的今天尤其如此。从另一方面讲,指标本身也需要经过大量的工程检验,而后不断补充、修改、完善,才能使其更准确、更具适用性。因此,指标编制和管理部门、设计单位、施工单位应把积累这些大量的实际资料形成制度,制定系列化的表格,每项竣工工程的基础资料经整理后认真填写,建立档案,有条件的单位或部门应据以建立工程造价数据库。

2. 指标编制

指标编制大致可分为如下八个步骤:

(1)基础调查资料的初步分析。每个指标编制者,在开始填写"指标子目划分平衡分析表"之前,不要急于填表,而应对所占有的基础调查资料作初步的分析,基本了解每个建设项目的资料情况,对明显存在不合理内容的建设项目的资料予以剔除,这样既减轻了工作量又加快了编制速度,同时也提高了指标的编制质量。

(2)填写"指标子目划分平衡分析表"。将符合要求的建设项目的资料填入"指标子目划分平衡分析表"中,平衡分析之后求得指标子目的取定工程量组合。填表时,应注意按照"估算指标编制工作细则"中拟定的指标子目划分情况分类填写(如桥梁工程按不同的墩高、不同的水深、不同的结构形式、不同的跨径等)。切忌不分情况随手就填,否则,将不利于平衡分析,加大工作量。

(3)填写"估算指标成果表"。根据平衡分析的结果,复核无误后,将同一指标项目各子目的工程量组合汇总填写"估算指标成果表"(又称电算数据准备表)。

(4)填写"指标编制说明书"。

(5)提交专业组长审查。将"指标子目划分平衡分析表"、"估算指标成果表"及"指标编制说明书"装订成册,提交专业组长审查。

(6)提交综合组审查。经专业组长审查之后,在"指标编制审查意见表"中填写审查意见提交综合组审查。

(7)进行数据修改并形成初稿。根据综合组审查意见,对计算结果作必要的修改,并将修改情况填入"指标编制审查意见表"。指标初稿提交综合组审定。

(8)输出指标成果。初稿经综合组同意后,交付电算,计算输出指标成果初稿。

3. 审查、测算、报批

对以上形成的指标成果的各个数据的合理性、计算的准确性、文字说明的正确性,进行详细的审核,经过多次的审查而保证正确后,上报上级批准,方可成为执行的依据。

六、估算指标的编制

1. 指标编制的方法

估算指标的编制,就是利用已完工程或在建工程的概、预、决算资料,在概算定额项目划分的基础上,进行适当的综合和扩大,其关键环节就是指标中综合的工程项目的工程量含量的确

定。因此,指标的编制方法也就是基础资料工程量含量分析取定的方法,一般有如下三种:

1)算术平均取值法

基本做法就是根据所占有的基础资料,在“指标子目划分平衡分析表”中,对每个建设项目的资料进行必要的分析,其中误差较大的建设项目属于正常情况的,根据产生误差的界定条件划分子目,属于存在不合理内容的予以剔除,最后将属于同一指标子目的各建设项目的工程细目的工程量进行算术平均,求得指标子目的工程量组合。

2)加权平均取值法

基本方法与算术平均取值法相同,区别之处是将属于同一子目的各建设项目的工程细目的工程量进行加权平均,最后求得指标子目的工程量组合。

3)典型工程取值法

基本做法就是在“指标子目划分平衡分析表”中,对每个建设项目的资料进行必要的分析后,在计算出指标子目的算术平均值或加权平均值的基础上,选用某一与算术平均值或加权平均值指标子目基价接近的建设项目的工程含量,或某几个建设项目工程含量的平均值,作为取定指标子目的工程量组合的依据。

上述三种取值方法各有其特点,不能一概而论地讲哪一种方法更好。在指标编制时,要根据不同指标项目的特点选用合适的编制方法。

2. 基础资料的分析

对基础资料进行分析,是指标编制工作中的基础工作,也是整个编制工作中的一个重要环节,分析方法是否正确、分析取值是否合理,直接关系到指标的编制质量,因此,必须认真对待此项工作。

1)基础资料的整理

由于收集的调查资料是按不同的建设项目填写的,而在指标的编制过程中又分两次来使用,第一次是分项指标的编制,需要的是按不同的工程项目分类的资料,如按路基、路面等分类;第二次是综合指标的编制,需要的是按不同的建设项目分类的资料,如按××高速公路、××一级公路等分类。因此,就需要对调查资料进行必要的整理,按照不同的类别统一编号,分类归档,建立资料库,既能准确调用,又方便快捷,同时也便于对资料的管理,达到事半功倍的效果。

2)基础资料的分析

由于调查收集的资料来源不同,受设计方案、建设条件、建设时间、建设地点和资料的基础等因素影响,相互之间的差异是很大的。如:资料中所反映的实际发生的并不是都合理;过去发生的今后不一定会发生;此时此地发生的彼时彼地不一定会发生,而且还会出现数据反常现象及重复、漏项和水平上的较大变化。因此,要抓住占投资比重大、相互关联多的项目,进行认真的分析平衡,确定哪些造成误差的因素是合理的,哪些造成误差的因素是不合理的、需要剔除的。

3. 指标编制表格

为了使指标编制工作规范化,指标主编制单位应在“估算指标编制工作细则”中,规定一套标准的计算表格。一般分为六大类二十种,具体如下:

(1)指标编制审查意见表,共一种。

(2)指标编制说明书,共一种。

(3)估算指标成果表,共一种。

(4)其他工程及工程建设第二、三部分费用指标平衡分析表,共一种。

(5)综合指标子目划分平衡分析表,共一种。

(6)分项指标子目划分平衡分析表,按路基、路面、隧道、桥涵、交叉、安全设施、服务、管理设施等分为十五种。

4. 估算指标的计量单位

估算指标的计量单位与其他计价定额不同,由于工程内容的综合,估算指标的计量单位比其他计价定额具有更加综合的特性,因此,所选择的计量单位应能确切反映指标项目所包含的工程内容。

估算指标的计量单位同样按公制或自然计量单位确定。一般来讲,结构的三个度量都经常发生变化的项目,选用"m^3"作为计量单位比较适宜,如土、石方工程、砌石工程和混凝土工程等;如结构的三个度量中有两个度量经常发生变化的项目,选用"m^2"作为计量单位比较适宜,如路面工程等;当物体截面形状基本固定,或呈规律性变化的项目,采用"km"作为计量单位比较适宜,如安全设施,服务、管理设施等。当然,估算指标计量单位的确定还应与设计深度相适应,既要考虑估算投资的准确度,又要考虑指标的可操作性,只有将二者有机地结合在一起考虑,才能制定出切合实际的指标计量单位。

5. 工、料、机的综合范围

估算指标中所列的工、料、机品种不像概、预算定额那么多,主要有人工、主要材料、其他材料费、机械使用费等,那么主要材料和次要材料又是如何确定的呢?

一般来讲,主要材料指在建设项目中用量较大、单价较高,对整个建设项目的工程造价影响较大的材料,如木材、钢材、水泥、沥青、生石灰及地方材料(砂、石料)等。在建设项目中用量较少、单价较低,对整个建设项目的工程造价影响不大的材料,均归入其他材料费中,在指标中不列其消耗量,以其费用"元"的形式表现。

人工消耗量与概、预算定额相同,列入直接生产工人的人工消耗。

施工机械在指标中也不列具体消耗数量,而是以机械使用费"元"的形式表现。

为了适应市场变化对工程造价的影响,对指标中以费用"元"的形式出现的消耗量,应规定出合理的调整方法,如年上涨率等,以使其从静态转变为动态。

估算指标中人工、各种主要材料的计量单位选择,与概、预算定额基本相同,比较简单和固定。人工按"工日"计量(国外多按"工时"计量);各种主要材料的计量单位或按"m^3"、"m^2"或按"t"、"kg"等,总之,要能达到准确的计量。

估算指标中工、料、机小数位的确定,主要取决于指标计量单位和精确度的要求,以及材料的贵重程度。精确度要求高,材料贵重多取两位小数,如木材、钢材等;一般材料,多取一位小数,如砂、石料等;人工和以"元"形式表现的多取整数。

• 第三节　公路工程估算指标的内容 •

投资估算指标是确定和控制建设项目全过程各项投资支出的技术经济指标,其范围涉及建设前期、建设实施期和竣工验收交付使用期等各个阶段的费用支出,《指标》分为两大部分,即综合指标和分项指标,并编制有总说明和附录一~附录五。

一、总 说 明

总说明共有8条,除阐述了《指标》的适用范围、编制的主要特点外,其主要内容如下:

(1)《指标》分为综合指标和分项指标两大部分。综合指标是编制项目建议书投资估算的依据。分项指标是编制可行性研究报告投资估算的依据。

(2)要正确使用《指标》,除允许换算的内容外,不得随意抽换指标内容,以免造成重算或漏算的失误。

(3)对本《指标》中缺少的项目,允许按照本《指标》的编制原则、方法编制地区补充指标,由各省、自治区、直辖市交通厅(局)批准执行,抄报交通部定额站备案。

(4)当项目建议书阶段的工作深度时,可采用分项指标编制项目建议书投资估算。当可行性研究报告的工作深度达到初步设计的深度时,也可采用《公路工程概算定额》编制可行性研究报告投资估算。

(5)《指标》中公路路基宽度是按《公路工程技术标准》中规定的一般数值取定的。如设计路基宽度与指标取定值不同时,可按路基宽度比例调整。

二、综 合 指 标

1. 综合指标说明

综合指标使用于编制项目建议书投资估算,是按公路等级以及地形条件分别编制的。

(1)综合指标中包括的主要工程项目有:路基、路面、隧道、桥涵、交叉、安全设施、服务设施等,但不包括全长1 000m以上(含1 000m)的特大桥梁工程、辅助工程、支线工程等主要工程。因为它是将不同的工程项目综合在一起考虑计算出来的指标,故称综合指标。

(2)综合指标不包括上述主要工程以外的其他工程。其他工程如:清除场地,拆迁建筑物、构造物,绿化工程,临时轨道铺设,便道,临时电力线路,临时电讯线路,临时码头,改河土方及其他零星工程等。

(3)综合指标的工程量是按照建设项目公路公里总长度来计算得到的,其指标单位也比较大,以“km”为计算单位。

(4)建设项目所含种类工程的实际工程量与《指标》中附录五所列工程量比较,如含量出入较大时,可按调整指标或分项指标的相应项目予以增减。

(5)路线工程中有1 000m以上(含1 000m)的特大桥以及独立大、中桥工程,按分项指标的大(中)桥工程有关项目计算;调治工程(如导流坝等)按分期指标路基工程的土方及防护工程项目计算;独立大(中)桥的引道工程和需设置的辅道、支线工程按综合指标中相应等级公路的项目计算。

(6)隧道工程按分项指标的隧道工程有关项目计算。

(7)城市进出口处的大型互通式立交工程未综合在《指标》中,有此工程项目时,应按分项指各有关项目另行增列。

(8)其他工程以主要工程费为基数,按《指标》中附录一规定的百分率计算。

(9)改建工程使用《指标》时,应按调整系数 K 进行调整:

$$K=(L_1+L_2\times0.8)\div L$$

式中:L——建设项目路线总长度;

L_1——建设项目中新建路段的长度;

L_2——建设项目中利用旧路的路段长度。

2. 综合指标表

《指标》中按高速公路、一级公路、二级汽车专用公路、一般二级公路、三级公路、四级公路等六个公路等级,高速公路又按平原微丘区、重丘区、山岭区三种地形及调整指标分为四类,其他等级公路按平原微丘区、山岭重丘区二种地形及调整指标分为三类,分别编制了27个省、自治区的新建公路每一公路公里的综合指标表。直辖市(北京、天津、上海、重庆)未单独编制指标表,可采用邻近省份的指标计算。

(1)指标表中列出了指标号,表号引用方法如第五章第四节中介绍,按[公路等级号-地形类别号-栏号],如《指标》第20页[1-III-70],即指广东省属山岭区的高速公路项目的综合指标。

(2)指标表中项目栏列出了人工、主要材料(木材、各种钢材、水泥、石油沥青、砂、石料等)、其他材料费、设备摊销费、机械使用费的消耗量和指标基价等。如表8-1是部分省(区)平原微丘区新建高速公路的综合指标表。

(3)高速公路按三种地形类别(平原微丘区、重丘区、山岭区),其他等级公路按两种地形类(平原微丘区、山岭重丘区)分别编制的调整指标表中列出了按路基土方、路基石方、排水与防护、路面、大(中)桥、互通式立交、分离式立体交叉等主要工程项目的调整指标数。表8-2是一般二级公路平原微丘区的调整指标表。

部分省(区)平原微丘区新建高速公路的综合指标表　　表8-1

新　建　工　程　　1. 高速公路　I. 平原微丘区　　单位:1km

序号	项　目	单位	代号	省、自治区、直辖市						
				浙江	江西	福建	湖南	湖北	河南	广东
				10	11	12	13	14	15	16
1	人工	工日	1	102 474	96 511	113 838	95 407	91 394	83 606	114 249
2	原木	m^3	10	31.92	28.04	30.92	27.47	27.23	25.01	32.38
3	锯材	m^3	11	88.88	79.24	95.29	83.61	78.98	71.33	95.98
4	Ⅰ级钢筋	t	16	91.89	71.13	102.59	81.61	77.31	61.66	105.32
5	Ⅱ级钢筋	t	17	183.89	144.27	199.61	161.70	143.99	124.22	260.26
6	预应力粗钢筋	t	18	1.04	—	0.92	0.92	—	—	0.92
7	钢绞线	t	20	28.24	22.75	32.09	30.24	25.35	14.73	23.23
8	钢材	t	30	109.88	105.73	114.25	107.22	106.55	97.77	110.00
9	波形钢板及型钢立柱	t	47	43.75	43.75	43.76	43.74	43.72	43.73	43.87
10	加工钢材	t	50	30.49	21.99	30.82	26.35	27.90	16.14	34.17
11	钢板标志	t	158	1.34	1.34	1.34	1.34	1.34	1.34	1.34

续上表

序号	项　目	单位	代号	省、自治区、直辖市						
				浙 江	江 西	福 建	湖 南	湖 北	河 南	广 东
				10	11	12	13	14	15	16
12	铝合金标志	t	159	0.86	0.86	0.86	0.86	0.86	0.86	0.86
13	钢板网及钦丝编织网	m^2	165	1 001.8	987.2	1 039.4	985.6	984.8	991.3	1 043.6
14	水 泥	t	240	3 166.00	2 845.27	3 392.46	2 920.05	2 769.83	2 540.90	3 550.05
15	石油沥青	t	260	654.86	647.70	6 660.3	682.8	657.79	661.17	697.43
16	生 石 灰	t	278	1 763.18	1 761.82	1 822.32	1 873.82	1 788.75	1 813.46	1 907.65
17	砂、砂砾	m^3	289	16 133.9	13 193.3	178 363.	13 179.8	12 376.2	13 821.4	17 092.6
18	片 石	m^3	305	8 121.6	7 551.6	9 100.1	6 842.5	6 521.2	6 004.3	8 240.2
19	碎（砾）石	m^3	325	17 945.8	17 352.2	18 551.1	18 399.0	17 654.6	15 304.9	19 785.5
20	块 石	元	343	1 616.0	1 431.8	1 466.8	1 148.8	1 149.5	1 163.4	1 346.1
21	其他材料费	元	391	826 831	793 270	916 932	849 669	777 683	740 936	877 923
22	设备摊销费	元	392	38 498	24 037	42 237	35 646	28 866	19 478	52 784
23	机械使用费	元	400	5 424 688	4 263 738	5 367 777	4 668 743	4 412 651	4 005 076	5 777 821
24	指标基价	元	999	13 123 200	11 319 482	13 639 020	12 003 306	11 362 316	10 397 416	14 246 239

新 建 工 程　　1. 高速公路　I. 平原微丘区　　单位：1km

一般二级公路平原微丘区的调整指标表　　表 8-2

序号	项　目	单位	代号	平 原 微 丘 区					
				路基土方	路基石方	排水与防护	路 面	大(中)桥	分离式立体交叉
1	人 工	工日	1	125	416	360	258	1 618	9 552
2	原 木	m^3	10	—	0.02	0.11	—	0.87	1.77
3	锯 材	m^3	11	—	1 832	0.07	0.04	3.27	8.02
4	Ⅰ级钢筋	t	16	—	11 444	0.02	—	3.81	16.52
5	Ⅱ级钢筋	t	17	—	20 000	—	—	6.96	22.23
6	钢 绞 线	t	20	—	—	—	—	0.90	4.88
7	钢 材	t	30	—	—	—	—	1.04	36.88
8	加 工 钢 材	t	50	0.6	—	—	—	1.44	1.22
9	钢板网及铁丝编织网	m^2	165	5	—	—	—	—	38.2
10	水泥	t	240	13 535	—	8.53	9.56	59.62	312.63
11	石油沥青	t	260	15 559	—	0.01	10.94	0.76	8.39
12	生 石 灰	t	278	—	—	0.08	14.45	—	72.72
13	砂、砂砾	t	289	—	—	71.8	363.4	134.2	980.8
14	片 石	m^3	305	—	—	101.8	1.2	27.2	353.1
15	碎（砾）石	m^3	325	—	—	1.8	213.0	121.5	1 349.2
16	块 石	元	343	—	—	11.1	3.7	7.3	24.2
17	其他材料费	元	391	—	—	421	1484	13 697	38 135
18	设备摊销费	元	392	—	.	—	65	2 866	11 811
19	机械使用费	元	400	—	—	146	11 824	58 860	160 719
20	指标基价	元	999	—	—	14 482	52 279	182 430	733 703

三、分项指标

1. 分项指标说明

分项指标适用于工程可行性研究报告投资估算。

(1)分项指标是按照路基、路面、隧道、涵洞、小桥及标准跨径小于20m的中桥及大桥、交叉工程、安全设施、服务设施等主要项目分别编制,故称分项指标。在项目的划分上要比综合指标详细,这也是分项指标与综合指标的区别所在。

(2)上述主要工程项目以外的工程为“其他工程”,包括:清除场地,拆除旧建筑物、构造物,绿化工程,公路交工前养护费,临时轨道铺设,便道,便桥,临时电力线路,临时电讯线路,临时码头,改河土方,其他零星工程等。其他工程不列工料机指标,按主要工程费的百分率计算。

(3)路基工程:

①路基工程包括土方、石方、粉煤灰及填石路堤、排水与防护、特殊路基处理等五项指标。各项指标单位:土方、石方、粉煤灰及填石路堤的指标单位为1 000m^3,排水与防护的指标单位为1 000m^3圬工和1公路公里,特殊路基处理的指标单位为1km。

②路基土方工程量按设计断面计价方数量计算,即填方数量加挖方数量扣除利用方数量。如设计仅提供断面方数量时应折成计价方,计价方=断面方×系数(平微丘区为0.85,山岭重丘区为0.75)。如断面方绝大部分为借土填方时,不乘系数。

土方指标内已综合了耕地填前压实、清除表土后压实、软土地段填土下沉及路基边缘压实加宽等所需增加的土方量和洒水用量。机械施工项目不分机械种类均适用。当平均运距超过指标规定的运距时,其超过部分可按远运指标计算。

路基借土需赔偿土地费,其费用计入“拆迁赔偿费”项目内。

③路基石方工程量按开挖天然密实断面方计算。

④粉煤灰及填石路堤工程量按设计断面压实方计算。

⑤排水与防护工程量按挡土墙、护岸墙、护坡、边沟、急流槽等圬工(包括混凝土、浆砌及干砌)实体数量计量。中间带排水设施、非圬工防护工程(如铺草皮等)、边沟涵及其他零星排水、防护工程等已综合在其他排水防护工程指标中,其他排水防护工程按建设项目路线总长度公里计算。

⑥特殊路基处理工程量按需要处理的路基长度计算。二级及以下等级公路的软土处理指标中,已综合了因地基土含水率过大而进行表土换填或翻挖掺灰的处理方法;高速公路或一级公路仅采用表土换填或翻挖掺灰方法处理地基时,可采用二级公路软土处理指标计算。

⑦防雪措施可采用《公路工程概算定额》中的有关项目计算。

⑧《指标》中路基宽度取定值见《公路工程技术标准》。当设计路基宽度与指标取定值不同时,可按路基宽度比例调整。

(4)路面工程:

①路面工程包括路面垫层、稳定土基层、其他路面基层、沥青路面、水泥混凝土路面、其他路面、拦水带、沥青路面镶边、路缘石等七项指标。挖路槽、培路肩已综合在指标项目中,不再单独计算。

②各项指标单位:沥青路面及水泥混凝土路面为100m^3,工程量按路面实体计算;基层、垫

层及其他路面为 1 000m²，工程量按面积计算；拦水带、沥青路面镶边及路缘石为 1 000m，工程量按需要设置的单边长度计算。

③实际压实厚度超过指标规定的压实厚度需进行分层拌和、碾压时，机械使用费按《指标》附录四的规定增列。

（5）隧道工程：

①隧道工程包括洞门、洞身、装饰、照明及通风等三项指标。

②各项指标单位：洞门为每端，一座隧道按两端洞门计算；洞身、装饰、照明及通风为 100m²，工程量按隧道正洞面积计算，即隧道长度与隧道宽度的乘积。隧道长度指进出口洞门端墙墙面之间的距离（即两端墙墙面与路面的交线同路线中线交点间的距离）；隧道宽度指行车道加侧向宽度加人行道或检修道的宽度。

③隧道工程指标指隧道长度 1 000m 以内的洞内工程，即施工工作面距洞口 500m 以内，若工作面距洞口长度超过 500m，每增 500m 人工工日及机械使用费按相应指标增加 5 %。而洞门端墙以外的工程应按有关指标另行计算。

④当工程可行性研究设计达到一定的深度，能提出喷射混凝土、现浇拱顶、边墙、仰拱混凝土衬砌圬工或拱顶、边墙砌石圬工的数量时，可按隧道洞身项目中列出的衬砌材料调整指标抽换洞身指标。

⑤需要计算洞内消防及救援设施、消音设施时，可根据《公路工程概算定额》、《公路工程预算定额》中的有关项目计算。

⑥当四级公路采用行车道宽净 -3.5m 时，可按三级公路指标乘以 1.3 的系数计算。

（6）涵洞工程：

①涵洞工程指标单位为 1 道，工程量计算不分涵洞类型按总道数计，但跨径小于 0.5m 的灌溉涵的道数不参加计算。

②当设计路基宽度与《指标》规定的路基宽度取定值（表 8-1）不同时，可按规定调整系数调整指标值。

路基设计宽度大于取定值时：$K = 1 + (\gamma - 1) \times n$

路基设计宽度小于取定值时：$K = 1/[1 + (\gamma - 1) \times n]$

式中：K——指标调整系数；

n——路基宽度增减幅度（m）；

γ——路基宽度每增减 1m 的调整系数（表 8-3）。

路基宽度每增减 1m 调整系数表　　表 8-3

公路等级	高速公路	一级公路	二级公路	三级公路	四级公路
调整系数 γ	1.020	1.025	1.040	1.050	1.055

（7）桥梁工程：

①指标分为小桥及标准跨径小于 20m 的中桥，标准跨径大于 20m 的中桥及大桥，技术复杂的大桥等项。各项均包括基础、下部、上部、桥台锥坡等工程，并综合了混凝土集中拌和、运输及拌和站安拆、混凝土构件蒸汽养生及蒸汽养生室建筑、桥头搭板等项目。

②指标单位：小桥和中桥、一般结构大桥及技术复杂大桥的上部构造为 100m² 桥面，工程量按桥面面积计算，即为桥梁全长与桥面宽度的乘积。桥梁全长为两岸桥台侧墙或八字墙尾

端间的距离(有桥台时),或桥面系行车道的长度(无桥台时);桥面宽度为行车道加人行道或安全带或桥梁护栏的宽度并计算至外缘。技术复杂大桥的基础和下部构造指标单位为 $10m^3$ 实体,工程量按各部位设计混凝土圬工实体计算。但沉井基础水深 10m 以上时,应编制补充指标。

③设置导流坝、丁坝等调治构造物时,其圬工工程按防护工程指标估算,土方工程按路基指标估算。改河土方工程则已包括在"其他工程"指标中,不再单独计算。

④四级公路采用行车道宽净 - 3.5m 时,指标乘以 1.3 系数。

⑤可行性研究设计达到一定的深度,能提出技术复杂大桥上部构造用的高强钢丝(钢绞线)和基础、下部、上部等各部位用的钢筋数量时,可按实际设计数量调整指标中的数量。

(8)交叉工程:

①包括互通式立体交叉、分离式立体交叉、平面交叉、通道、人行天桥及渡槽等五项指标。互通式、分离式立体交叉又分别按跨线桥、被交道、匝道(互通式立交设有)编制。

②跨线桥包括基础、下部、上部、桥台锥坡等工程;指标单位为 $100m^2$ 桥面,工程量按桥面面积计算。其中:顶进箱涵的工程量为公路路基宽度与箱涵长度的乘积。被交道包括路基、路面、构造物以及其他附属设施等全部工程;指标单位为 1km,工程量按设计整修长度计算。匝道包括匝道桥以外的路基、路面、构造物以及其他附属设计等全部工程;指标单位为 1km,工程量按设计长度计算。当设计匝道宽度(W_1)与指标取定值(W_0 = 7m)不同时,可按 $K=\frac{(W_1-W_2)\times 0.8}{W_0}+1$ 的系数调整。

③平面交叉包括路基、路面构造物以及其他附属设施等全部工程。指标单位为 1 处,工程量按需要设置的交叉处数计算。

④通道的指标单位为 1 道,工程量按涵洞式通道和小桥式通道的总道数计算。其包括了通道本身、通道内路面、被交道等全部工程。

⑤人行天桥及渡槽包括基础、下部、上部及其他附属设施等全部工程。指标单位为 1 座,工程量按设置的总数量计算。

(9)安全设施及服务、管理设施指标单位为 1 公路公里,工程量按建设项目路线总长度公路公里计算。

2. 分项指标表

《指标》中按路基工程,路面工程,隧道工程,涵洞工程,小桥及标准跨径小于 20m 的中桥,跨径大于 20m 的中桥及大桥,交叉工程及沿线设施等七项编制分项指标。指标表中按高速、一级、二级、三级、四级公路等级分类时,二级公路项目适用于二级汽车专用公路和一般二级公路。

(1)指标表中列出了按上述七项主要工程项目编制的指标,其指标号自 1-1 至 7-7 共 42 个,表号引用方法按[表号-栏号]表述。如《指标》第 115 面[1-1-5],即指山岭重丘区一级公路路基土方工程的分项指标;又如《指标》第 148 面[4-5-4],即指广东、广西、海南、福建省四级公路涵洞工程的分项指标。

(2)指标表表头左上角工程内容标明了该工程项目所含的全部内容,如[1-1]表,标明了路基土方工程包含的挖、装、运,填方路基碾压,挖方及零填段路基碾压,洒水,路基零星工程等全部工序。

(3)表头右上角的单位指本表所示的指标单位。如《指标》中[1-1]表的单位即指路基土方的指标单位为 1 000m^3;[2-1]表指路面垫层的指标单位为 1 000m^2。

(4)分项指标表也是以人工、主要材料(木料、钢材、水泥、砂、石等)、其他材料费、机械使用费消耗量的形式表现的。如表 8-4 就是隧道工程装饰、照明及通风 100m^2 平面的分项指标表。

(5)指标表的表下注是对该表内容的补充说明和对该指标需要补充或抽换等的规定,如表 8-4 所示。

装饰、照明及通风 表 8-4

工程内容:(1)装饰:贴马赛克、安设吊顶等工程的全部工序;

(2)照明、通风:照明及通风的支架、线路制作、安装等工程的全部工序。

序号	项 目	单位	代号	装 饰	照明、通风	序号	项 目	单位	代号	装 饰	照明、通风
				1	2					1	2
1	人工	工日	1	159	23	6	水泥	t	240	1.23	
2	原木	m^3	10	0.02	—	7	砂、砂砾	m^3	289	2.4	
3	锯材	m^3	11	0.02	0.01	8	其他材料费	元	391	5436	4023
4	I级钢筋	t	16	0.03	0.03	9	机械使用费	元	400	234	265
5	钢材	t	30	0.17	0.04	10	指标基价	元	999	9497	4869

注:本指标未综合照明、通风等设施的设备费用,仅包括设备的安装费用及电线、电缆的费用,其设备费应按《公路基本建设工程投资估算编制办法》中的有关规定另行计算。

(6)隧道工程洞身项目按混凝土衬砌、石料衬砌及衬砌材料调整指标分别编制了[3-1-Ⅰ]、[3-1-Ⅱ]、[3-1-Ⅲ]表。有具体衬砌圬工数量时,可利用[3-1-Ⅲ]表栏目按不同衬砌材料的调整指标来抽换洞身指标。

四、附 录

《指标》编制有附录一~附录五几种附表,可供补充或抽换指标用。

1. 附录一

综合指标及分项指标其他工程指标表。

该表按高速公路,一、二、三、四级公路的新建及改建工程(二~四级公路又分别按平原微丘区和山岭重丘区两类地形作为不同的工程项目划列),隧道工程(隧道长度<1 000m 和≥1 000m),独立大(中)桥工程分别编制了 27 个省(区)的其他工程指标,以百分率表示。

2. 附录二

材料预算价格的规格取定表。

该表列出了《指标》中主要的 23 种材料规格及 1996 年基价。

3. 附录三

综合指标各等级公路路面的面层结构厚度取值表。

(1)附录三 I 分表,即各等级公路路面面层结构厚度取值表。可以分别按沥青混凝土(细、中粒式),沥青碎石(中、粗粒式),沥青贯入式,沥青表面处治,泥结碎石等面层结构查到按六种公路等级、不同地形类型的行车道、硬路肩的面层结构厚度值。

(2)附录三Ⅱ分表，即各等级公路路面总厚度取值表。可以查到各省(区)不同公路等级、不同地形类别下，行车道、硬路肩的路面总厚度值。各省(区)按地域位置划分为五类进行编制。

(3)附录三Ⅲ分表，即1 000m² 面基层、垫层厚度每增减1cm取值表。可利用该表对人工、碎(砾)石、其他材料费、机械使用费、基价进行增减的调整。

4. 附录四

分项指标路面压实厚度超过规定厚度机械费加倍取值表。

按《指标》规定，路面面层、稳定土基层、级配碎(砾)石基层的压实厚度在15cm以内，填隙碎石基层的压实厚度在20cm以内，当实际压实厚度超过上述压实厚度时，可按该表每1 000m² 的人工、机械使用费、基价指标进行增列。

5. 附录五

综合指标所含主要工程项目工程量表。

该附录配合综合指标表划分的六个公路等级及不同的地形类别，编制了Ⅰ~Ⅵ分表，表中列出了27个省(区)每公路公里不同工程项目的工程量。其中工程量是分别按路基土方、路基石方、排水与防护、路面、大(中)桥五项，二级以上公路又增加分离式立交，二级汽车专用公路和一级公路再加互通式立交项目进行编制的。该工程量与实际建设项目所含各类工程的工程量比较，出入较大时，应按调整指标予以增减。表8-5即是部分省(区)1公路公里四级公路的综合指标所含主要工程项目工程量表。

四级公路综合指标所含主要工程项目工程量(指标单位:1公路公里) 表8-5

工程项目		单位	省、自治区、直辖市									
			内蒙古	山西	河北	辽宁	吉林	黑龙江	江苏	安徽	山东	浙江
			1	2	3	4	5	6	7	8	9	10
平原微丘区	路基土方	1 000m³	4.98	4.98	4.98	4.18	4.18	4.234	5.688	5.688	5.688	5.688
	路基石方	1 000m³	1.02	1.02	1.02	1.32	1.32	1.266	1.512	1.512	1.512	1.512
	排水与防护	100m³	1.53	1.53	1.53	1.53	1.53	1.53	2.4	2.4	2.4	2.4
	路面	1 000m³	4.55	4.55	4.55	6.3	6.3	6.3	4.55	4.55	4.55	4.55
	大(中)桥	100m³	0.106	0.104	0.106	0.104	0.1	0.1	0.2	0.1	0.101	0.2
山岭重丘区	路基土方	1 000m³	7.2	8.4	9	9	9	9	9	9	9	8.4
	路基石方	1 000m³	8.8	11.6	11	11	11	11	11	11	11	11.6
	排水与防护	100m³	3.3	3.3	3.3	3.3	3.3	3.3	3.4	3.4	3.4	3.4
	路面	1 000m³	4.55	4.55	4.55	4.55	4.55	4.55	4.55	4.55	4.55	4.55
	大(中)桥	100m³	0.053	0.052	0.053	0.052	0.052	0.052	0.116	0.07	0.077	0.116

注：本表摘自《指标》附录五。

复习思考题

1. 估算指标的作用是什么？
2. 公路工程估算指标分为哪两类？其用途主要是什么？
3. 估算指标包括的内容及其表现形式是什么？
4. 估算指标的编制原则是什么？
5. 估算指标的编制依据是什么？
6. 估算指标中分项指标的项目，一般按哪些原则划分？
7. 估算指标子目划分的允许误差，一般如何控制？
8. 估算指标除主要工程以外的“其他工程”包括哪些内容？其费用是如何估算的？
9. 估算指标的编制工作通常要经历哪几个大的阶段？
10. 估算指标基础资料工程量含量分析取定的方法一般有哪几种？
11. 估算指标编制的步骤，你认为哪些方面比较重要？

第九章
建设工期定额

知识目标

1. 解释工期定额的概念；
2. 阐述建设工期定额的内容及编制原则；
3. 分析建设工期定额的编制方法。

能力目标

1. 进行建设工期定额的编制计算；
2. 进行建设工期定额的计算和贯彻执行操作。

●第一节　建设工期定额与建设工期管理●

一、建设工期的有关概念

1. 建设工期

建设工期一般指建设项目中构成固定资产的单项工程、单位工程从正式破土动工到按设计文件全部建成能竣工验收交付使用所需的全部时间。建设工期同工程造价、工程质量一起，被视为建设项目管理的三大目标，作为考核建设项目经济效益和社会效益的重要指标。

建设工期是评价投资效果的重要指标，直接标志着建设速度的快慢。缩短工期，提前投产，不仅能节约投资，也能更快地发挥投资效益，创造出更多的物质财富和精神财富。工期对于施工企业来说，也是在履行承包合同、安排施工计划、减少成本开支、提高经营成本等方面必须考虑的指标。但是各类工程所需工期有一个合理的界限。在一定的条件下，工期长短也是有规律性的。如果违背这个规律，就会造成质量问题和经济效益降低。这里关键是需要一个合理工期，需要一个评价工期的标准，工期定额提供了这样一个标准。在工期定额中，已经考虑了季节性施工因素对工期的影响和地区性特点对工期的影响，因此工期定额是评价工程建设速度、编制施工计划、签订承包合同、评价全优工程的可靠依据。由此可见，编制和完善工期定额是很有积极意义的。

2. 建设周期

建设周期指建设总规模与年度建设规模的比值。它反映国家、一个地区或行业完成建设总规模平均需要的时间，同时也反映建设速度与建设过程中人力、物力和财力集中的程度。作

为考查投资效益的重要指标,可用总投资额与年度投资额表示,即:

$$建设周期(年)=\frac{总投资额}{年度投资额} \tag{9-1}$$

也可用项目总个数与年度竣工项目个数表示,即:

$$建设周期(年)=\frac{项目总个数}{年建成项目个数} \tag{9-2}$$

3. 合理建设工期

合理建设工期是指建设项目在正常的建设条件、合理的施工工艺和管理等建设过程中,对人力、财力、物力资源合理有效地利用,使项目的投资方和各参建单位均获得满意的经济效益的工期。合理建设工期受拟建项目的资源勘探、厂址选择、设备选型与供应、工程质量、协作配合、生产准备等阶段性工作各种客观因素的制约。

4. 定额工期

是指在一定的经济和社会条件下,在一定时期内由建设行政主管部门制订并发布项目建设所消耗的时间标准。定额工期具有一定的法规性,对具体建设项目的建设工期确定具有指导意义,体现了合理建设工期,反映了一定时期国家、地区或部门不同建设项目的建设和管理水平。

5. 合同工期

是指在定额工期的指导下,由工程建设的承发包双方根据项目建设的具体情况,经招标投标或协商一致后,在承包合同中确认的建设工期。合同工期一经签订,对合同双方都具有强制性约束作用,受到国家经济合同法的保护和制约。

二、建设工期与成本、质量的关系

工期与成本在项目建设管理中有其内在的规律,不能简单地说工期越短,成本越低。一般来讲,缩短正常建设工期需要投入更多的人力、物力和采取相应的施工措施,增加投入也即项目建设成本加大,其关系如图 9-1 所示。

增加的成本需要从项目提前投产或交付使用后所产生的效益中得到补偿。当提前建成所产生的效益小于为提前工期而增加的成本时,即失去了提前工期的意义。由此可见,压缩正常建设工期是有一定限制的,从经济角度上来讲,成本最低、质量合格所对应的工期才是合理的工期。

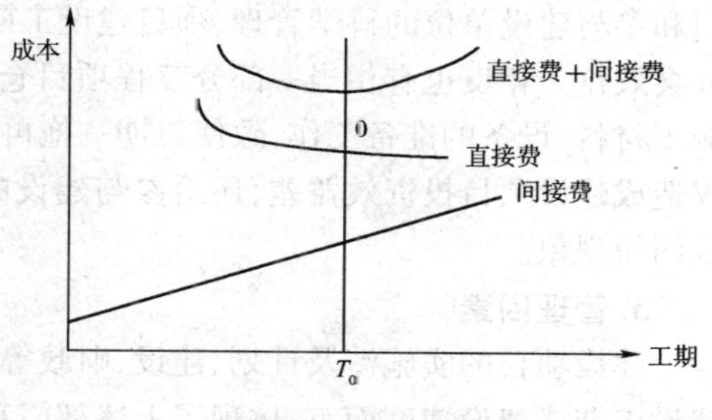

图 9-1　建设项目成本与工期关系图

另一方面,正常建设工期的拖延,即使不考虑材料、人工、机械设备的变化因素,也会造成成本中间接费的增加。从投资角度看,建设工期拖延,不能按时形成生产能力,资金回收期延长,投资收益率降低。更为严重的是,由于建设工期拖延,会失去项目建设预期的商业机会或增加资产的无形损耗。如某玻璃纤维工程项目,产品属国内新产品,销路前景看好,但由于建设工期拖延达数年,待项目建成投产后,市场上该产品已饱和、产品滞销,最终被迫停产。公路建设也是如此。

前面提到的正常建设工期和最经济成本，都是以保障工程质量为前提的，工程质量高低，或合格或优质，所对应工期和成本是不同的。由此可见，工期、成本和质量三者之间是相互联系、相互制约的统一体，离开成本、质量，该工期必然欲速则不达。确需缩短工期时，应依据工程具体情况，对工期进行优化，采取相应措施，如通过改进工艺、合理划分工序、缩短关键工序时间；通过合理的组织管理，在工艺流程允许的条件下，对关键工序路线组织平行、交叉作业或增加作业班次等。

三、影响建设工期的主要因素

影响建设工期的因素是多方面、复杂的，而且许多因素具有不确定性。概括起来大致可分为内部因素、外部因素和管理因素。

1. 内部因素

包括建设项目的建设标准、功能、规模以及项目建设中采用相应的施工组织措施和施工技术方案等。不同项目有不同的特点，即使同类项目，由于建设规模、生产能力、工艺设备及流程、工程结构的不同，影响建设工期的因素也不同。内部因素主要反映不同建设项目或相同项目不同建设规模、标准之间所存在建设工期的差异。

2. 外部因素

(1)建设地点的地质、气候等自然条件。建设地点的地质条件直接影响到内部因素所涉及的建设工程量、建设的难易程度、交通运输和施工组织设计等；气候条件主要是指建设地点的海拔高度、冬季施工期、年度降雨天数、年大风或台风天数、最大冻土深度等，气候因素影响了建设的年有限工期以及由此导致的降效。

(2)供应条件。主要指建设项目的资金、材料、设备、劳动力、施工机械等的供应及其质量。供应条件受整个国民经济和建筑业发展的影响。实践表明，供应条件是影响建设项目工期的关键因素之一。如不少重点建设项目，由于资金到位率高、物质供应有保障，加上主管部门和参与建设单位的科学管理，项目建设工期明显缩短，使项目建设取得了良好的经济效益和社会效益。相反也有相当一部分工程项目仓促上马，建设资金不足时搞“钓鱼”工程，严重影响了材料、设备的准备工作，致使工期一拖再拖，形成了“投资无底洞、工期马拉松”的状况，不仅造成建设项目投资效益差，还给参与建设的各方带来经济损失，同时也出现了不少“扯皮”或纠纷现象。

3. 管理因素

建设项目的实施涉及计划、建设、财政等行政部门和业主，设计、施工、咨询等诸多单位，就建设工期或建设速度而言，体现了上述部门和单位的工作效率和协调配合能力。

按照建设各阶段的划分，项目的施工阶段在整个建设工期中所占的比例最大，但项目的可行性研究、设计、施工准备工作包括征地拆迁、招标、材料设备采购等建设前期工作，都将对建设工期产生影响。目前我国的建设管理水平在这方面还存在一些不容忽视的问题，相当一部分项目建设工期的确定带有随意性，如招投标过程中，违背施工客观规律，盲目压缩工期，打乱了正常的施工和建设程序，造成一些难以弥补的质量问题。因此，加强建设工期的管理必须有科学和严格的法规作保障，以提高各参建单位的管理水平。

四、建设工期的优化

建设工期的优化是运用系统分析和优化理论与方法,研究确定一个具体建设条件下项目建设的合理工期。优化工作是加强建设工期科学化管理必不可少的工作。建设工期的优化不仅限于建设前期,从时间上说包括项目建设的全过程,从空间上说包括施工组织设计、人力、投资、设备材料供应的均衡情况。优化工作综合考虑可预见的或已发生的各种影响建设工期的因素,并不断地对项目建设进行跟踪管理。通过建设工期优化工作,不仅能制订出科学合理的进度计划,而且能够保障其实施。

建设工期优化工作的目标是充分协调工期、成本、质量三者之间的关系。实际操作过程中,在保障质量的前提下,主要是工期—成本之间的优化,即寻求最低成本下的建设工期或确定工期条件下的最低成本及资源供应均衡。优化的方法有简有繁,主要根据项目建设的难易程度及进度计划表现形式,如横道图、关键线路、计划评审技术(PERT)等而采用不同的方法。

•第二节　建设工期定额的作用及内容•

建设工期定额是指建设项目或单项工程从破土动工至按设计文件全部建成交付使用所需的额定时间。建设工期定额是加强建设工程管理的一项基础工作,具有一定的法规性、普遍性和科学性。法规性系指建设工期定额是考核工程项目工期的客观标准和对工期实施宏观控制的必要手段。建设工期定额由建设行政主管部门或授权有关行业主管部门制定、发布,作为确定建设项目工期和工程承发包合同工期的规范性文件,未经主管部门同意,任何单位或个人无权修改或解释,建设工期的执行与监督工作也由发布部门或授权部门进行日常管理。普遍性系指建设工期定额的编制是依据正常的建设条件和施工程序,综合大多数企业施工技术和管理水平,因而具有广泛的代表性。科学性系指建设工期定额的制定、审查等工作采用科学的方法和手段进行统计、测定和计算等。

建设工期定额同概、预算定额一样,是工程建设定额管理体系中的重要组成部分。我国开展建设工期定额编制和管理工作始于20世纪80年代初,开始主要是编制建筑安装工程工期定额。20世纪80年代中期以后,国家有计划地组织制定了各类大中型工业交通项目、市政设施项目的建设工期定额,到目前建设工期定额体系中已包括一般建筑安装工程,市政工程,电力、煤炭、铁道、冶金、化工、电子、邮电等行业建设工期定额2 000余项。

建设工期定额的主要内容如下:

(1)编制作用、依据及使用的说明。建设工期定额在建设前期主要作为项目评估、决策、设计时按合理工期组织建设的依据,还可作为编审设计任务书和初步设计文件时确定建设工期的依据。对于编制施工组织设计、进行项目投资包干和工程招标投标及签订合同工期具有指导作用,此外也可作为提前和延误工期进行奖罚、工程结算、竣工期调价的依据。

根据上述作用,建设工期定额在总说明部分还应说明编制的有关依据和定额水平确定的原则。

(2)建设工期定额中时间的说明。建设工期定额的起止时间一般从设计文件规定的工程正式破土动工到全部工程建成交付使用所需的时间,定额中大都以月计算、表示,工期较短的也可以天计算、表示。还应对定额所考虑国家规定的法定有效工作天数或月数，以及冬季施工、开始动工的季节等作出说明。

(3)建设工期定额的项目构成。各类建设工期定额按项目的组成划分为两个层次。

①建设项目的定额工期。例如公路、铁路、通信工程、钢铁厂、有色金属冶炼厂、石油化工厂、化肥厂、发电厂、水泥厂、机械厂、纺织厂、制糖厂等。

②主要单项工程的定额工期。指一个建设项目中具有独立设计，可以单独发挥效益或对整个建设项目起重要控制作用的工程，如公路中的独立大、中桥，路基工程，路面工程，隧道等工程。各行业项目建设规模以及建设项目或单项工程的划分、计量单位，按照国家有关的规定进行。

工业项目建设工期定额表现形式有土建施工阶段、设备安装阶段和试生产阶段组成，三个阶段相互交叉、分别表现。例如建材工业浮法玻璃工厂500t/年项目的建设工期为20个月，同时还分别列出土建工程15个月、安装工程13.5个月和试生产阶段1.3个月。

建筑安装工程工期定额主要是各类型住宅、医院、学校等一般民用建设项目，只包括土建和电梯、锅炉房等设备安装，不包括试生产阶段。

●第三节　建设工期定额编制的原则与方法●

一、建设工期定额编制的原则

(1)应适合国家建设的需要，体现国家建设的方针、政策。建设工期定额编制项目应是国家中长期规划发展的项目，且技术先进、经济效益好、建设的项目多。

(2)应适合国家生产力发展的水平。建设工期定额要反映当前和今后一个时期或定额使用期内建筑业生产力的水平，考虑到今后建筑业管理水平和施工技术装备水平适度提高的可能性。

(3)建设工期定额的编制还要同有关的经济政策、劳动法规、施工验收标准以及安全规程相匹配。

(4)应采用先进科学的方法进行编制，编制过程中需要对大量的资料和数据进行科学合理的分析，剔除不合理因素。

(5)建设工期定额的项目划分要根据不同建设项目的规模、生产能力、工程结构、层数等合理分档，便于定额的使用。

(6)要考虑气候、地理如高寒、高原等自然条件的差异对建设工期的影响，分别利用系数进行相应地调整换算，以扩大定额的适用范围。

二、合理确定定额水平

(1)建设工期定额编制的各个阶段、各个环节，诸如数据资料收集的范围、取舍、统计分析等，都应以合理确定定额水平并能指导工程实践为前提。

(2)采用不同的方法编制建设工期定额时，涉及不同数据的选取时，也应对定额水平分别进行分析，找出差异的原因，作必要的修正。

(3)建设工期定额编制完成后,还需经过评审和审查。审查中的一个重要工作,就是对定额的水平同相应的已完工程实际建设工期进行对比分析,以验证新编工期定额水平是否符合施工实际后方可发布实施。

(4)建设工期定额发布实施后,能否起到应有的指导工程施工的作用,是否有利于建筑管理水平和劳动生产率的提高,应进行跟踪管理和信息反馈,为修订工作提供基础资料。

三、建设工期定额应贯彻平均合理的原则

建设工期定额水平确定应以正常的施工条件、合理的施工工艺和劳动组织条件下的平均水平为基础,并适当考虑缩短工期的可能性,概括起来就是以“平均合理”为原则,确定“平均合理”原则的基础如下:

(1)建设工期定额应以社会必要劳动时间为基础确定。社会必要劳动时间是指在正常的生产条件下,多数企业技术装备和施工工艺,合理的劳动组织及管理,生产某种产品所需要的必要劳动时间。建设工期定额则应是建成某项工程的社会必要劳动时间的直接表现。

(2)建设工期定额应反映社会劳动生产力发展水平。由于建设工期定额水平反映了一定时期建筑业管理和生产力发展的水平,同时,管理水平与劳动生产力的发展水平是相互影响并相互促进的,因此,定额的制定既要考虑地区和企业之间不平衡性,又要考虑提高管理促进生产力发展的可能性。

(3)建设工期定额要适应我国建筑业改革发展的水平。随着我国招投标体制普遍推行,建筑企业在市场中参与竞争的强度不断增大,为提高建筑企业的竞争力,客观上要求施工企业不断地采用先进技术和强化内部管理,实行项目管理、目标管理以及先进的施工技术手段。建设工期定额已成为考核其成果的客观标准,以鼓励先进,鞭策落后。

(4)建设工期定额应考虑赶超国际水平的可能性。与国际先进的建设水平相比,我国目前仍存在着施工技术装备水平不高、全员劳动生产率较低的现实,表现在同类型项目建设工期较国外相比还有差距。因此,国内建筑企业在不断开放的建筑市场和对外工程承包中,客观要求企业不但要达到国内工期定额的水平,还应赶超世界先进水平。为此在确定定额水平时,既要从我国建筑业目前实际水平出发,也应考虑赶超国际水平的可能性。

四、建设工期定额编制的方法

建设工期定额与传统的劳动定额、预算定额等有一定的联系,但也有较大的区别。与其他定额编制方法相比,建设工期定额的编制有下列特点:

(1)建设工期涉及的是时间范围,且跨度大,其间变化因素多,涉及的单位也多,包含了许多管理的因素。

(2)工业建设项目特点突出,工程类型多、建设规模大、工程量也较大,但施工工艺和技术复杂程度高,因此难以用一般的或单一的建设工期定额编制方法来概括。

(3)编制建设工期定额所需的数据资料繁杂。一般情况下,资料收集困难,而且可靠性较差。

(4)定额编制原则的具体化、量化比较困难。比如“正常”的建设条件(经济的、自然的)就很难量化,加上我国地域辽阔、经济条件发展不平衡,自然条件差异也大,所以编制全国统一

或行业、地区统一的建设工期定额都会遇到类似的问题。要使定额具有普遍性,又要适当考虑不同的特殊性,矛盾比较突出。

在建设工期定额编制的实践中,根据以上特点采用了多种方法,但主要的可以概括为以下三种。

1. 施工组织设计法

施工组织设计法是对某项工程按工期定额划分的项目,采用施工组织设计技术,建立横道图或建立标准的网络图来进行计算。标准网络法由于可采用电子计算机进行各种参数的计算和工期—成本、劳动力、材料资源的优化,因此使用得较为普遍。

应用标准网络法编制建设工期定额的基本程序如下:

(1)建立标准网络模型,以此揭示项目中各单位工程、单项工程之间的相互关系和施工程序以及搭接程度。

(2)确定各工序的名称,选定适当的施工方案。

(3)计算各工序对应的综合劳动定额。

(4)计算各工序所含实物工程量。

(5)计算工序作业时间。工序作业时间是网络技术中最基本的参数,它同工序的划分、劳动定额和实物工程量都为函数关系,同时工序作业时间计算是否准确也影响整个建设工期的计算精度。工序作业时间计算公式为:

$$D = \frac{Q}{P} \tag{9-3}$$

式中:D——工序作业时间;

Q——工序所含实物工程量;

P——综合劳动定额。

(6)计算初始网络时间参数,得到初始工期值,确定关键线路和影响整个工期值的各工序组合。

(7)进行工期—成本、劳动力、材料资源的优化后,得出最优工期。

(8)根据网络计算的最优工期,考虑其他影响因素,进行适当调整后即为定额工期。

2. 数理统计法

数理统计法是把过去的有关工期资料按编制的要求进行分类,然后用数理统计的方法,推导出计算式求得统计工期值。统计的方法虽然简单,理论上可靠,但对数据的处理要求严格,要求建设工期原始资料完整、真实,剔除各种不合理的因素,同时要合理选择统计资料和统计对象。

数理统计法是编制工期定额较为通用的一种方法。具体的统计对象和统计对象预测的范围,根据编制工作的要求而确定,这里仅作简单介绍。

3. 专家评估法(Delphi 法,以下简称 D 法)

D 法是在问题难于用定量的数学模型、难于用解析方法求解时,而采用的一种有效的估计预测的方法,属于经验评估的范围。通过调查建设工期问题专家、技术人员,对确定的工期目标进行估计和预测。采取 D 法首先要确定好预测的目标。目标可以是某项工程的建设工期,也可以是某个工序的作业时间或编制建设工期定额中的某个具体条件、某个数值等;所选专家、技术人员必须经验丰富、有权威性、有代表性；按照专门设计的征询表格，请专家填写，表格栏目要明确、简洁、扼要，填写方式尽可能简单；经过数轮征询和信息反馈，将各轮的评估结果作统计分析。如此不断修改评估意见，最终使评估结果趋于一致，作为确定定额工期的依据。

以上是建设工期定额的几种主要的编制方法，在实际工作中，可根据具体的建设项目采用一种或几种办法综合使用。对于某些项目，利用这几种基本方法已总结出了一套经验公式或表格来编制其建设工期定额，这些公式或表格有的已在建设工期定额使用、修订工作中发挥作用。

●第四节　建设工期定额的发布与实施●

建设工期定额审批发布工作一般须经送审稿、审查报批稿和批准发布三个环节。

一、送审稿

编制组在按照建设工期定额主管部门和行业、地区主管部门的编制计划及有关编制建设工期定额文件的基础上，先编写出初稿，经征求意见后，形成送审稿送主管部门。在完成送审稿的同时还应编写相关的说明，如编制过程、主要编制依据、编制原则与方法等需要说明的问题，共同构成送审材料。

二、审查报批稿

行业或地方主管部门在接到送审稿之后，应组织召开有关方面专家参加的审查会。建设工期定额的审查是一项严肃而复杂的工作，需要各方面的专家从不同角度，综合考虑有关政策、技术经济条件等，对建设工期定额个别项目和总体水平给予评价。

建设工期定额的评价应按下述原则进行：

(1)是否体现了"平均合理"的原则。主要是针对定额的总水平进行评价。评价时专家可与编制组提出的编制原则相对照，根据经验或通过一定的技术指标定量分析，提出评价意见。

(2)技术合理原则。主要是指定额项目划分、结构层次、定额间距以及相关的说明是否满足实际工作的需要。

(3)定额的时效性原则。主要考虑定额在实施阶段内能否起到应有的作用，能否在一定时期内保持定额水平和技术上的合理性。

主管部门对送审稿提出审查意见，并从文字、内容方面作出重点修改和完善，形成报批稿。

建设工期定额实行分级审批。发布形式有建设工期定额主管部门发布或委托行业、地方主管部门发布以及两者联合发布等。建设工期定额发布后，出版发行等管理工作由行业主管部门或地方主管部门负责。

建设工期定额经主管部门发布实施后，作为国家对建设工程管理的一项具有法规性的标准，它反映的是在平均建设管理水平、施工装备水平和正常的建设条件下的建设工期。然而在实际使用过程中，由于具体建设项目的建设条件千差万别，需要考虑影响建设工期的各种可能的因素进行建设工期的决策。在建设前期阶段，在编制项目建议书、设计任务书和初步设计时，建设工期定额的决策相对简单。但在项目实施阶段，特别是招投标阶段，一方面由于各种影响建设工期的因素已有所预见,需要对建设工期定额进行适当调整;另一方面由于招投标竞争机制的作用,要求投标单位在建设工期定额基础上,根据企业自身的管理水平和施工技术水平,结合建设项目具体情况和投标竞争的情况进行决策。近年来,大多数投标工期或中标合同工期明显较建设工期定额短,这种情况在建筑业供给大于需求的建筑市场中表现更为突出。这主要是因为有些建设单位在标底中确定建设工期不够规范,缺乏约束,盲目压缩工期,施工单位或投标单位在僧多粥少的情况下,也不得不采取非正常的措施以期中标,中标后为赶工期投入大量人力、物力而经济上得不到应有的补偿,于是出现了一些工程虽仓促完工而产生了质量问题和造价方面的许多纠纷。为了避免这种情况,各级建设主管部门在招投标条例、施工合同条件方面正在加强建设工期的管理,强调建设工期定额的作用,一方面保护正常的建设工期竞争,另一方面完善和加强建设工期定额的管理。

随着我国投资体制、建筑业管理体制改革的不断发展和完善,特别是在建立社会主义市场经济体制的条件下,建设工期定额的实施和管理工作需要做出相应的改革和探索,研究和解决出现的新问题,提高投资效益、规范建筑市场、合理保障工程建设各方面的经济利益。

复习思考题

1. 分别说明建设工期、定额工期、合同工期的含义是什么?
2. 影响建设工期的主要因素包括哪些方面?
3. 建设工期定额的主要内容有哪些方面?
4. 建设工期定额的编制原则有哪些方面?
5. 建设工期定额水平应贯彻平均合理的原则,主要是指哪些方面?
6. 建设工期定额的编制方法主要的有哪三种?

参 考 文 献

[1] 交通部公路工程定额站,湖南省交通厅交通建设造价管理站. 公路工程定额编制与管理. 北京:人民交通出版社,2007.
[2] 周直,崔新媛. 公路工程造价原理与编制. 北京:人民交通出版社,2002.
[3] 俞素平,赵全振. 道路工程定额与造价. 北京:科学出版社,2004.
[4] 袁建新. 企业定额编制原理与实务. 北京:中国建筑工业出版社,2003.
[5] 沈其明,刘燕. 公路工程造价编制与管理. 北京:人民交通出版社,2002.
[6] 交通部公路二程定额站,湖南省交通厅交通建设造价管理站. 公路工程造价编制与项目经济评价. 北京:人民交通出版社,2007.
[7] 杨子敏. 公路工程造价指南. 北京:人民交通出版社,1998.
[8] 李宗佳. 公路工程管理. 北京:人民交通出版社,1999.
[9] 梁金江. 公路工程管理. 北京:人民交通出版社,2002.
[10] 周三多. 管理学. 北京:高等教育出版社,2000.
[11] 张德. 组织行为学. 北京:高等教育出版社,1999.
[12] 交通公路工程定额站. 公路工程概算定额(JTG/T B06-01—2007). 北京:人民交通出版社,2007.
[13] 交通公路工程定额站. 公路工程预算定额(JTG/T B06-02—2007). 北京:人民交通出版社,2007.
[14] 交通公路工程定额站. 公路工程机械台班费用定额(JTG/T B06-03—2007). 北京:人民交通出版社,2007.
[15] 交通公路工程定额站. 公路工程基本建设项目概算预算编制办法(JTG B06—2007). 北京:人民交通出版社,2007
[16] 交通公路工程定额站. 公路工程施工定额. 北京:人民交通出版社,2009.
[17] 中华人民共和国交通部. 公路工程预算定额. 北京:人民交通出版社,1992.
[18] 李景云,但霞. 建筑工程定额与预算. 重庆:重庆大学出版社,2002.
[19] 王军. 建设工造价计价原理. 北京:化学工业出版社,2008.
[20] 黄伟典. 工程定额原理. 北京:中国电力出版社,2008.